포켓북 왕초보 한중단어 사전

포켓북
왕초보 한중단어 사전

2022년 04월 10일 초판 1쇄 인쇄
2022년 04월 15일 초판 1쇄 발행

지은이 송미경
발행인 손건
편집기획 김상배, 장수경
마케팅 최관호, 김재명
디자인 박민주
제작 최승용
인쇄 선경프린테크

발행처 *LanCom* 랭컴
주소 서울시 영등포구 영등포동4가 146-5, 3층
등록번호 제 312-2006-00060호
전화 02) 2636-0895
팩스 02) 2636-0896
홈페이지 www.lancom.co.kr
이메일 elancom@naver.com

ⓒ 랭컴 2022
ISBN 979-11-92199-11-5 13720

외국어 잡는 포켓북 단어사전 시리즈 6

왕초보

포켓북

한중

KOREAN-CHINESE
DICTIONARY

단어
사전

LanCom
Language & Communication

이 책의 구성과 특징

모든 외국어는 단어에서 비롯됩니다. 따라서 하나의 단어에서 외국어 학습의 문이 무한대로 열리는 것입니다. 이 때 가장 필요한 것이 사전입니다. 그러나 대부분의 사전은 한정된 지면에 최대한의 정보를 수록하기 때문에 보기 편하고, 찾기 쉬운 점에서는 문제가 있습니다. 또한 상세한 어구 해설이나 문법 설명 등이 들어 있어도 초급자에게는 오히려 단어 그 자체의 의미를 알기 어려운 경우도 많습니다. 이 책은 중국어를 배우는 학생에서부터 실버 세대에 이르기까지 폭넓게 초보자의 입장을 고려하여 심혈을 기울여 다음과 같이 간편하게 엮었습니다.

한글 가나다순으로 찾아보는 단어사전

중국어 학습자가 원하는 단어를 즉석에서 우리말 사전처럼 찾아 볼 수 있도록 한글 가나다순으로 엮어 모르는 단어가 나왔을 때 쉽고 빠르게 그 뜻을 찾아 볼 수 있습니다.

일상생활에 필요한 9,000여 한중단어 엄선수록

중국어를 자유자재로 구사할 수 있도록 주로 일상생활에 쓰이는 9,000여 단어를 엄선하여 기초 학습자의 중국어 단어 길라잡이가 될 수 있도록 꾸몄습니다.

중국인의 발음에 가깝게 한글로 발음표기

중국어를 잘 모르더라도 누구나 쉽게 읽을 수 있도록 중국어 표제 단어의 병음 뒤에 원어민의 발음에 충실하여 한글로 표기해 두었습니다. 한글 발음을 참조하되 전적으로 의존하지 말고 최대한 원음대로 발음할 수 있도록 노력한다면 학습에 많은 도움이 될 것입니다.

휴대가 간편한 포켓북 사이즈

이 책은 한손에 잡히는 아담한 사이즈로 언제 어디서나 들고 다니면서 쉽게 꺼내서 일본어 단어 학습은 물론 원하는 단어를 찾아볼 수 있습니다.

주제별 그림단어

학습자의 흥미를 돋우고 지루하지 않도록 중간 중간 주제별로 그림단어를 수록하여 그림과 함께 단어를 즐겁게 공부할 수 있습니다.

CONTENTS

주제별 그림단어

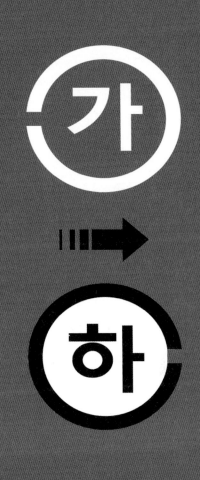

- **가감** 【加减】 jiājiǎn 지아지엔

- **가게** 【店】 diàn 띠엔

- **가격** 【价格】 jiàgé 지아거

- **가결** 【可决】 kějué 커쥐에

- **가계** 【家计】 jiājì 지아지

- **가곡** 【歌曲】 gēqǔ 거취

- **가공**(하다) 【加工】 jiāgōng 지아공

- **가관이다** 【可观】 kěguān 커관

- **가구** 【家具】 jiājù 지아쮜

- **가극** 【歌剧】 gējù 거쮜

- **가깝다** 【近】 jìn 진

- **가꾸다** 【养】 yǎng 양

- **가끔** 【偶尔】 ǒu'ěr 어우얼

- **가난뱅이** 【穷小子】 qióngxiǎozi 치옹시아오즈

- **가난하다** 【贫穷】 pínqióng 핀치옹

8

□ **가냘프다** 【细弱】 xìruò 시루어

□ **가늘다** 【细】 xì 시

□ **가능** (하다) 【可能】 kěnéng 커넝

□ **가다** 【去】 qù 취

□ **가다듬다** 【贯注】 guànzhù 관주

□ **가담하다** 【参与】 cānyù 찬위

□ **가당찮다** 【欠妥】 qiàntuǒ 치엔투어

□ **가도** 【街道儿】 jiēdàor 지에따올

□ **가동** (하다) 【开动】 kāidòng 카이똥

□ **가두** 【街头】 jiētóu 지에터우

□ **가두다** 【囚】 qiú 치우

□ **가득하다** 【装满】 zhuāngmǎn 주앙만

□ **가라앉다** 【沉】 chén 천

□ **가라앉히다** 【塌】 tā 타

□ **가락** 【调子】 diàozi 띠아오즈

□ **가랑비** 【细雨】 xìyǔ 시위

□ **가랑잎** 【干叶子】 gānyèzi 간예즈

□ **가래** 【痰】 tán 탄

□ 가려내다	【挑】	tiāo 티아오
□ 가련하다	【可怜】	kělián 커리엔
□ 가렵다	【痒】	yǎng 양
□ 가로	【横】	héng 헝
□ 가로등	【路灯】	lùdēng 루덩
□ 가로막다	【阻挡】	zǔdǎng 주당
□ 가로수	【街道儿树】	jiēdàorshù 지에따올수
□ 가로쓰기	【横写】	héngxiě 헝시에
□ 가루	【粉】	fěn 펀
□ 가르치다	【教】	jiāo 지아오
□ 가리다	【遮】	zhē 저
□ 가리키다	【指】	zhǐ 즈
□ 가망	【指望】	zhǐwàng 즈왕
□ 가맹	【加盟】	jiāméng 지아멍
□ 가면	【假面】	jiǎmiàn 지아미엔
□ 가명	【假名】	jiǎmíng 지아밍
□ 가문	【家门】	jiāmén 지아먼
□ 가물다	【干旱】	gānhàn 간한

10

□ **가발**　　　【假发】 jiǎfà 지아파

□ **가방**　　　【包】 bāo 빠오

□ **가볍다**　　　【轻】 qīng 칭

□ **가보**　　　【家宝】 jiābǎo 지아빠오

□ **가분수**　　　【假分数】 jiǎfēnshù 지아펀수

□ **가불** (하다)　　　【预支】 yùzhī 위즈

□ **가사** (노래)　　　【歌词】 gēcí 거츠

□ **가사** (집안일)　　　【家务】 jiāwù 지아우

□ **가상** (하다)　　　【假想】 jiǎxiǎng 지아시앙

□ **가설** (하다)　　　【架】 jià 지아

□ **가소롭다**　　　【可笑】 kěxiào 커시아오

□ **가속** (하다)　　　【加速】 jiāsù 지아쑤

□ **가솔린**　　　【气油】 qìyóu 치여우

□ **가수**　　　【歌手】 gēshǒu 거셔우

□ **가스**　　　【气】 qì 치

□ **가슴**　　　【胸】 xiōng 시옹

□ **가시**　　　【刺】 cì 츠

□ **가업**　　　【祖产】 zǔchǎn 쭈찬

□ 가열 (하다)	【加热】	jiārè	지아러
□ 가엾다	【可悲】	kěbēi	커베이
□ 가옥	【家屋】	jiāwū	지아우
□ 가요	【歌儿】	gēr	걸
□ 가운	【浴衣】	yùyī	위이
□ 가운데	【当中】	dāngzhōng	당중
□ 가위	【剪刀】	jiǎndāo	지엔다오
□ 가위바위보	【将军包】	jiāngjūnbāo	지앙쥔빠오
□ 가을	【秋天】	qiūtiān	치우티엔
□ 가이드	【向导】	xiàngdǎo	시앙다오
□ 가입 (하다)	【加入】	jiārù	지아루
□ 가자미	【鲽】	dié	띠에
□ 가작	【佳作】	jiāzuò	지아쭈어
□ 가장	【家长】	jiāzhǎng	지아장
□ 가장	【最】	zuì	쮀이
□ 가장자리	【边】	biān	비엔
□ 가장 (하다)	【乔装】	qiáozhuāng	치아오주앙
□ 가재	【石蟹】	shíxiè	스시에

12

□ **가정**	【家庭】 jiātíng 지아팅	
□ **가정**(하다)	【假定】 jiǎdìng 지아띵	
□ **가족**	【家族】 jiāzú 지아쭈	
□ **가죽**	【皮】 pí 피	
□ **가증스럽다**	【可恶】 kěwù 커우	
□ **가지**	【茄子】 qiézi 치에즈	
□ **가지**	【枝】 zhī 즈	
□ **가지각색**	【种种】 zhǒngzhǒng 중중	
□ **가지다**	【取】 qǔ 취	
□ **가지런하다**	【整齐】 zhěngqí 정치	
□ **가짜**	【假】 jiǎ 지아	
□ **가창**	【歌咏】 gēyǒng 거용	
□ **가책**	【责备】 zébèi 저베이	
□ **가축**	【家畜】 jiāchù 지아추	
□ **가출**	【离家出走】 líjiāchūzǒu 리지아추저우	
□ **가치**	【价值】 jiàzhí 지아즈	
□ **가톨릭**	【天主教】 tiānzhǔjiào 티엔주지아오	
□ **가파르다**	【陡】 dǒu 떠우	

나
다
라
마
바
사
아
자
차
카
타
파
하

□ **가하다** 【施加】 shījiā 스지아

□ **가해자** 【加害者】 jiāhàizhě 지아하이저

□ **가호** 【保护】 bǎohù 바오후

□ **가혹하다** 【横】 héng 헝

□ **가훈** 【家制】 jiāzhì 지아즈

□ **각각** 【各】 gè 꺼

□ **각계** 【各界】 gèjiè 꺼지에

□ **각광** 【脚光】 jiǎoguāng 지아꽝

□ **각국** 【各国】 gèguó 꺼구어

□ **각도** 【角度】 jiǎodù 지아오뚜

□ **각별하다** 【格别】 gébié 거삐에

□ **각별히** 【格外】 géwài 거와이

□ **각본** 【脚本】 jiǎoběn 지아오뻔

□ **각색**(하다) 【改编】 gǎibiān 가이비엔

□ **각선미** 【脚线美】 jiǎoxiànměi 지아오시엔메이

□ **각성**(하다) 【觉醒】 juéxǐng 쥐에씽

□ **각양각색** 【各式各样】 gèshìgèyàng 꺼스꺼양

□ **각오** 【觉悟】 juéwù 쥐에우

14

☐ 각자	【各自】 gèzì 꺼쯔	
☐ 각자부담	【打并伙儿】 dǎbìnghuǒr 따빙후얼	
☐ 각종	【各种】 gèzhǒng 꺼중	
☐ 각지	【各地】 gèdì 거띠	
☐ 각축	【角逐】 juézhú 쥐에주	
☐ 각하	【阁下】 géxià 거시아	
☐ 간(간장)	【肝】 gān 간	
☐ 간격	【间隔】 jiāngē 지엔거	
☐ 간결하다	【简短】 jiǎnduǎn 지엔두안	
☐ 간과하다	【看漏】 kànlòu 칸러우	
☐ 간교하다	【刁】 diāo 띠아오	
☐ 간단하다	【简单】 jiǎndān 지엔단	
☐ 간단히	【约】 yuē 위에	
☐ 간략하다	【简略】 jiǎnlüè 지엔뤼에	
☐ 간병	【看护】 kānhù 칸후	
☐ 간부	【干部】 gànbù 깐뿌	
☐ 간사하다	【奸】 jiān 지엔	
☐ 간선(교통)	【干线】 gànxiàn 깐시엔	

□ 간섭 (하다)　　　【干涉】 gānshè 깐셔

□ 간소화하다　　　【简化】 jiǎnhuà 지엔화

□ 간식　　　【点心】 diǎnxin 디엔씬

□ 간신히　　　【总算】 zǒngsuàn 중쑤안

□ 간염　　　【肝炎】 gānyán 깐이엔

□ 간음 (하다)　　　【污蔑】 wūmiè 우미에

□ 간이　　　【简易】 jiǎnyì 지엔이

□ 간자체　　　【简体字】 jiǎntǐzì 지엔티쯔

□ 간장　　　【酱油】 jiàngyóu 지앙여우

□ 간절하다　　　【殷切】 yīnqiè 인치에

□ 간접　　　【间接】 jiànjiē 지엔지에

□ 간주하다　　　【当】 dāng 당

□ 간지럽다　　　【刺痒】 cìyang 츠양

□ 간직하다　　　【珍藏】 zhēncáng 전창

□ 간질이다　　　【胳肢】 gézhi 거즈

□ 간첩　　　【密探】 mìtàn 미탄

□ 간청 (하다)　　　【恳求】 kěnqiú 컨치우

□ 간추리다　　　【整理】 zhěnglǐ 정리

□ **간통** (하다)　【奸通】 jiāntōng 지엔통

□ **간파** (하다)　【觉察】 juéchá 쥐에차

□ **간판**　【牌】 pái 파이

□ **간편하다**　【简便】 jiǎnbiàn 지엔삐엔

□ **간행** (하다)　【刊行】 kānxíng 칸싱

□ **간행물**　【刊物】 kānwù 칸우

□ **간호사**　【护士】 hùshi 후스

□ **갇히다**　【被关】 bèiguān 베이꽌

□ **갈고리**　【钩子】 gōuzi 거우즈

□ **갈다**　【磨】 mó 모

□ **갈대**　【芦苇】 lúwěi 루웨이

□ **갈등**　【纠葛】 jiūgé 지우꺼

□ **갈라놓다**　【分割】 fēngē 펀거

□ **갈라지다**　【裂】 liè 리에

□ **갈라터지다**　【豁】 huō 후어

□ **갈림길**　【岔道儿】 chàdàor 차따올

□ **갈망** (하다)　【渴望】 kěwàng 커왕

□ **갈매기**　【海鸥】 hǎi'ōu 하이어우

□ 갈비	【肋骨】 lèigǔ 레이구
□ 갈색	【褐色】 hèsè 허써
□ 갈아입다	【换衣】 huànyī 환이
□ 갈아타다	【换车】 huànchē 환처
□ 갈증나다	【渴】 kě 커
□ 갈채	【喝彩】 hècǎi 허차이
□ 갈치	【刀鱼】 dāoyú 따오위
□ 갉아먹다	【啃】 kěn 컨
□ 감	【柿子】 shìzi <u>스즈</u>
□ 감각	【感觉】 gǎnjué 간쥐에
□ 감개무량(하다)	【感慨】 gǎnkǎi 간카이
□ 감격	【感激】 gǎnjī 간지
□ 감금	【监禁】 jiānjìn 지엔진
□ 감기	【感冒】 gǎnmào 간마오
□ 감기다	【缠夹】 chánjiā 찬지아
□ 감기들다	【着凉】 zháoliáng 자오리앙
□ 감다(눈)	【闭目】 bìmù 비무
□ 감다(실)	【卷绕】 juǎnrào 쥐엔라오

18

□ **감당하다** 　【承受】 chéngshòu 청서우

□ **감독**(하다) 　【监督】 jiāndū 지엔두

□ **감돌다** 　【绕】 rào 라오

□ **감동적이다** 　【动人】 dòngrén 똥런

□ **감동**(하다) 　【感动】 gǎndòng 간똥

□ **감량** 　【减轻】 jiǎnqīng 지엔칭

□ **감명**(받다) 　【感铭】 gǎnmíng 간밍

□ **감별**(하다) 　【鉴别】 jiànbié 지엔비에

□ **감사**(하다) 　【感谢】 gǎnxiè 간시에

□ **감산**(하다) 　【减产】 jiǎnchǎn 지엔찬

□ **감상** 　【感想】 gǎnxiǎng 간시앙

□ **감세**(하다) 　【减税】 jiǎnshuì 지엔쉐이

□ **감소**(하다) 　【减少】 jiǎnshǎo 지엔샤오

□ **감수**(하다) 　【感受】 gǎnshòu 간셔우

□ **감시**(하다) 　【监视】 jiānshì 지엔스

□ **감싸주다** 　【护】 hù 후

□ **감언이설** 　【甜言蜜语】 tiányánmìyǔ
　　　　　　　　　티엔이엔미위

□ **감염**(되다) 　【感染】 gǎnrǎn 간란

□ 감옥	【监狱】 jiānyù 지엔위	
□ 감원	【减员】 jiǎnyuán 지엔위엔	
□ 감자	【马铃薯】 mǎlíngshǔ 마링수	
□ 감전되다	【感电】 gǎndiàn 간띠엔	
□ 감점(하다)	【减分】 jiǎnfēn 지엔펀	
□ 감정	【感情】 gǎnqíng 간칭	
□ 감정(하다)	【鉴定】 jiàndìng 지엔띵	
□ 감지(하다)	【感知】 gǎnzhī 간즈	
□ 감쪽같다	【神】 shén 션	
□ 감찰(하다)	【监察】 jiānchá 지엔차	
□ 감촉(되다)	【感触】 gǎnchù 간추	
□ 감추다	【藏】 cáng 창	
□ 감탄하다	【叹】 tàn 탄	
□ 감퇴하다	【减退】 jiǎntuì 지엔퉤이	
□ 감하다	【减】 jiǎn 지엔	
□ 감행	【敢于行动】 gǎnyúxíngdòng 간위씽동	
□ 감화하다	【感化】 gǎnhuà 간화	
□ 감회	【感怀】 gǎnhuái 간화이	

□ 감히	【敢】	gǎn	간
□ 갑갑하다	【发紧】	fājǐn	파진
□ 갑옷	【铠甲】	kǎijiǎ	카이지아
□ 갑자기	【忽然】	hūrán	후란
□ 갑판	【甲板】	jiǎbǎn	지아반
□ 값	【价】	jià	지아
□ 값어치	【值】	zhí	즈
□ 갓난애	【婴儿】	yīng'ér	잉얼
□ 갓태어나다	【新生】	xīnshēng	씬셩
□ 강	【江】	jiāng	지앙
□ 강가	【江头】	jiāngtóu	지앙터우
□ 강간(하다)	【强奸】	qiángjiān	치앙지엔
□ 강구(하다)	【谋求】	móuqiú	모우치우
□ 강금(하다)	【禁】	jìn	진
□ 강기슭	【岸】	àn	안
□ 강당	【讲堂】	jiǎngtáng	지앙탕
□ 강대(하다)	【强大】	qiángdà	치앙따
□ 강도	【强度】	qiángdù	치앙뚜

21

□ 강도	【强盗】	qiángdào	치앙따오
□ 강력하다	【雄】	xióng	시옹
□ 강렬하다	【强烈】	qiángliè	치앙리에
□ 강령	【纲领】	gānglǐng	깡링
□ 강림 (하다)	【降临】	jiànglín	지앙린
□ 강매	【派销】	pàixiāo	파이시아오
□ 강물	【河水】	héshuǐ	허쉐이
□ 강박하다	【强迫】	qiángpò	치앙퍼
□ 강사	【讲师】	jiǎngshī	지앙스
□ 강성하다	【强盛】	qiángshèng	치앙성
□ 강아지	【狗崽子】	gǒuzǎizi	꺼우자이즈
□ 강약	【强弱】	qiángruò	치앙루어
□ 강연 (하다)	【讲演】	jiǎngyǎn	지앙이엔
□ 강요당하다	【被迫】	bèipò	뻬이퍼
□ 강요 (하다)	【讹】	é	어
□ 강의 (하다)	【讲义】	jiǎngyì	지앙이
□ 강인 (하다)	【坚韧】	jiānrèn	지엔런
□ 강자	【强者】	qiángzhě	치앙저

□ 강재　　　【钢材】 gāngcái 깡차이

□ 강제 (하다)　【强制】 qiángzhì 치앙즈

□ 강조 (하다)　【强调】 qiángdiào 치앙띠아오

□ 강좌　　　【讲座】 jiǎngzuò 지앙쭈어

□ 강줄기　　【河道】 hédào 허따오

□ 강철　　　【钢】 gāng 강

□ 강탈 (하다)　【劫】 jié 지에

□ 강하다　　【强】 qiáng 치앙

□ 강행 (하다)　【强行】 qiángxíng 치앙씽

□ 강화 (하다)　【强化】 qiánghuà 치앙화

□ 갖가지　　【多般】 duōbān 뚜어반

□ 갖추다　　【装备】 zhuāngbèi 주앙뻬이

□ 같다　　　【同】 tóng 통

□ 같이　　　【一同】 yītóng 이퉁

□ 갚다　　　【还】 huán 환

□ 개　　　　【狗】 gǒu 거우

□ 개간 (하다)　【开】 kāi 카이

□ 개강　　　【开讲】 kāijiǎng 카이지앙

□ **개건** (하다)	【改建】	gǎijiàn 가이지엔
□ **개괄** (하다)	【概括】	gàikuò 까이쿠어
□ **개교**	【建校】	jiànxiào 지엔시아오
□ **개구리**	【蛙】	wā 와
□ **개구쟁이**	【顽童】	wántóng 완퉁
□ **개그맨**	【笑星】	xiàoxīng 시아오씽
□ **개나리**	【连翘】	liánqiáo 리엔치아오
□ **개념**	【概念】	gàiniàn 까이니엔
□ **개다** (날씨)	【新晴】	xīnqíng 씬칭
□ **개다** (접다)	【折叠】	zhédié 저띠에
□ **개량** (하다)	【改良】	gǎiliáng 가이리앙
□ **개막** (하다)	【开幕】	kāimù 카이무
□ **개명** (하다)	【开明】	kāimíng 카이밍
□ **개미**	【蚂蚁】	mǎyǐ 마이
□ **개발** (하다)	【开发】	kāifā 카이파
□ **개방** (하다)	【开放】	kāifàng 카이팡
□ **개변**	【改变】	gǎibiàn 가이삐엔
□ **개별적**	【各别】	gèbié 꺼비에

□ **개봉** (하다)   【开封】 kāifēng 카이펑

□ **개선** (하다)   【改善】 gǎishàn 가이샨

□ **개설** (하다)   【开设】 kāishè 카이셔

□ **개성**   【个性】 gèxìng 꺼씽

□ **개시** (하다)   【开始】 kāishǐ 카이스

□ **개업** (하다)   【开业】 kāiyè 카이예

□ **개요**   【纲要】 gāngyào 강야오

□ **개울**   【溪】 xī 시

□ **개인**   【个人】 gèrén 꺼런

□ **개인** (민간인) 【私人】 sīrén 쓰런

□ **개입** (하다)   【介入】 jièrù 지에루

□ **개장** (하다)   【开张】 kāizhāng 카이장

□ **개정** (하다)   【改正】 gǎizhèng 가이정

□ **개조** (하다)   【改造】 gǎizào 가이자오

□ **개진** (하다)   【改进】 gǎijìn 가이진

□ **개찰** (하다)   【铰票】 jiǎopiào 지아오피아오

□ **개척** (하다)   【开拓】 kāituò 카이투어

□ **개체**   【个体】 gètǐ 꺼티

□ **개최** (하다)	【举办】 jǔbàn 쥐빤
□ **개탄** (하다)	【慨叹】 kǎitàn 카이탄
□ **개통** (하다)	【开通】 kāitōng 카이통
□ **개펄**	【泥滩】 nítān 니탄
□ **개편** (하다)	【改编】 gǎibiān 가이비엔
□ **개폐**	【开合】 kāihé 카이허
□ **개표**	【开票】 kāipiào 카이피아오
□ **개학**	【开学】 kāixué 카이쉬에
□ **개항**	【开航】 kāiháng 카이항
□ **개혁**	【改革】 gǎigé 가이거
□ **개화** (하다)	【开花】 kāihuā 카이화
□ **개황**	【概况】 gàikuàng 까이쾅
□ **객관**	【客观】 kèguān 커관
□ **객석**	【客座】 kèzuò 커쭈어
□ **객실**	【客厅】 kètīng 커팅
□ **객지**	【客地】 kèdì 커디
□ **갤러리**	【画廊】 huàláng 화랑
□ **갱년기**	【更年期】 gēngniánqī 겅이니엔치

□ 갱도　　　【坑】kēng 컹

□ 갱신 (하다)　　【更新】gēngxīn 겅씬

□ 갸륵하다　　【可嘉】kějiā 커지아

□ 갸름하다　　【秀癯】xiùqú 시우취

□ 거구　　　【巨躯】jùqū 쥐취

□ 거꾸러뜨리다　【推翻】tuīfān 퉤이판

□ 거꾸로　　　【倒】dǎo 따오

□ 거느리다　　【率领】shuàilǐng 수아이링

□ 거닐다　　　【逛】guàng 꽝

□ 거대하다　　【巨大】jùdà 쥐따

□ 거덜나다　　【完蛋】wándàn 완딴

□ 거동　　　【举动】jǔdòng 쥐똥

□ 거두다　　　【收】shōu 셔우

□ 거두절미하다　【掐头去尾】qiātóuqùwěi
　　　　　　　　　　치아터우취웨이

□ 거드름피우다　【夸谩】kuāmàn 콰만

□ 거들다　　　【帮手】bāngshǒu 방셔우

□ 거들떠보다　　【理睬】lǐcǎi 리차이

□ 거듭　　　【一再】yīzài 이자이

27

거뜬히	【轻松】 qīngsōng 칭쏭
거래	【交易】 jiāoyì 지아오이
거르다	【滤过】 lǜguò 뤼꾸어
거리	【街】 jiē 지에
거리	【距离】 jùlí 쥐리
거리끼다	【歉然】 qiànrán 치엔란
거만	【傲慢】 àomàn 아오만
거머리	【蛭】 zhì 즈
거물	【大人物】 dàrénwù 다런우
거미	【蜘蛛】 zhīzhū 즈주
거민	【居民】 jūmín 쥐민
거부하다	【拒绝】 jùjué 쥐쥐에
거북이	【龟】 guī 꿰이
거북하다	【拘笼】 jūlóng 쥐롱
거세다	【武】 wǔ 우
거스름돈	【找钱】 zhǎoqián 자오치엔
거실	【居室】 jūshì 쥐스
거액 (의)	【巨额】 jù'é 쥐어

□ 거울	【镜子】 jìngzi 징즈	
□ 거위	【鹅】 é 어	
□ 거의	【几乎】 jīhū 지후	
□ 거인	【巨人】 jùrén 쮜런	
□ 거장	【巨匠】 jùjiàng 쮜지앙	
□ 거절(하다)	【拒绝】 jùjué 쮜쮜에	
□ 거점	【据点】 jùdiǎn 쮜디엔	
□ 거주(하다)	【居住】 jiūzhù 쮜주	
□ 거즈	【纱】 shā 샤	
□ 거지	【乞丐】 qǐgài 치까이	
□ 거짓말	【谎言】 huǎngyán 후앙이엔	
□ 거짓말쟁이	【谣谎山】 yáohuǎngshān 야오황샨	
□ 거짓말하다	【说谎】 shuōhuǎng 슈어황	
□ 거짓의	【假】 jiǎ 지아	
□ 거창하다	【宏伟】 hóngwěi 홍웨이	
□ 거추장스럽다	【麻烦】 máfan 마판	
□ 거치적거리다	【碍事】 àishì 아이스	
□ 거칠다	【粗鲁】 cūlǔ 추루	

□ **거품** 【泡】 pào 파오

□ **거행** (하다) 【举行】 jǔxíng 쥐씽

□ **걱정** 【烦恼】 fánnǎo 판나오

□ **걱정하다** 【忧虑】 yōulǜ 여우뤼

□ **건강** 【健康】 jiànkāng 지엔캉

□ **건강하다** 【健壮】 jiànzhuàng 지엔주앙

□ **건국** (하다) 【立国】 lìguó 리꾸어

□ **건너다** 【渡】 dù 뚜

□ **건너뛰다** 【跳】 tiào 티아오

□ **건너오다** 【过来】 guòlái 꾸어라이

□ **건널목** 【路口】 lùkǒu 루커우

□ **건달** 【流氓】 liúmáng 리우망

□ **건드리다** 【点】 diǎn 디엔

□ **건립** (하다) 【建立】 jiànlì 지엔리

□ **건망증** 【忘性】 wàngxing 왕씽

□ **건물** 【房屋】 fángwū 팡우

□ **건반** 【键盘】 jiànpán 지엔판

□ **건방지다** 【冒妄】 màowàng 마오왕

□ 건배 (하다)	【干杯】 gānbēi	간뻬이
□ 건설	【建设】 jiànshè	지엔셔
□ 건성	【马虎】 mǎhu	마후
□ 건어물	【腊鱼】 làyú	라위
□ 건의 (하다)	【建议】 jiànyì	지엔이
□ 건전하다	【健全】 jiànquán	지엔취엔
□ 건조 (하다)	【干燥】 gānzào	간자오
□ 건조 (하다)	【建造】 jiànzào	지엔자오
□ 건지다	【捞】 lāo	라오
□ 건축	【建筑】 jiànzhù	지엔주
□ 건포도	【葡萄干儿】 pútáogānr	푸타오깐알
□ 걷다	【走】 zǒu	저우
□ 걷어올리다	【挽】 wǎn	완
□ 걸다	【挂】 guà	꽈
□ 걸레	【抹布】 móbù	모뿌
□ 걸리다 (병에)	【患】 huàn	환
□ 걸맞다	【调衬】 tiáochèn	티아오천
□ 걸상	【凳子】 dèngzi	떵즈

□ 걸음	【步】 bù 뿌
□ 걸음걸이	【步伐】 bùfá 뿌파
□ 걸음마	【脚步】 jiǎobù 지아오뿌
□ 걸작	【杰作】 jiézuò 지에쭈어
□ 걸쭉하다	【浓稠】 nóngchóu 농처우
□ 걸출하다	【杰出】 jiéchū 지에추
□ 걸치다(어깨에)	【披】 pī 피
□ 걸치다	【跨】 kuà 콰
□ 걸터앉다	【坐】 zuò 쭈어
□ 걸핏하면	【动不动】 dòngbudòng 동뿌동
□ 검거(하다)	【检举】 jiǎnjǔ 지엔쥐
□ 검다	【黑】 hēi 헤이
□ 검둥이	【黑蛋】 hēidàn 헤이딴
□ 검문	【讯问】 xùnwèn 쉰원
□ 검사(하다)	【检查】 jiǎnchá 지엔차
□ 검소하다	【朴实】 pǔshí 푸스
□ 검수(하다)	【验收】 yànshōu 이엔셔우
□ 검열(하다)	【查阅】 cháyuè 차위에

32

단어	한자	병음	발음
□ **검정**(색)	【黑色】	hēisè	헤이써
□ **검증** (하다)	【验证】	yànzhèng	이엔정
□ **검진**	【诊察】	zhěnchá	전차
□ **검출**	【检出】	jiǎnchū	지엔추
□ **검토**	【检讨】	jiǎntǎo	지엔타오
□ **검푸르다**	【碧绿】	bìlǜ	삐뤼
□ **겁먹다**	【恐慑】	kǒngshè	콩서
□ **겁쟁이**	【胆小鬼】	dǎnxiǎoguǐ	단시아오꿰이
□ **겁탈**(하다)	【劫夺】	jiéduó	지에뚜어
□ **것**	【者】	zhě	저
□ **겉**	【面子】	miànzi	미엔즈
□ **겉모습**	【外表】	wàibiǎo	와이비아오
□ **겉옷**	【外衣】	wàiyī	와이이
□ **겉치레**	【场面】	chǎngmiàn	창미엔
□ **게**	【蟹】	xiè	시에
□ **게걸스럽다**	【馋】	chán	찬
□ **게다가**	【况且】	kuàngqiě	쾅치에
□ **게시판**	【布告牌】	bùgàopái	부까오파이

□ 게으르다	【懒】 lǎn	란
□ 게으름뱅이	【懒人】 lǎnrén	란런
□ 게임	【比赛】 bǐsài	삐사이
□ 게재 (하다)	【刊登】 kāndēng	칸덩
□ 겨	【糠】 kāng	캉
□ 겨누다	【针对】 zhēnduì	전뚜에이
□ 겨드랑이	【胳】 gā	가
□ 겨루다	【较量】 jiàoliàng	지아오리앙
□ 겨우	【算是】 suànshì	쑤안스
□ 겨울	【冬天】 dōngtiān	동티엔
□ 겨울잠	【冬眠】 dōngmián	동미엔
□ 겨자	【芥】 gài	가이
□ 격동 (하다)	【激动】 jīdòng	지똥
□ 격려 (하다)	【激励】 jīlì	지리
□ 격렬하다	【激烈】 jīliè	지리에
□ 격리 (하다)	【隔离】 gélí	거리
□ 격발 (하다)	【激发】 jīfā	지파
□ 격식	【格式】 géshì	거스

34

□ **격일**　　　【隔日】 gérì 거르

□ **격자**　　　【格】 gé 거

□ **격정**　　　【激情】 jīqíng 지칭

□ **격차**　　　【差距】 chājù 차쥐

□ **격찬**(하다)　　【激赏】 jīshǎng 지샹

□ **격침**(하다)　　【击沉】 jīchén 지천

□ **격퇴**(하다)　　【击退】 jītuì 지퉤이

□ **격투**(하다)　　【格斗】 gédòu 거떠우

□ **격파**(하다)　　【击破】 jīpò 지포

□ **격화하다**　　【加剧】 jiājù 지아쥐

□ **겪다**　　　【经受】 jīngshòu 징셔우

□ **견고하다**　　【坚固】 jiāngù 지엔꾸

□ **견디다**　　　【忍】 rěn 런

□ **견문**　　　【见识】 jiànshí 지엔스

□ **견본**　　　【样品】 yàngpǐn 양핀

□ **견습생**　　　【徒弟】 túdì 투띠

□ **견실하다**　　【坚实】 jiānshí 지엔스

□ **견인**(하다)　　【牵引】 qiānyǐn 치엔인

한국어	중국어	병음	발음
□ 견적(하다)	【推算】	tuīsuàn	퉤이쑤안
□ 견제(하다)	【牵制】	qiānzhì	치엔즈
□ 견주다	【较】	jiào	지아오
□ 견지(하다)	【坚持】	jiānchí	지엔츠
□ 견책(하다)	【谴责】	qiǎnzé	치엔저
□ 견학(하다)	【参观】	cānguān	찬관
□ 견해	【见解】	jiànjiě	지엔지에
□ 결과	【结果】	jiēguǒ	지에구어
□ 결국	【结局】	jiéjú	지에쥐
□ 결근(하다)	【缺勤】	quēqín	취에친
□ 결단	【决断】	juéduàn	쥐에뚜안
□ 결렬(하다)	【决裂】	juéliè	쥐에리에
□ 결론	【结论】	jiélùn	지에룬
□ 결말	【结末】	jiémò	지에모
□ 결박(하다)	【绑】	bǎng	방
□ 결백하다	【洁白】	jiébái	지에바이
□ 결별(하다)	【诀别】	juébié	쥐에비에
□ 결빙(하다)	【结冰】	jiébīng	지에빙

□ **결산** (하다) 【決算】 juéshuàn 쥐에수안

□ **결석** (하다) 【缺席】 quēxí 취에시

□ **결성** (하다) 【结成】 jiéchéng 지에청

□ **결속** 【结束】 jiéshù 지에수

□ **결손나다** 【缺损】 quēsǔn 취에쑨

□ **결승전** 【决赛】 juésài 쥐에싸이

□ **결실** 【结实】 jiéshí 지에스

□ **결심** 【决心】 juéxīn 쥐에씬

□ **결여** (되다) 【缺少】 quēshǎo 취에샤오

□ **결의** 【决议】 juéyì 쥐에이

□ **결재하다** 【裁决】 cáijué 차이쥐에

□ **결전** 【决战】 juézhàn 쥐에잔

□ **결점** 【缺点】 quēdiǎn 취에디엔

□ **결정** 【结晶】 jiéjīng 지에징

□ **결정** (하다) 【决定】 juédìng 쥐에띵

□ **결제** (하다) 【结帐】 jiézhàng 지에장

□ **결코** 【决】 jué 쥐에

□ **결탁** (하다) 【勾结】 gōujié 거우지에

37

□ 결투(하다)	【决斗】	juédòu 쥐에떠우
□ 결핍하다	【缺乏】	quēfá 취에파
□ 결함	【缺陷】	quēxiàn 취에시엔
□ 결합(하다)	【结合】	jiéhé 쥐에허
□ 결항(하다)	【缺班】	quēbān 취에반
□ 결핵	【结核】	jiéhé 지에허
□ 결혼	【结婚】	jiéhūn 지에훈
□ 겸손(하다)	【谦逊】	qiānxùn 치엔쉰
□ 겸용	【两用】	liǎngyòng 리앙용
□ 겸임(하다)	【兼任】	jiānrèn 지엔런
□ 겸직(하다)	【兼差】	jiānchāi 지엔차이
□ 겸하다	【兼】	jiān 지엔
□ 겸허하다	【谦虚】	qiānxū 치엔쉬
□ 겹	【重】	zhòng 종
□ 겹겹이	【重重】	chóngchóng 총총
□ 겹치다	【重迭】	chóngdié 총디에
□ 경감(하다)	【减轻】	jiǎnqīng 지엔칭
□ 경계	【境界】	jìngjiè 징지에

□ 경계 (하다)	【警戒】	jǐngjiè 징지에
□ 경고	【警告】	jǐnggào 징까오
□ 경고하다 (훈계)	【告诫】	gàojiè 까오지에
□ 경공업	【轻工业】	qīnggōngyè 칭공예
□ 경과 (하다)	【经过】	jīngguò 징꾸어
□ 경관	【景象】	jǐngxiàng 징시앙
□ 경극	【京剧】	jīngjù 징쥐
□ 경극	【京戏】	jīngxì 징시
□ 경기	【竞赛】	jìngsài 징싸이
□ 경력	【经历】	jīnglì 징리
□ 경련	【痉挛】	jìngluán 징루안
□ 경례	【敬礼】	jìnglǐ 징리
□ 경로	【渠道】	qúdào 취따오
□ 경마	【赛马】	sàimǎ 싸이마
□ 경매 (하다)	【竞买】	jìngmǎi 징마이
□ 경멸하다	【看不起】	kànbuqǐ 칸부치
□ 경미하다	【轻微】	qīngwēi 칭웨이
□ 경보	【警报】	jǐngbào 징바오

□ 경비 (비용)	【经费】 jīngfèi 징페이
□ 경비 (보안)	【警卫】 jǐngwèi 징웨이
□ 경사지다	【倾斜】 qīngxié 칭시에
□ 경상 (장기)	【经常】 jīngcháng 징창
□ 경선 (하다)	【竞选】 jìngxuǎn 징쉬엔
□ 경솔하다	【疏忽】 shūhu 수후
□ 경시 (하다)	【轻视】 qīngshì 칭스
□ 경악 (하다)	【惊慌】 jīnghuāng 징후앙
□ 경애 (하다)	【敬爱】 jìng'ài 징아이
□ 경영 (하다)	【经营】 jīngyíng 징잉
□ 경우	【场合】 chǎnghé 창허
□ 경위	【案情】 ànqíng 안칭
□ 경유 (하다)	【经由】 jīngyóu 징여우
□ 경작지	【田地】 tiándì 티엔띠
□ 경작 (하다)	【耕地】 gēngdì 겅띠
□ 경쟁 (하다)	【竞争】 jìngzhēng 징정
□ 경적	【警号】 jǐnghào 징하오
□ 경전	【经典】 jīngdiǎn 징디엔

□ **경제** 【经济】 jīngjì 징지

□ **경주** 【赛跑】 sàipǎo 싸이파오

□ **경지** 【耕地】 gēngdì 겅띠

□ **경질** 【更替】 gēngtì 겅티

□ **경찰** 【警察】 jǐngchá 징차

□ **경축**(하다) 【庆祝】 qìngzhù 칭주

□ **경치** 【景色】 jǐngsè 징써

□ **경쾌** 【轻快】 qīngkuài 칭콰이

□ **경품** 【彩品】 cǎipǐn 차이핀

□ **경향** 【倾向】 qīngxiàng 칭시앙

□ **경험** 【经验】 jīngyàn 징이엔

□ **경호** 【护卫】 hùwèi 후웨이

□ **곁** 【侧】 cè 처

□ **곁들이다** 【附加】 fùjiā 푸지아

□ **계곡** 【溪谷】 xīgǔ 시꾸

□ **계급** 【阶级】 jiējí 지에지

□ **계기**(측정기계) 【仪器】 yíqì 이치

□ **계기**(기회) 【契机】 qìjī 치지

가족 家族

① 祖父
zǔfù 쭈푸

② 祖母
zǔmǔ 쭈무

③ 爸爸
bàba 빠바

④ 妈妈
māma 마마

⑤ 弟弟·哥哥
dìdi 띠디 · gēge 꺼거

⑥ 妹妹·姐姐
mèimei 메이메이
jiějie 지에지에

⑦ **丈夫**
zhàngfū 장푸

⑧ **妻子**
qīzǐ 치즈

⑨ **小孩子**
xiǎoháizǐ 시아오하이즈

⑩ **婴儿**
yīng'ér 잉얼

---

①할아버지 ②할머니 ③아버지 ④어머니 ⑤남동생·형(오빠)
⑥여동생·언니(누나) ⑦남편 ⑧아내 ⑨어린이 ⑩아기

□ 계단	【楼梯】 lóutī 러우티	
□ 계란	【鸡蛋】 jīdàn 지딴	
□ 계략	【计谋】 jìmóu 지머우	
□ 계모	【继母】 jìmǔ 지무	
□ 계몽(하다)	【启蒙】 qǐméng 치멍	
□ 계발	【启发】 qǐfā 치파	
□ 계산기	【计算机】 jìsuànjī 지쑤안지	
□ 계산(하다)	【算】 suàn 쑤안	
□ 계속(하다)	【继续】 jìxù 지쒸	
□ 계승(하다)	【继承】 jìchéng 지청	
□ 계시(하다)	【启示】 qǐshì 치스	
□ 계약	【约定】 yuēdìng 위에띵	
□ 계열	【系列】 xìliè 시리에	
□ 계절	【季节】 jìjié 지지에	
□ 계좌	【账户】 zhànghù 장후	
□ 계층	【阶层】 jiēcéng 지에청	
□ 계통	【系统】 xìtǒng 시퉁	
□ 계파	【派系】 pàixì 파이시	

44

□ 계획　　　　　【计划】 jìhuà 지화

□ 고갈되다　　　【枯竭】 kūjié 쿠지에

□ 고개　　　　　【高坡】 gāopō 까오포어

□ 고객　　　　　【顾客】 gùkè 꾸커

□ 고공　　　　　【高空】 gāokōng 가오콩

□ 고구마　　　　【甘薯】 gānshǔ 간수

□ 고궁　　　　　【古宫】 gǔgōng 구꽁

□ 고귀하다　　　【高贵】 gāoguì 카오꿰이

□ 고귀한　　　　【贵】 guì 꿰이

□ 고급의　　　　【高级】 gāojí 가오지

□ 고기　　　　　【肉】 ròu 러우

□ 고기압　　　　【高气压】 gāoqìyā 가오치야

□ 고깃배　　　　【渔船】 yúchuán 위추안

□ 고난　　　　　【苦难】 kǔnàn 쿠난

□ 고뇌하다　　　【苦恼】 kǔnǎo 쿠나오

□ 고달프다　　　【苦累】 kǔlèi 쿠레이

□ 고대　　　　　【古代】 gǔdài 구따이

□ **고도**(옛도읍)　【古都】 gǔdū 구뚜

□ 고도 　　　【高度】 gāodù 가오뚜

□ 고독하다 　　【孤独】 gūdú 구뚜

□ 고동치다 　　【跳动】 tiàodòng 티아오똥

□ 고드름 　　　【冰柱】 bīngzhù 빙주

□ 고등 　　　　【高等】 gāoděng 가오덩

□ 고등어 　　　【鲭鱼】 qīngyú 칭위

□ 고래 　　　　【鲸鱼】 jīngyú 징위

□ 고려 (하다) 　【考虑】 kǎolǜ 카오뤼

□ 고르다 (균등) 【均】 jūn 쮠

□ 고름 　　　　【脓】 nóng 농

□ 고리 　　　　【环】 huán 후안

□ 고릴라 　　　【大猩猩】 dàxīngxing 따씽씽

□ 고립되다 　　【孤立】 gūlì 구리

□ 고막 　　　　【鼓膜】 gǔmó 구모

□ 고명하다 　　【高明】 gāomíng 가오밍

□ 고모 　　　　【姑姑】 gūgu 구구

□ 고목 　　　　【枯木】 kūmù 쿠무

□ 고무 　　　　【橡胶】 xiàngjiāo 시앙지아오

□ 고무하다	【鼓舞】	gǔwǔ 구우
□ 고문	【古文】	gǔwén 구원
□ 고문	【顾问】	gùwèn 꾸원
□ 고물	【古物】	gǔwù 구우
□ 고민하다	【苦闷】	kǔmèn 쿠먼
□ 고발 (하다)	【告发】	gàofā 까오파
□ 고백	【告白】	gàobái 까오바이
□ 고별하다	【告别】	gàobié 까오비에
□ 고봉	【高峰】	gāofēng 가오펑
□ 고비	【关头】	guāntóu 관터우
□ 고사리	【蕨菜】	juécài 쥐에차이
□ 고상하다	【高尚】	gāoshàng 가오샹
□ 고생하다	【辛苦】	xīnkǔ 씬쿠
□ 고서	【古书】	gǔshū 구수
□ 고소 (하다)	【告状】	gàozhuàng 까오주앙
□ 고속	【高速】	gāosù 가오쑤
□ 고속도로	【高速公路】	gāosùgōnglù 까오쑤공루
□ 고수	【高手儿】	gāoshǒur 가오셔울

□ 고수 (하다)	【保守】	bǎoshǒu 바오셔우
□ 고슴도치	【刺猬】	cìwei 츠웨이
□ 고시	【启事】	qǐshì 치스
□ 고심	【周折】	zhōuzhé 저우저
□ 고아	【孤孩子】	gūháizi 구하이즈
□ 고압	【高压】	gāoyā 가오야
□ 고양이	【猫】	māo 마오
□ 고열	【高烧】	gāoshāo 가오샤오
□ 고온	【高温】	gāowēn 가오원
□ 고요하다	【寂静】	jìjìng 지징
□ 고용인	【雇员】	gùyuán 꾸위엔
□ 고용 (하다)	【雇佣】	gùyōng 꾸용
□ 고원	【高原】	gāoyuán 가오위엔
□ 고유의	【固有】	gùyǒu 꾸여우
□ 고인	【死者】	sǐzhě 쓰저
□ 고자질하다	【传舌】	chuánshé 추안셔
□ 고장	【故障】	gùzhàng 꾸장
□ 고저	【高低】	gāodī 가오디

48

□ 고적	【古迹】 gǔjì 구지	
□ 고전	【古典】 gǔdiǎn 구디엔	
□ 고정시키다	【固定】 gùdìng 꾸띵	
□ 고조	【高潮】 gāocháo 가오차오	
□ 고증 (하다)	【考证】 kǎozhèng 카오정	
□ 고지(높은 곳)	【高地】 gāodì 가오디	
□ 고질	【痼疾】 gùjí 꾸지	
□ 고집하다	【固执】 gùzhí 꾸즈	
□ 고찰(하다)	【考察】 kǎochá 카오차	
□ 고참	【老前辈】 lǎoqiánbèi 라오치엔뻬이	
□ 고체	【固体】 gùtǐ 꾸티	
□ 고추	【辣椒】 làjiāo 라지아오	
□ 고취하다	【鼓吹】 gǔchuī 꾸췌이	
□ 고층의	【高层】 gāocéng 가오청	
□ 고치(누에)	【茧】 jiǎn 지엔	
□ 고치다	【改】 gǎi 가이	
□ 고통스럽다	【痛苦】 tòngkǔ 통쿠	
□ 고프다	【饿】 è 어	

□ 고함소리　　【呼声】hūshēng 후성

□ 고함치다　　【叫】jiào 지아오

□ 고향　　　　【故乡】gùxiāng 꾸시앙

□ 고혈압　　　【高血压】gāoxuèyā 가오쉬에야

□ 곡 (음악)　　【曲子】qǔzi 취즈

□ 곡마 (서커스)　【马戏】mǎxì 마시

□ 곡목　　　　【曲目】qǔmù 취무

□ 곡물 (곡식)　【谷物】gǔwù 구우

□ 곡선　　　　【曲线】qūxiàn 취시엔

□ 곡예　　　　【杂技】zájì 자지

□ 곤경　　　　【困境】kùnjìng 쿤징

□ 곤두세우다　【竖】shù 수

□ 곤란　　　　【困难】kùnnàn 쿤난

□ 곤봉　　　　【棒】bàng 빵

□ 곤충　　　　【昆虫】kūnchóng 쿤총

□ 곤혹하다　　【困惑】kùnhuò 쿤후어

□ 곧　　　　　【马上】mǎshàng 마샹

□ 곧다, 솔직하다　【直】zhí 즈

□ 곧장　　　　【直】zhí 즈

□ 골격　　　　【骨骼】gǔgé 구거

□ 골동품　　　【古董儿】gǔdǒngr 구똘

□ 골라내다　　【挑选】tiāoxuǎn 티아오쉬엔

□ 골목　　　　【胡同】hútòng 후통

□ 골몰하다　　【迷瞪】mídeng 미덩

□ 골반　　　　【骨盘】gǔpán 구판

□ 골수　　　　【骨髓】gǔsuǐ 구쒜이

□ 골육　　　　【骨肉】gǔròu 구러우

□ 골짜기　　　【峡】xiá 시아

□ 골칫거리　　【麻烦事】máfanshì 마판스

□ 골키퍼　　　【门将】ménjiàng 먼지앙

□ 골프　　　　【高尔夫球】gāo'ěrfūqiú 가오얼푸치우

□ 곰　　　　　【熊】xióng 시옹

□ 곰팡이　　　【霉】méi 메이

□ 곱슬머리　　【绒发】róngfà 롱파

□ 곱하다　　　【乘】chéng 청

□ 곳　　　　　【所】suǒ 쑤어

곳곳에	【遍地】 biàndì 비엔띠
□ 공	【球】 qiú 치우
□ 공간	【空间】 kōngjiān 콩지엔
□ 공갈	【恐喝】 kǒnghè 콩허
□ 공감하다	【共鸣】 gòngmíng 공밍
□ 공개 (하다)	【公开】 gōngkāi 공카이
□ 공격 (하다)	【攻击】 gōngjī 공지
□ 공경 (하다)	【恭敬】 gōngjìng 공징
□ 공고	【公告】 gōnggào 공까오
□ 공고 (견고)	【巩固】 gǒnggù 공꾸
□ 공공	【公共】 gōnggòng 공꽁
□ 공공연히	【公然】 gōngrán 공란
□ 공공의	【公】 gōng 공
□ 공교롭게도	【可巧】 kěqiǎo 커치아오
□ 공구	【工具】 gōngjù 공쥐
□ 공군	【空军】 kōngjūn 콩쥔
□ 공금	【公款】 gōngkuǎn 콩쿠안
□ 공급 (하다)	【供应】 gōngyìng 공잉

□ **공기**	【空气】	kōngqì 콩치
□ **공동으로**	【共同】	gòngtóng 공퉁
□ **공동체**	【社】	shè 셔
□ **공략**(하다)	【攻掠】	gōnglüè 공뤼에
□ **공로**	【功劳】	gōngláo 공라오
□ **공룡**	【恐龙】	kǒnglóng 콩룽
□ **공명**	【共鸣】	gòngmíng 공밍
□ **공모**(결탁)	【勾结】	gōujié 거우지에
□ **공무**	【公务】	gōngwù 공우
□ **공무원**	【公务员】	gōngwùyuán 공우위엔
□ **공문**	【案】	àn 안
□ **공민**	【公民】	gōngmín 공민
□ **공방**	【攻防】	gōngfáng 공팡
□ **공백**	【空白】	kòngbái 콩바이
□ **공범**	【共犯】	gòngfàn 공판
□ **공부**(하다)	【念书】	niànshū 니엔수
□ **공사**	【公社】	gōngshè 공셔
□ **공산당**	【共产党】	gòngchǎndǎng 꽁찬당

□ 공상 (하다)　　【空想】 kōngxiǎng 콩시앙

□ 공세　　　　　【攻势】 gōngshì 공스

□ 공손하다　　　【恭逊】 gōngxùn 공쉰

□ 공습 (하다)　　【空袭】 kōngxí 콩시

□ 공식　　　　　【公式】 gōngshì 공스

□ 공안　　　　　【公安】 gōng'ān 공안

□ 공약　　　　　【公约】 gōngyuē 공위에

□ 공업　　　　　【工业】 gōngyè 공예

□ 공연 (하다)　　【表演】 biǎoyǎn 비아오이엔

□ 공예품　　　　【工艺品】 gōngyìpǐn 공이핀

□ 공용　　　　　【公用】 gōngyòng 공용

□ 공원　　　　　【公园】 gōngyuán 공위엔

□ 공유제　　　　【公有制】 gōngyǒuzhì 공여즈

□ 공유 (하다)　　【公有】 gōngyǒu 공여우

□ 공인 (하다)　　【公认】 gōngrèn 공런

□ 공작기계　　　【机床】 jīchuáng 지추앙

□ 공작새　　　　【孔雀】 kǒngquè 콩취에

□ 공장　　　　　【工厂】 gōngchǎng 공창

□ **공장장** 【厂长】 chǎngzhǎng 창장

□ **공적** 【功绩】 gōngjì 공지

□ **공정** 【工程】 gōngchéng 공청

□ **공정하다** 【公正】 gōngzhèng 공정

□ **공제하다** 【扣除】 kòuchú 커우추

□ **공중** 【空中】 kōngzhōng 콩중

□ **공중전화** 【公用电话】 gōngyòngdiànhua
　　　　　　　　　　　　　공용띠엔화

□ **공증** 【公证】 gōngzhèng 공정

□ **공짜** 【免费】 miǎnfèi 미엔페이

□ **공채** 【公债】 gōngzài 꽁자이

□ **공책** 【本子】 běnzi 번즈

□ **공통** (되다) 【共通】 gòngtōng 공통

□ **공통성** 【共性】 gòngxìng 꽁씽

□ **공평하다** 【公平】 gōngpíng 공핑

□ **공포** 【恐怖】 kǒngbù 콩뿌

□ **공포** (하다) 【公布】 gōngbù 공뿌

□ **공항** 【机场】 jīchǎng 지창

□ **공해** 【公害】 gōnghài 공하이

□ 공허하다	【空虚】	kōngxū 콩쉬
□ 공허한	【空】	kōng 콩
□ 공헌 (하다)	【贡献】	gòngxiàn 꽁시엔
□ 공화국	【共和国】	gònghéguó 꽁허구어
□ 공황	【恐慌】	kǒnghuāng 콩후앙
□ 곶	【岬角】	jiǎjiǎo 지아지아오
□ 과감하다	【勇于】	yǒngyú 용위
□ 과거	【过去】	guòqù 꾸어취
□ 과대하다	【夸大】	kuādà 쿠아다
□ 과도기	【过渡时期】	guòdùshíqī 꾸어두스치
□ 과도하게	【过于】	guòyú 꾸어위
□ 과도하다	【过度】	guòdù 꾸어뚜
□ 과목	【科目】	kēmù 커무
□ 과목	【课】	kē 커
□ 과묵하다	【寡默】	guǎmò 과모
□ 과민하다	【过敏】	guòmǐn 꾸어민
□ 과부	【寡妇】	guǎfù 과푸
□ 과분하다	【过分】	guòfèn 꾸어펀

56

□ **과세** 【课税】 kèshuì 커쉐이

□ **과속** 【超速】 chāosù 차오쑤

□ **과수** 【果树】 guǒshù 꾸어수

□ **과수원** 【果圃】 guǒpǔ 꾸어푸

□ **과시** (하다) 【示威】 shìwēi 스웨이

□ **과식** (하다) 【过饱】 guòbǎo 꾸어바오

□ **과실** 【过失】 guòshī 꾸어스

□ **과연** 【果然】 guǒrán 꾸어란

□ **과일** 【水果】 shuǐguǒ 쉐이꾸어

□ **과잉** 【过剩】 guòshèng 꾸어성

□ **과자** 【点心】 diǎnxīn 디엔씬

□ **과장** 【科长】 kēzhǎng 커장

□ **과장** (하다) 【夸】 kuā 콰

□ **과정** 【过程】 guòchéng 꾸어청

□ **과제** 【课题】 kètí 커티

□ **과즙** 【果汁儿】 guǒzhīer 꾸어즈얼

□ **과찬하다** 【过奖】 guòjiǎng 꾸어지앙

□ **과학** 【科学】 kēxué 커쉬에

□ 관(널)　　　　　【棺】 guān 관

□ 관개(하다)　　　【灌漑】 guàngài 꽌까이

□ 관객　　　　　　【看客】 kànkè 칸커

□ 관건　　　　　　【关键】 guānjiàn 관지엔

□ 관계　　　　　　【关系】 guānxì 관시

□ 관광(하다)　　　【观光】 guānguāng 꾸안꽝

□ 관념　　　　　　【观念】 guānniàn 관니엔

□ 관대하다　　　　【宽大】 kuāndà 콴따

□ 관람(하다)　　　【观看】 guānkàn 관칸

□ 관련되다　　　　【相关】 xiāngguān 시앙관

□ 관례　　　　　　【惯例】 guànlì 꽌리

□ 관료　　　　　　【官僚】 guānliáo 관리아오

□ 관리　　　　　　【官】 guān 관

□ 관리(하다)　　　【管理】 guǎnlǐ 관리

□ 관목　　　　　　【灌木】 guànmù 꽌무

□ 관문　　　　　　【关】 guān 관

□ 관보　　　　　　【公报】 gōngbào 공빠오

□ 관상(하다)　　　【观赏】 guānshǎng 관샹

58

□ **관심** 【关心】 guānxīn 관씬

□ **관여** (하다) 【干预】 gānyù 간위

□ **관용하다** 【宽贷】 kuāndài 콴따이

□ **관용어** 【惯用语】 guànyòngyǔ 꽌용위

□ **관원** 【官员】 guānyuán 관위엔

□ **관절** 【关节】 guānjié 관지에

□ **관점** 【观点】 guāndiǎn 관디엔

□ **관중** 【观众】 guānzhòng 관종

□ **관찰** (하다) 【观察】 guānchá 관차

□ **관철** (하다) 【贯彻】 guànchè 꽌처

□ **관측** (하다) 【观测】 guāncè 관처

□ **관통** (하다) 【贯通】 guàntōng 꽌통

□ **관현악** 【管弦乐】 guǎnxiányuè 관시엔위에

□ **괄목하다** 【刮目】 guāmù 과무

□ **괄호** 【括号】 kuòhào 쿠어하오

□ **광경** 【景象】 jǐngxiàng 징시앙

□ **광고** 【广告】 guǎnggào 광까오

□ **광대하다** 【广大】 guǎngdà 광따

□ 광명	【光明】	guāngmíng 광밍
□ 광물	【矿物】	kuàngwù 쾅우
□ 광범위하다	【广泛】	guǎngfàn 광판
□ 광산	【矿山】	kuàngshān 쾅샨
□ 광산물	【矿产】	kuàngchǎn 쾅찬
□ 광석	【矿石】	kuàngshí 쾅스
□ 광선	【光线】	guāngxiàn 광시엔
□ 광야	【广野】	guǎngyě 광예
□ 광어	【比目鱼】	bǐmùyú 삐무위
□ 광장	【广场】	guǎngchǎng 광창
□ 광정(광산의 수갱)	【矿井】	kuàngjǐng 쾅징
□ 광주리	【筐】	kuāng 쾅
□ 광채	【光彩】	guāngcǎi 광차이
□ 광택나다	【光】	guāng 광
□ 광풍	【狂风】	kuángfēng 쾅펑
□ 광활하다	【广阔】	guǎngkuò 광쿠어
□ 광휘	【光辉】	guānghuī 광훼이
□ 괘종시계	【挂钟】	guàzhōng 꽈종

□ 괜찮다	【不错】	búcuò 부추어
□ 괭이	【锄】	chú 추
□ 괴력	【怪劲儿】	guàijièr 꽈이지얼
□ 괴롭다	【难过】	nánguò 난꾸어
□ 괴물	【怪物】	guàiwu 꽈이우
□ 괴상하다	【奇怪】	qíguài 치꽈이
□ 괴수	【怪兽】	guàishòu 꽈이셔우
□ 괴짜	【奇人】	qírén 치런
□ 괴팍하다	【别扭】	bièniu 삐에니우
□ 괴한	【怪汉】	guàihàn 꽈이한
□ 굉음	【轰鸣声】	hōngmíngshēng 홍밍성
□ 굉장하다	【了不起】	liǎobuqǐ 리아오부치
□ 교과서	【课本】	kèběn 커번
□ 교대 (하다)	【交代】	jiāodài 지아오따이
□ 교량	【桥梁】	qiáoliáng 치아오리앙
□ 교류 (하다)	【交流】	jiāoliú 지아오리우
□ 교만하다	【骄慢】	jiāomàn 지아오만
□ 교묘하다	【巧妙】	qiǎomiào 치아오미아오

□ 교미 (하다)	【交尾】	jiāowěi 지아오웨이
□ 교복	【校服】	xiàofú 시아오푸
□ 교본	【教本】	jiàoběn 지아오번
□ 교부 (하다)	【付】	fù 푸
□ 교사	【教师】	jiàoshī 지아오스
□ 교사 (하다)	【教唆】	jiàosuō 지아오쑤어
□ 교섭 (하다)	【交涉】	jiāoshè 지아오셔
□ 교수	【教授】	jiàoshòu 지아오셔우
□ 교습	【教习】	jiàoxí 지아오시
□ 교실	【教室】	jiàoshì 지아오스
□ 교양	【教养】	jiàoyǎng 지아오양
□ 교역	【交易】	jiāoyì 지아오이
□ 교외	【郊区】	jiāoqū 지아오취
□ 교원	【教员】	jiàoyuán 지아오위엔
□ 교육	【教育】	jiàoyù 지아오위
□ 교잡하다	【杂交】	zájiāo 자지아오
□ 교장	【校长】	xiàozhǎng 시아오장
□ 교재	【教材】	jiàocái 지아오차이

□ 교정	【校园】	xiàoyuán 시아오위엔
□ 교정 (하다)	【校订】	jiàodìng 지아오딩
□ 교제 (하다)	【交际】	jiāojì 지아오지
□ 교조	【教条】	jiàotiáo 지아오티아오
□ 교차되다	【交叉】	jiāochā 지아오차
□ 교착하다	【交错】	jiāocuò 지아오추어
□ 교체 (하다)	【交替】	jiāotì 지아오티
□ 교태	【娇态】	jiāotài 지아오타이
□ 교통	【交通】	jiāotōng 지아오통
□ 교환 (하다)	【交换】	jiāohuàn 지아오환
□ 교활하다	【狡猾】	jiǎohuá 지아오화
□ 교회	【教会】	jiàohuì 지아오훼이
□ 교훈	【教训】	jiàoxùn 지아오쉰
□ 구(9)	【九】	jiǔ 지우
□ 구간	【区间】	qūjiān 취지엔
□ 구강	【口腔】	kǒuqiāng 커우치앙
□ 구걸하다	【乞求】	qǐqiú 치치우
□ 구경 (하다)	【看】	kàn 칸

□ **구급차**	【救伤车】 jiùshāngchē	지우상처
□ **구김살**	【皱纹】 zhòuwén	저우원
□ **구더기**	【粪蛆】 fènqū	펀취
□ **구덩이**	【坑】 kēng	컹
□ **구두**	【口头】 kǒutóu	커우터우
□ **구두쇠**	【狠猴儿】 hěnhóur	헌허울
□ **구두시험**	【口试】 kǒushì	커우스
□ **구두점**	【标点】 biāodiǎn	비아오디엔
□ **구락부**	【俱乐部】 jùlèbù	쥐러뿌
□ **구렁이**	【黄领蛇】 huánglǐngshé	후앙링셔
□ **구류**(하다)	【拘留】 jūliú	쥐리우
□ **구르다**	【滚动】 gǔndòng	군똥
□ **구름**	【云】 yún	윈
□ **구릉**	【丘陵】 qiūlíng	치우링
□ **구리**	【铜】 tóng	통
□ **구리다**	【臭】 chòu	처우
□ **구매력**	【购买力】 gòumǎilì	꺼우마이리
□ **구매**(하다)	【购买】 gòumǎi	꺼우마이

□ 구멍	【穴】	xué 쉬에
□ 구명	【救命】	jiùmìng 지우밍
□ 구박하다	【折磨】	zhémó 저모
□ 구별	【区别】	qūbiě 취비에
□ 구별하다	【别】	bié 비에
□ 구부리다	【弯】	wān 완
□ 구분하다	【区分】	qūfēn 취펀
□ 구불구불하다	【曲折】	qūzhé 취저
□ 구비 (하다)	【具备】	jùbèi 쥐뻬이
□ 구상 (하다)	【构想】	gòuxiǎng 꺼우시앙
□ 구석	【角落】	jiǎoluò 지아오루어
□ 구성 (하다)	【构成】	gòuchéng 꺼우청
□ 구속 (하다)	【拘束】	jūshù 쥐수
□ 구슬	【珠子】	zhūzi 주즈
□ 구슬프다	【凄哀】	qī'āi 치아이
□ 구실	【借口】	jièkǒu 지에커우
□ 구어	【口语】	kǒuyǔ 커우위
□ 구역	【区域】	qūyù 취위

□ 구역질　　【呕气】ǒuqì 어우치

□ 구원(하다)　【救援】jiùyuán 지우위엔

□ 구입(하다)　【收购】shōugòu 셔우꺼우

□ 구제(하다)　【救济】jiùjì 지우지

□ 구조　　　【构造】gòuzào 꺼우자오

□ 구조하다　【救】jiù 지우

□ 구체적이다　【具体】jùtǐ 쥐티

□ 구출(하다)　【救出】jiùchū 지우추

□ 구타(하다)　【殴打】ōudǎ 어우다

□ 구태여　　【何必】hébì 허삐

□ 구토(하다)　【呕吐】ǒutù 어우투

□ 구하다　　【求】qiú 치우

□ 구해내다　【挽救】wǎnjiù 완지우

□ 구현(하다)　【体现】tǐxiàn 티시엔

□ 구호　　　【口号】kǒuhào 커우하오

□ 구혼(하다)　【求婚】qiúhūn 치우훈

□ 국　　　　【汤】tāng 탕

□ 국가　　　【国家】guójiā 구어지아

66

□ 국경절	【国庆节】 guóqìngjié	구어칭지에
□ 국고	【国库】 guókù	구어쿠
□ 국교	【国交】 guójiāo	구어지아오
□ 국기	【国旗】 guóqí	구어치
□ 국력	【国力】 guólì	구어리
□ 국론	【国论】 guólùn	구어룬
□ 국립	【国立】 guólì	구어리
□ 국면	【局面】 júmiàn	쥐미엔
□ 국무원	【国务院】 guówùyuàn	구어우위엔
□ 국물	【水浆】 shuǐjiāng	쉐이지앙
□ 국민	【国民】 guómín	구어민
□ 국방	【国防】 guófáng	구어팡
□ 국법	【国法】 guófǎ	구어파
□ 국보	【国宝】 guóbǎo	구어빠오
□ 국부	【局部】 júbù	쥐뿌
□ 국비	【公费】 gōngfèi	공페이
□ 국사	【国史】 guóshǐ	구어스
□ 국산	【国产】 guóchǎn	구어찬

□ 국수	【面条儿】 miàntiáor	미엔티아올
□ 국어	【国文】 guówén	구어원
□ 국영	【国营】 guóyíng	구어잉
□ 국왕	【国王】 guówáng	구어왕
□ 국유	【国有】 guóyǒu	구어여우
□ 국자	【勺子】 sháozi	샤오즈
□ 국장	【局长】 júzhǎng	쥐장
□ 국적	【国籍】 guójí	구어지
□ 국정	【国情】 guóqíng	구어칭
□ 국제	【国际】 guójì	구어지
□ 국토	【国土】 guótǔ	구어투
□ 국한(하다)	【局限】 júxiàn	쥐시엔
□ 국화	【国花】 guóhuā	구어화
□ 국화꽃	【菊花】 júhuā	쥐화
□ 국회	【国会】 guóhuì	구어훼이
□ 군가	【军歌】 jūngē	쥔거
□ 군관(장교)	【军官】 jūnguān	쥔관
□ 군대	【军队】 jūnduì	쥔뚜에이

□ 군더더기의	【多余】	duōyú	뚜어위
□ 군도	【群岛】	qúndǎo	췬다오
□ 군림 (하다)	【君临】	jūnlín	쥔린
□ 군벌	【军阀】	jūnfá	쥔파
□ 군법	【军法】	jūnfǎ	쥔파
□ 군복	【军装】	jūnzhuāng	쥔주앙
□ 군비	【军备】	jūnbèi	쥔뻬이
□ 군사	【军事】	jūnshì	쥔스
□ 군영(병영)	【营】	yíng	잉
□ 군용품	【军用】	jūnyòng	쥔용
□ 군의	【军医】	jūnyī	쥔이
□ 군인	【军人】	jūnrén	쥔런
□ 군중	【群众】	qúnzhòng	췬종
□ 군축 (하다)	【裁军】	cáijūn	차이쥔
□ 군침	【口涎】	kǒuxián	커우시엔
□ 군함	【军舰】	jūnjiàn	쥔지엔
□ 굳다	【硬】	yìng	잉
□ 굳은살	【茧】	jiǎn	지엔

□ 굴	【窟】 kū 쿠	
□ 굴뚝	【烟囱】 yāncōng 이엔총	
□ 굴복 (하다)	【屈服】 qūfú 취푸	
□ 굴욕	【屈辱】 qūrǔ 취루	
□ 굴절	【屈折】 qūzhé 취저	
□ 굵다	【粗】 cū 추	
□ 굶다	【饿】 è 어	
□ 굶주리다	【饥饿】 jī'è 지어	
□ 굼벵이	【慢性】 mànxìng 만싱	
□ 굽다	【烤】 kǎo 카오	
□ 굽히다	【俯】 fǔ 푸	
□ 궁금하다	【惦念】 diànniàn 디엔니엔	
□ 궁둥이	【屁股】 pìgu 피구	
□ 궁리	【心经】 xīnjing 씬징	
□ 궁색하다	【紧】 jǐn 진	
□ 궁전	【宫殿】 gōngdiàn 공띠엔	
□ 궁핍하다	【穷乏】 qióngfá 치옹파	
□ 궁합	【合婚】 héhūn 허훈	

□ 권고　　　　【劝告】quàngào 취엔까오

□ 권력　　　　【权力】quánlì 취엔리

□ 권리　　　　【权利】quánlì취엔리

□ 권위　　　　【权威】quánwēi 취엔웨이

□ 권익　　　　【权益】quányì 취엔이

□ 권총　　　　【手枪】shǒuqiāng 셔우치앙

□ 권투　　　　【拳头】quántou 취엔터우

□ 권하다　　　【劝】quàn 취엔

□ 궤도　　　　【轨道】guǐdào 꿰이따오

□ 궤양　　　　【溃疡】kuìyáng 퀘이양

□ 궤짝　　　　【柜子】guìzi 꿰이즈

□ 귀　　　　　【耳朵】ěrduō 얼뚜어

□ 귀가　　　　【回家】huíjiā 훼이지아

□ 귀결 (하다)　　【归结】guījié 꿰이지에

□ 귀고리　　　【耳坠子】ěrzhuìzi 얼줴이즈

□ 귀국 (하다)　　【归国】guīguó 꿰이꾸어

□ 귀금속　　　【贵金属】guìjīnshǔ 꿰이진수

□ 귀납 (하다)　　【归纳】guīnà 꿰이나

□ 귀뚜라미　　　【蟋蟀】 xīshuài 시수아이

□ 귀머거리　　　【聋子】 lóngzi 롱즈

□ 귀빈　　　　　【贵宾】 guìbīn 꿰이빈

□ 귀성(하다)　　【探亲】 tànqīn 탄친

□ 귀신　　　　　【鬼】 guǐ 꿰이

□ 귀엽다　　　　【可爱】 kě'ài 커아이

□ 귀족　　　　　【贵族】 guìzú 꿰이주

□ 귀중품　　　　【贵重品】 guìzhòngpǐn 꿰이종핀

□ 귀중하다　　　【贵重】 guìzhòng 꿰이종

□ 귀찮다　　　　【讨厌】 tǎoyàn 타오이엔

□ 귀퉁이　　　　【角儿】 jiǎor 지아올

□ 귀하다　　　　【贵】 guì 꿰이

□ 귀화(하다)　　【归化】 guīhuà 꿰이화

□ 귀환(하다)　　【反馈】 fǎnkuì 판퀘이

□ 귓밥　　　　　【耳垢】 ěrgòu 얼꺼우

□ 규격　　　　　【规格】 guīgé 꿰이거

□ 규명(하다)　　【追究】 zhuījiū 쮀이지우

□ 규모　　　　　【规模】 guīmó 꿰이모

□ 규범　　　　【规范】 guīfàn 궤이판

□ 규수　　　　【闺女】 guīnǚ 궤이뉘

□ 규약　　　　【章程】 zhāngchéng 장청

□ 규율　　　　【法规】 fǎguī 파궤이

□ 규정(하다)　【规定】 guīdìng 궤이딩

□ 규제(하다)　【制约】 zhìyuē 즈위에

□ 규칙　　　　【规矩】 guījù 궤이쥐

□ 규칙(적이다)【规则】 guīzé 궤이저

□ 규탄(하다)　【谴责】 qiǎnzé 치엔저

□ 규합하다　　【纠合】 jiūhé 지우허

□ 균　　　　　【菌】 jūn 쥔

□ 균등하다　　【平均】 píngjūn 핑쥔

□ 균일하다　　【均匀】 jūnyún 쥔윈

□ 균형　　　　【平衡】 pínghéng 핑헝

□ 귤　　　　　【橘子】 júzi 쥐즈

□ 그것　　　　【那个】 nàge 나거

□ 그녀　　　　【她】 tā 타

□ 그늘　　　　【阴影儿】 yīnyǐngr 인일

□ 그득하다	【满】 mǎn 만
□ 그들	【他们】 tāmen 타먼
□ 그때	【那时】 nàshí 나스
□ 그래도	【然而】 rán'ér 란얼
□ 그래서	【乃】 nǎi 나이
□ 그래픽	【图板】 túbǎn 투반
□ 그램	【公分】 gōngfēn 공펀
□ 그러나	【可是】 kěshì 커스
□ 그러면	【那么】 nàme 나머
□ 그러므로	【因而】 yīn'ér 인얼
□ 그럭저럭	【欠不】 qiànbu 치엔뿌
□ 그런데	【不过】 búguò 부꾸어
□ 그렇게	【那么】 nàme 나머
□ 그렇지만	【只是】 zhǐshì 즈스
□ 그루	【株】 zhū 주
□ 그룹	【组】 zǔ 쭈
□ 그르다	【不对】 bùduì 뿌뚜에이
□ 그르치다	【搞错】 gǎocuò 까오추오

74

□ 그릇	【器】 qì	치
□ 그리고	【和】 hé	허
□ 그리다	【想念】 xiǎngniàn	시앙니엔
□ 그리다	【绘】 huì	훼이
□ 그리워하다	【怀念】 huáiniàn	화이니엔
□ 그림	【画儿】 huàr	활
□ 그림자	【影子】 yíngzi	잉즈
□ 그립다	【怀念】 huáiniàn	화이니엔
□ 그만두다	【罢】 bà	빠
□ 그물	【网】 wǎng	왕
□ 그밖에	【另外】 lìngwài	링와이
□ 그윽하다	【郁馥】 yùfù	위푸
□ 그을다	【熏】 xūn	쉰
□ 그저께	【前天】 qiántiān	치엔티엔
□ 그중	【其中】 qízhōng	치종
□ 그치다	【止】 zhǐ	즈
□ 극	【剧】 jù	쥐
□ 극단	【剧团】 jùtuán	쥐투안

□ 극단적이다　【极端】jíduān 지두안

□ 극도로　【极度】jídù 지뚜

□ 극락　【极乐】jílè 지러

□ 극력　【极力】jílì 지리

□ 극렬하다　【剧烈】jùliè 쥐리에

□ 극복(하다)　【克服】kèfú 커푸

□ 극본　【剧本】jùběn 쥐번

□ 극비의　【绝密】juémì 쥐에미

□ 극성스럽다　【极盛】jíshèng 지성

□ 극소하다　【微小】wēixiǎo 웨이시아오

□ 극약　【剧药】jùyào 쥐야오

□ 극장　【剧场】jùchǎng 쥐창

□ 극한　【极限】jíxiàn 지시엔

□ 극히　【极】jí 지

□ 근(무게)　【斤】jīn 진

□ 근간　【近期】jìnqī 진치

□ 근거　【依据】yījù 이쥐

□ 근거지　【根据地】gēnjùdì 건쥐띠

76

□ 근거 (하다)　　【根据】 gēnjù 건쥐

□ 근검 (하다)　　【勤俭】 qínjiǎn 친지엔

□ 근교　　　　　【近郊】 jìnjiāo 진지아오

□ 근년　　　　　【近年】 jìnnián 진니엔

□ 근대　　　　　【近代】 jìndài 진따이

□ 근래　　　　　【近来】 jìnlái 진라이

□ 근로　　　　　【勤劳】 qínláo 친라오

□ 근면성실하다　【勤恳】 qínkěn 친컨

□ 근면하다　　　【勤】 qín 친

□ 근무 (하다)　　【执勤】 zhíqín 즈친

□ 근본　　　　　【根本】 gēnběn 건번

□ 근사하다　　　【近似】 jìnsì 진쓰

□ 근성　　　　　【根性】 gēnxìng 건씽

□ 근시　　　　　【近视】 jinshì 진스

□ 근심하다　　　【担心】 dānxīn 단씬

□ 근원　　　　　【根】 gēn 건

□ 근육　　　　　【筋】 jīn 진

□ 근황　　　　　【近况】 jìnkuàng 진쿠앙

□ 글감	【題材】 tícái 티차이
□ 글라스	【玻璃杯】 bōlibēi 보리베이
□ 글래머	【丰满】 fēngmǎn 펑만
□ 글러브	【手套儿】 shǒutàor 셔우타올
□ 글자	【文字】 wénzì 원즈
□ 글피	【大后天】 dàhòutiān 다허우티엔
□ 긁다	【搔爬】 sāopá 싸오파
□ 긁어모으다	【扒】 pá 파
□ 긁어보다	【搂】 lǒu 러우
□ 금	【金】 jīn 진
□ 금고	【金库】 jīnkù 진쿠
□ 금광	【金矿】 jīnkuàng 진쿠앙
□ 금괴	【金块】 jīnkuài 진콰이
□ 금기	【禁忌】 jìnjì 진지
□ 금년	【今年】 jīnnián 진니엔
□ 금리	【利息】 lìxī 리시
□ 금메달	【金牌】 jīnpái 진파이
□ 금물	【禁物】 jìnwù 진우

□ 금발　　　【金发】jīnfà 진파

□ 금방　　　【刚才】gāngcái 강차이

□ 금붕어　　【金鱼】jīnyú 진위

□ 금빛　　　【金色】jīnsè 진써

□ 금속　　　【金属】jīnshǔ 진수

□ 금수　　　【锦绣】jǐnxiù 진시우

□ 금시초문　【初闻】chūwén 추원

□ 금액　　　【金额】jīn'é 진어

□ 금연　　　【禁烟】jìnyān 진이엔

□ 금요일　　【星期五】xīngqīwǔ 씽치우

□ 금융　　　【金融】jīnróng 진롱

□ 금은　　　【金银】jīnyín 진인

□ 금전　　　【金钱】jīnqián 진치엔

□ 금지 (하다)　【禁止】jìnzhǐ 진즈

□ 금화　　　【金币】jīnbì 진삐

□ 금후　　　【今后】jīnhòu 진허우

□ 급감하다　【锐减】ruìjiǎn 뤠이지엔

□ 급격하다　【急剧】jíjù 지쥐

□ 급류	【急流】	jíliú	지리우
□ 급박하다	【紧】	jǐn	진
□ 급변하다	【急变】	jíbiàn	지비엔
□ 급별	【级别】	jíbié	지비에
□ 급성의	【急性】	jíxìng	지씽
□ 급소	【要害】	yàohài	야오하이
□ 급수(단계)	【级数】	jíshù	지수
□ 급수(물)	【给水】	jǐshuǐ	지쉐이
□ 급식	【供饭】	gōngfàn	공판
□ 급증	【高涨】	gāozhǎng	가오장
□ 급하다	【急】	jí	지
□ 급히	【赶忙】	gǎnmáng	간망
□ 긋다	【划】	huà	화
□ 긍정적이다	【肯定】	kěndìng	컨띵
□ 긍지	【荣誉感】	róngyùgǎn	롱위깐
□ 기간	【期间】	qījiān	치지엔
□ 기개	【气概】	qìgài	치까이
□ 기겁하다	【受惊】	shòujīng	셔우징

□ **기계**　　　【机械】 jīxiè 지시에

□ **기공**　　　【气功】 qìgōng 치공

□ **기관**　　　【器官】 qìguān 치관

□ **기관지**　　【支气管】 zhīqìguǎn 즈치관

□ **기관차**　　【机车】 jīchē 지처

□ **기괴하다**　【古怪】 gǔguài 구꽈이

□ **기교**　　　【技巧】 jìqiǎo 지치아오

□ **기구**　　　【器具】 qìjù 치쥐

□ **기구**　　　【气球】 qìqiú 치치우

□ **기금**　　　【基金】 jījīn 지진

□ **기꺼이**　　【甘】 gān 간

□ **기껏**　　　【至多】 zhìduō 즈뚜어

□ **기념**　　　【纪念】 jìniàn 지니엔

□ **기념품**　　【纪念品】 jìniànpǐn 지니엔핀

□ **기능**　　　【技能】 jìnéng 지넝

□ **기다**　　　【爬】 pá 파

□ **기다리다**　【等】 děng 덩

□ **기대**　　　【指望】 zhǐwang 즈왕

□ 기대다　　　　【倚】 yǐ 이

□ 기대하다　　　【期待】 qīdài 치따이

□ 기도 (하다)　　【祈祷】 qídǎo 치따오

□ 기독교　　　　【基督教】 jīdūjiào 지두지아오

□ 기둥　　　　　【柱子】 zhùzi 주즈

□ 기러기　　　　【大雁】 dàyàn 따이엔

□ 기력　　　　　【气力】 qìlì 치리

□ 기록　　　　　【记录】 jìlù 지루

□ 기류　　　　　【气流】 qìliú 치리우

□ 기르다　　　　【饲养】 sìyǎng 쓰양

□ 기름　　　　　【油】 yóu 여우

□ 기름지다　　　【油腻】 yóunì 여우니

□ 기린　　　　　【麒麟】 qílín 치린

□ 기립　　　　　【起立】 qǐlì 치리

□ 기만하다　　　【欺瞒】 qīmán 치만

□ 기묘하다　　　【奇妙】 qímiào 치미아오

□ 기민하다　　　【机敏】 jīmǐn 지민

□ 기밀　　　　　【机密】 jīmì 지미

□ 기발하다	【新奇】 xīnqí 신치	가
□ 기백	【气魄】 qìpò 치퍼	나
□ 기법	【技法】 jìfǎ 지파	다
□ 기본	【基本】 jīběn 지번	라
□ 기부(하다)	【捐献】 juānxiàn 쮜엔시엔	
□ 기분	【气氛】 qìfēn 치펀	마
□ 기쁘다	【高兴】 gāoxìng 가오씽	바
□ 기사 (글)	【记事】 jìshì 지스	사
□ 기사	【司机】 sījī 쓰지	
□ 기상	【气象】 qìxiàng 치시앙	아
□ 기상(하다)	【起床】 qǐchuáng 치추앙	자
□ 기색	【神色】 shénsè 션써	차
□ 기생(하다)	【寄生】 jìshēng 지성	카
□ 기선	【汽船】 qìchuán 치추안	
□ 기선	【轮船】 lúnchuán 룬추안	타
□ 기성복	【成服】 chéngfú 청푸	파
□ 기세	【气势】 qìshì 치스	하
□ 기소 (하다)	【起诉】 qǐsù 치쑤	

□ **기수** (깃발)　　【旗手】 qíshǒu 치셔우

□ **기수** (홀수)　　【奇数】 jīshù 지수

□ **기숙사**　　　【宿舍】 sùshè 수셔

□ **기술**　　　　【技术】 jìshù 지수

□ **기습** (하다)　　【袭击】 xíjī 시지

□ **기압**　　　　【气压】 qìyā 치야

□ **기어**　　　　【齿轮】 chǐlún 츠룬

□ **기어오르다**　　【爬】 pá 파

□ **기어코**　　　【偏偏儿】 piānpiānr 피엔피알

□ **기억되다**　　　【记得】 jìde 지더

□ **기억력**　　　【记忆力】 jìyìlì 지이리

□ **기억** (하다)　　【记忆】 jìyì 지이

□ **기업**　　　　【企业】 qǐyè 치예

□ **기온**　　　　【气温】 qìwēn 치원

□ **기와**　　　　【瓦】 wǎ 와

□ **기운**　　　　【力气】 lìqi 리치

□ **기운차다**　　　【起劲】 qǐjìn 치진

□ **기울다**　　　【倾】 qīng 칭

□ **기울이다**　　【侧】cè 처

□ **기원**　　【起源】qǐyuán 치위엔

□ **기율**　　【纪律】jìlǜ 지뤼

□ **기이하다**　　【古怪】gǔguài 구꽈이

□ **기일**　　【期日】qīrì 치르

□ **기입**(하다)　　【填写】tiánxiě 티엔시에

□ **기자**　　【记者】jìzhě 지저

□ **기재**　　【器材】qìcái 치차이

□ **기재**(하다)　　【记载】jìzǎi 지자이

□ **기저귀**　　【衬尿布】chènniàobù 천니아오뿌

□ **기적**　　【奇迹】qíjì 치지

□ **기절하다**　　【昏】hūn 훈

□ **기점**　　【起点】qǐdiǎn 치디엔

□ **기준**　　【基准】jīzhǔn 지준

□ **기증**(하다)　　【赠与】zèngyǔ 쩡위

□ **기지**　　【基地】jīdì 지띠

□ **기질**　　【气质】qìzhì 치즈

□ **기차**　　【火车】huǒchē 후어처

□ 기체	【气体】 qìtǐ 치티
□ 기초	【基础】 jīchǔ 지추
□ 기층	【基层】 jīcéng 지청
□ 기치	【旗帜】 qízhì 치즈
□ 기침하다	【咳嗽】 késou 커써우
□ 기타	【其他】 qítā 치타
□ 기타 (악기)	【吉他】 jítā 지타
□ 기탁 (하다)	【寄托】 jìtuō 지투어
□ 기특하다	【可嘉】 kějiā 커지아
□ 기품	【标格】 biāogé 비아오거
□ 기풍	【风尚】 fēngshàng 펑샹
□ 기피 (하다)	【回忌】 huíjì 훼이지
□ 기하	【几何】 jǐhé 지허
□ 기한	【期限】 qīxiàn 치시엔
□ 기호	【记号】 jìhào 지하오
□ 기회	【机会】 jīhuì 지훼이
□ 기획	【规划】 guīhuà 궤이화
□ 기후	【气候】 qìhòu 치허우

□ **긴밀하다** 【紧密】 jǐnmì 진미

□ **긴박하다** 【紧迫】 jǐnpò 진포

□ **긴장하다** 【紧张】 jǐnzhāng 진장

□ **긴축하다** 【紧缩】 jǐnsuō 진쑤어

□ **길** 【路】 lù 루

□ **길다** 【长】 cháng 창

□ **길들이다** 【驯化】 xùnhuà 쉰화

□ **길몽** 【吉梦】 jímèng 지멍

□ **길바닥** 【路面】 lùmiàn 루미엔

□ **길이** 【长度】 chángdù 창뚜

□ **길하다** 【吉祥】 jíxiáng 지시앙

□ **길흉** 【吉凶】 jíxiōng 지시옹

□ **김(수증기)** 【汽】 qì 치

□ **김장** 【腌泡菜】 yānpàocài 이엔파오차이

□ **깁다** 【补】 bǔ 부

□ **깁스** 【石膏】 shígāo 스가오

□ **깃** 【领子】 lǐngzi 링즈

□ **깃발** 【旗子】 qízi 치즈

□ 깃털	【羽毛】 yǔmáo 위마오
□ 깊다	【深】 shēn 션
□ 깊숙하다	【幽深】 yōushēn 여우션
□ 깊어지다	【加深】 jiāshēn 지아션
□ 깊이	【深度】 shēndù 션뚜
□ 까다	【剥】 bāo 바오
□ 까다롭다	【难弄】 nánnòng 난농
□ 까닭	【缘故】 yuángù 위엔꾸
□ 까마귀	【乌鸦】 wūyā 우야
□ 까불다	【夸谩】 kuāmàn 콰만
□ 까치	【喜鹊】 xǐquè 시취에
□ 깎다 (머리)	【剃】 tì 티
□ 깎다 (칼로)	【刮】 guā 과
□ 깔다	【铺】 pū 푸
□ 깔보다	【瞧扁】 qiáobin 치아오빈
□ 깔아뭉개다	【压碎】 yāsuì 야쒜이
□ 깜박이다	【眨】 zhǎ 자
□ 깜빡거리다	【瞬】 shùn 순

88

□ **깜짝놀라다**	【吃惊】 chījīng 츠징	
□ **깡통**	【罐】 guàn 꽌	
□ **깡패**	【歹徒】 dǎitú 다이투	
□ **깨** (식물)	【芝麻】 zhīmá 즈마	
□ **깨끗이** (모조리)	【一干二净】 yīgānérjìng 이간얼징	
□ **깨끗하다**	【干净】 gānjìng 간징	
□ **깨다** (부수다)	【破】 pò 포	
□ **깨다** (졸음)	【醒】 xǐng 씽	
□ **깨닫다**	【觉悟】 juéwù 쥐에우	
□ **깨뜨리다**	【破】 pò 포	
□ **깨물다**	【咬】 yǎo 야오	
□ **깨어나다**	【醒】 xǐng 씽	
□ **깨지다**	【破裂】 pòliè 퍼리에	
□ **꺼내다**	【掏】 tāo 타오	
□ **꺼리다**	【忌】 jì 지	
□ **꺼림칙하다**	【悔不该】 huǐbùgāi 훼이뿌까이	
□ **꺼지다**	【灭】 miè 미에	
□ **꺾다**	【折】 zhé 저	

□ 껍질	【表皮】 biǎopí 삐아오피
□ 껴안다	【拥抱】 yōngbào 용빠오
□ 꼬다	【捻】 niǎn 니엔
□ 꼬드기다	【煽炽】 shānchì 샨츠
□ 꼬리	【尾巴】 wěiba 웨이빠
□ 꼬마	【小鬼】 xiǎoguǐ 시아오궤이
□ 꼬불꼬불하다	【弯曲】 wānqū 완취
□ 꼬집다	【拧】 nǐng 닝
□ 꼭대기	【顶端】 dǐngduān 딩두안
□ 꼭두각시	【木偶】 mù'ǒu 무어우
□ 꼴불견	【洋相】 yángxiàng 양시앙
□ 꼴찌	【末尾】 mòwěi 모웨이
□ 꼼꼼하다	【精细】 jīngxì 징시
□ 꼽다	【插】 chā 차
□ 꼽추	【背锅】 bēiguō 베이구어
□ 꽁무니	【尾巴】 wěiba 웨이바
□ 꽁초	【烟头】 yāntóu 이엔터우
□ 꽁치	【秋刀鱼】 qiūdāoyú 치우따오위

□ 꽁하다	【沉闷】 chénmèn	천먼
□ 꽃	【花】 huā	화
□ 꽃꽂이	【插花】 chāhuā	차화
□ 꽃다발	【花束】 huāshù	화수
□ 꽃무늬	【花纹】 huāwén	화원
□ 꽃봉오리	【花朵】 huāduǒ	화두어
□ 꽃잎	【瓣】 bàn	빤
□ 꽃집	【花店】 huādiàn	화디엔
□ 꽉잡다	【抓紧】 zhuājǐn	주아진
□ 꽤	【相当】 xiāngdāng	시앙땅
□ 꾀꼬리	【春莺】 chūnyīng	춘잉
□ 꾀다	【诱】 yòu	여우
□ 꾀병	【诈病】 zhàbìng	자빙
□ 꾀하다	【企图】 qǐtú	치투
□ 꾸다	【借】 jiè	지에
□ 꾸러미	【包】 bāo	바오
□ 꾸며내다	【造作】 zàozuo	자오쭈어
□ 꾸물대다	【俄延】 éyán	어이엔

□ 꾸미다 (장식)	【装饰】	zhuāngshì 주앙스
□ 꾸미다 (계획)	【遍】	biàn 삐엔
□ 꾸준히	【不断地】	bùduànde 뿌뚜안더
□ 꾸짖다	【责备】	zébèi 쩌베이
□ 꿀	【蜜】	mì 미
□ 꿀벌	【蜜蜂】	mìfēng 미펑
□ 꿇다	【下跪】	xiàguì 시아꿰이
□ 꿈	【梦】	mèng 멍
□ 꿈꾸다	【做梦】	zuòmèng 쭈어멍
□ 꿈틀거리다	【蠕动】	rúdòng 루동
□ 꿩	【雉】	zhì 즈
□ 꿰다	【串】	huàn 후안
□ 꿰뚫다	【透】	tòu 터우
□ 꿰매다	【缝】	féng 펑
□ 끄다	【熄】	xī 시
□ 끄덕이다	【勾头】	gōutóu 거우터우
□ 끄집어내다	【掏出】	tāochū 타오추
□ 끈	【绳子】	shéngzi 셩즈

□ 끈기	【坚忍性】 jiānrěnxìng 지엔런싱	
□ 끈덕지다	【死钉钉】 sǐdīngdīng 쓰띵띵	
□ 끊다	【断】 duàn 뚜안	
□ 끊임없이	【接二连三】 jiēèrliánsān 지에얼리엔싼	
□ 끌	【凿子】 záozi 자오쯔	
□ 끌다	【拉】 lā 라	
□ 끌어당기다	【牵引】 qiānyǐn 치엔인	
□ 끌어안다	【拥抱】 yōngbào 용빠오	
□ 끌어올리다	【提升】 tíshēng 티성	
□ 끓다	【煮开】 zhǔkāi 주카이	
□ 끓어오르다	【奔腾】 bēnténg 번텅	
□ 끓이다	【烧开】 shāokāi 샤오카이	
□ 끔찍하다	【可怕】 kěpà 커파	
□ 끝	【末尾】 mòwěi 모웨이	
□ 끝	【终】 zhōng 종	
□ 끝나다	【完成】 wánchéng 완청	
□ 끝내	【终于】 zhōngyú 종위	
□ 끝장나다	【完蛋】 wándàn 완딴	

가
나
다
라
마
바
사
아
자
차
카
타
파
하

93

① 浴室
yùshì 위스

② 洗手间
xǐshǒujiān 시셔우지엔

③ 厨房
chúfáng 추팡

④ 饭桌
fànzhuō 판쭈어

① 욕실　② 화장실　③ 부엌　④ 식탁

⑤ **楼上**
lóushàng 루어샹

⑥ **窗户**
chuānghu 추앙후

⑦ **壁**
bì 삐

⑧ **阶梯**
jiētī 지에티

⑨ **门**
mén 먼

⑩ **下层**
xiàcéng 씨아청

⑪ **客厅**
kètīng 커팅

⑤ 위층 ⑥ 창문 ⑦ 벽 ⑧ 계단 ⑨ 문 ⑩ 아래층 ⑪ 거실

□ 끼니 【饭】 fàn 판

□ 끼어들다 【介入】 jièrù 지에루

□ 끼얹다 【泼】 pō 포

□ 끼우다 【夹】 jiā 지아

□ 끼치다 (영향) 【留】 liú 리우

□ 끼워넣다 【插进】 chājìn 차진

□ 낌새 【苗头】 miáotou 미아오터우

□ 나 　　　　　【我】 wǒ 워

□ 나가다 　　　　【出去】 chūqù 추취

□ 나날이 　　　　【日益】 rìyì 르이

□ 나누다 　　　　【分】 fēn 펀

□ 나눗셈 　　　　【除法】 chúfǎ 추파

□ 나라 　　　　　【国】 guó 구어

□ 나루터 　　　　【渡口】 dùkǒu 뚜커우

□ 나룻배 　　　　【渡船】 dùchuán 뚜추안

□ 나르다 　　　　【输】 shū 수

□ 나른하다 　　　　【懒】 lǎn 란

□ 나머지 　　　　【其余】 qíyú 치위

□ 나무 　　　　　【树】 shù 수

□ 나무라다 　　　　【责怪】 zéguài 저꽈이

□ 나무줄기 　　　　【树干】 shùgàn 수깐

□ 나뭇잎 　　　　【树叶儿】 shùyèr 수옐

□ 나방	【蛾虫】 échóng 어총
□ 나부끼다	【飘动】 piāodòng 피아오똥
□ 나비	【蝴蝶】 húdié 후디에
□ 나쁘다	【不好】 bùhǎo 뿌하오
□ 나사못	【螺丝钉】 luósīdīng 루어쓰딩
□ 나아가다	【上进】 shàngjìn 샹진
□ 나열하다	【罗列】 luóliè 루어리에
□ 나오다	【出来】 chūlái 추라이
□ 나이	【岁数】 suìshu 쒜이수
□ 나이테	【年轮】 niánlún 니엔룬
□ 나이트클럽	【夜总会】 yèzǒnghuì 예종훼이
□ 나일론	【尼龙】 nílong 니롱
□ 나중에	【过后】 guòhòu 꾸어허우
□ 나체	【裸体】 luǒtǐ 루어티
□ 나침반	【指南针】 zhǐnánzhēn 즈난전
□ 나타나다	【出现】 chūxiàn 추시엔
□ 나타내다	【露】 lù 루
□ 나태하다	【懒惰】 lǎnduò 란뚜어

□ **나팔**　　　　【喇叭】 lǎba 라바

□ **나팔꽃**　　　【喇叭花儿】 lǎbahuār 라바후알

□ **낙관적이다**　【乐观】 lèguān 러관

□ **낙담하다**　　【失望】 shīwàng 스왕

□ **낙뢰**　　　　【落雷】 luòléi 루어레이

□ **낙마**(하다)　　【落马】 luòmǎ 루어마

□ **낙서**(하다)　　【乱写】 luànxiě 루안시에

□ **낙선되다**　　【落选】 luòxuǎn 루어쉬엔

□ **낙성**(하다)　　【落成】 luòchéng 루어청

□ **낙심**　　　　【灰心】 huīxīn 훼이신

□ **낙엽**　　　　【落叶】 luòyè 루어예

□ **낙오**(하다)　　【落后】 luòhòu 루어허우

□ **낙원**　　　　【乐园】 lèyuán 러위엔

□ **낙인**　　　　【烙印】 làoyìn 라오인

□ **낙제**　　　　【降级】 jiàngjí 지앙지

□ **낙지**　　　　【章鱼】 zhāngyú 장위

□ **낙차**　　　　【落差】 luòchā 루어차

□ **낙착**(하다)　　【落着】 luòzhuó 루어주어

□ 낙찰되다	【中标】	zhòngbiāo	종비아오
□ 낙천가	【乐哥子】	lègēzi	러거즈
□ 낙타	【骆驼】	luòtuo	루어투어
□ 낙태 (하다)	【下胎】	xiàtāi	시아타이
□ 낙하 (하다)	【降落】	jiàngluò	지앙루어
□ 낙향	【归乡】	guīxiāng	꿰이시앙
□ 낙후하다	【落后】	luòhòu	루어허우
□ 낚다	【钓】	diào	띠아오
□ 낚다	【钩】	gōu	거우
□ 낚시	【钓钩儿】	diàogōur	디아오거울
□ 난간	【栏杆】	lángān	란간
□ 난감하다	【难堪】	nánkān	난칸
□ 난관	【难关】	nánguān	난관
□ 난국	【难局】	nánjú	난쮜
□ 난도	【难度】	nándù	난뚜
□ 난로	【炉子】	lúzi	루즈
□ 난류	【暖流】	nuǎnliú	누안리우
□ 난립	【乱立】	luànlì	루안리

□ **난무**　　　　【乱舞】 luànwǔ 루안우

□ **난민**　　　　【难民】 nànmín 난민

□ **난방** (하다)　　【暖房】 nuǎnfáng 누안팡

□ **난색**　　　　【难色】 nánsè 난써

□ **난소**　　　　【卵巢】 luǎncháo 루안차오

□ **난시**　　　　【乱视】 luànshì 루안스

□ **난이**　　　　【难易】 nányì 난이

□ **난입**　　　　【乱闯】 luànchuǎng 루안추앙

□ **난자**　　　　【卵细胞】 luǎnxìbāo 루안시빠오

□ **난잡하다**　　【乱杂】 luànzá 루안자

□ **난쟁이**　　　【小矮人】 xiǎo'ǎirén 시아오아이런

□ **난제**　　　　【难题】 nántí 난티

□ **난처하게 하다** 【为难】 wéinán 웨이난

□ **난처하다**　　【难堪】 nánkān 난칸

□ **난청**　　　　【耳背】 ěrbèi 얼베이

□ **난초**　　　　【兰】 lán 란

□ **난치병**　　　【顽症】 wánzhèng 왕정

□ **난폭하다**　　【粗暴】 cūbào 추빠오

□ **낟알**	【颗粒】 kēlì 커리	
□ **날**(칼)	【刃儿】 rènr 럴	
□ **날**	【日】 rì 르	
□ **날개**	【翼】 yì 이	
□ **날다**	【飞】 fēi 페이	
□ **날리다**	【打飞】 dǎfēi 다페이	
□ **날씨**	【天气】 tiānqì 티엔치	
□ **날염** (하다)	【印染】 yìnrǎn 인란	
□ **날인** (하다)	【打印】 dǎyìn 다인	
□ **날조** (하다)	【捏造】 niēzào 니에자오	
□ **날짜**	【日子】 rìzi 르즈	
□ **날카롭다**	【尖】 jiān 지엔	
□ **낡다**	【旧】 jiù 지우	
□ **낡아빠지다**	【破烂】 pòlàn 포란	
□ **남**	【人家】 rénjiā 런지아	
□ **남겨놓다**	【遗留】 yíliú 이리우	
□ **남극**	【南极】 nánjí 난지	
□ **남기다**	【余】 yú 위	

남녀	【男女】 nánnǚ 난뉘
남다	【剩】 shèng 성
남동생	【弟弟】 dìdi 띠디
남루하다	【破烂】 pòlàn 포란
남몰래	【私自】 sīzì 쓰즈
남발하다	【滥发】 lànfā 란파
남방	【南方】 nánfāng 난팡
남부	【南部】 nánbù 난뿌
남색	【蓝色】 lánsè 란써
남성	【男性】 nánxìng 난씽
남아돌다	【饶益】 ráoyì 라오이
남다	【残剩】 cánshèng 찬성
남용하다	【乱用】 luànyòng 루안용
남자	【男子】 nánzǐ 난즈
남짓	【余】 yú 위
남쪽	【南】 nán 난
남편	【丈夫】 zhàngfu 장푸
납	【铅】 qiān 치엔

□ 납득하다	【心解】 xīnjiě 씬지에
□ 납부 (하다)	【缴纳】 jiǎonà 지아오나
□ 납세 (하다)	【纳税】 nàshuì 나쉐이
□ 납작하다	【扁】 biǎn 비엔
□ 납치 (하다)	【绑架】 bǎngjià 방지아
□ 납품 (하다)	【交货】 jiāohuò 지아오후어
□ 낫	【镰刀】 liándāo 리엔다오
□ 낫다 (치유)	【痊愈】 quányù 취엔위
□ 낭독 (하다)	【朗读】 lǎngdú 랑두
□ 낭떠러지	【悬崖】 xuányá 쉬엔야
□ 낭만적이다	【浪漫】 làngmàn 랑만
□ 낭비 (하다)	【浪费】 làngfèi 랑페이
□ 낭송 (하다)	【朗诵】 lngsòng 랑쏭
□ 낭패	【狼狈】 lángbèi 랑베이
□ 낮	【白天】 báitiān 바이티엔
□ 낮다	【低】 dī 디
□ 낮아지다	【下降】 xiàjiàng 시아지앙
□ 낮잠 (자다)	【午寐】 wǔmèi 우메이

□ **낮추다** 【降低】 jiàngdī 지앙디

□ **낯가림하다** 【认生】 rènshēng 런성

□ **낯선 사람** 【生人】 shēngrén 성런

□ **낯설다** 【陌生】 mòshēng 모성

□ **낯익다** 【面熟】 miànshú 미엔수

□ **낱말** 【单词】 dāncí 딴츠

□ **낱알** 【粒儿】 lièr 리얼

□ **낳다** 【生】 shēng 성

□ **내** 【小河】 xiǎohé 시아오허

□ **내각** 【内阁】 nèigé 네이거

□ **내걸다** 【张挂】 zhāngguà 장구아

□ **내과** 【内科】 nèikē 네이커

□ **내기하다** 【打赌】 dǎdǔ 따두

□ **내내** 【始终】 shǐzhōng 스종

□ **내년** 【来年】 láinián 라이니엔

□ **내놓다** (시장에) 【投放】 tóufàng 터우팡

□ **내달리다** 【奔驰】 bēnchí 번츠

□ **내던지다** 【扔】 rēng 렁

□ 내디디다	【迈出】 màichū	마이추
□ 내란	【内乱】 nèiluàn	네이루안
□ 내려가다	【下去】 xiàqù	시아취
□ 내려놓다	【放下】 fàngxià	팡시아
□ 내려오다	【下来】 xiàlái	시아라이
□ 내력	【来历】 láilì	라이리
□ 내륙	【内陆】 nèilù	네이루
□ 내리다	【降】 jiàng	지앙
□ 내리막길	【下坡路】 xiàpōlù	시아포루
□ 내리쬐다	【晒】 shài	샤이
□ 내막	【内幕】 nèimù	네이무
□ 내면	【里面】 lǐmian	리미엔
□ 내밀다	【伸出】 shēnchū	션추
□ 내방 (하다)	【来访】 láifǎng	라이팡
□ 내버려두다	【不管】 bùguǎn	뿌꽌
□ 내부	【内部】 nèibù	네이뿌
□ 내빈	【来客】 láikè	라이커
□ 내빈	【来宾】 láibīn	라이빈

□ 내뿜다	【喷吐】 pēntǔ	펀투
□ 내성적	【内向的】 nèixiàngde	네이시앙더
□ 내세	【来世】 láishì	라이스
□ 내수	【内需】 nèixū	네이쉬
□ 내심	【内心】 nèixīn	네이씬
□ 내왕(하다)	【来往】 láiwǎng	라이왕
□ 내외	【内外】 nèiwài	네이와이
□ 내용	【内容】 nèiróng	네이롱
□ 내의	【衬衣】 chènyī	천이
□ 내일	【明天】 míngtiān	밍티엔
□ 내장(생물)	【内脏】 nèizhàng	네이장
□ 내재	【内在】 nèizài	네이자이
□ 내전	【内战】 nèizhàn	네이잔
□ 내정	【内政】 nèizhèng	네이정
□ 내조	【内助】 nèizhù	네이주
□ 내주다	【递与】 dìyǔ	디위
□ 내지	【内地】 nèidì	네이띠
□ 내쫓다	【赶】 gǎn	간

가
나
다
라
마
바
사
아
자
차
카
타
파
하

107

□ 내키다 【心动】 xīndòng 씬동

□ 내통 (하다) 【里通】 lǐtōng 리통

□ 내포하다 【含】 hán 한

□ 내후년 【后年】 hòunián 허우니엔

□ 냄새 【气】 qì 치

□ 냄새맡다 【闻味儿】 wénwèr 웬웰

□ 냅킨 【餐巾】 cānjīn 찬진

□ 냇가 【川边】 chuānbiān 추안비엔

□ 냇물 【溪水】 xīshuǐ 시쉐이

□ 냉각 (하다) 【冷却】 lěngquè 렁취에

□ 냉난방 【冷暖气】 lěngnuǎnqì 렁누안취

□ 냉담하다 【冷淡】 lěngdàn 렁딴

□ 냉대하다 【冷遇】 lěngyù 렁위

□ 냉동 (하다) 【冷冻】 lěngdòng 렁동

□ 냉방 【冷炕】 lěngkàng 렁캉

□ 냉수 【冷水】 lěngshuǐ 렁쉐이

□ 냉음료 【冷饮】 lěngyǐn 렁인

□ 냉장고 【冰箱】 bīngxiāng 빙시앙

□ 냉장고	【电冰箱】 diànbīngxiāng	띠엔빙시앙
□ 냉정하다	【冷静】 lěngjìng	렁징
□ 냉큼	【立即】 lìjí	리지
□ 냉혈	【冷血】 lěngxuè	렁쉬에
□ 냉혹하다	【冷酷】 lěngkù	렁쿠
□ 너	【你】 nǐ	니
□ 너구리	【狸】 lí	리
□ 너무	【太】 tài	타이
□ 너트	【母螺钉】 mǔluódīng	무루어딩
□ 너희들	【你们】 nǐmen	니먼
□ 넉넉하다	【够】 gòu	꺼우
□ 넋	【魂】 hún	훈
□ 넋두리	【怨言】 yuànyán	위엔이엔
□ 넌더리나다	【吃怕】 chīpà	츠파
□ 널다	【晾】 liàng	리앙
□ 널려있다	【分布】 fēnbù	펀뿌
□ 널리 구하다	【征求】 zhēngqiú	정치우
□ 널리 퍼지다	【弥漫】 mímàn	미만

□ 널찍하다	【宽敞】	kuānchǎng	쿠안창
□ 널빤지	【板子】	bǎnzi	반즈
□ 넓다	【宽阔】	kuānkuò	쿠안쿠어
□ 넓이	【幅】	fú	푸
□ 넓히다	【伸展】	shēnzhǎn	선잔
□ 넘겨주다	【递】	dì	띠
□ 넘다	【越】	yuè	위에
□ 넘어지다	【摔倒】	shuāidǎo	수아이따오
□ 넘쳐흐르다	【充沛】	chōngpèi	총페이
□ 넙치	【牙鲆】	yápíng	야핑
□ 넝마	【烂衣】	lànyī	란이
□ 넝쿨	【藤】	téng	텅
□ 넣다	【投入】	tóurù	터우루
□ 네모	【四角】	sìjiǎo	쓰지아오
□ 네모지다	【方】	fāng	팡
□ 네온	【氖】	nǎi	나이
□ 네트워크	【网络】	wǎngluò	왕루어
□ 넥타이	【领带】	lǐngdài	링따이

- □ 노고 【苦劳】 kǔláo 쿠라오
- □ 노년 【老年】 lǎonián 라오니엔
- □ 노동 【劳动】 láodòng 라오똥
- □ 노동력 【劳动力】 láodònglì 라오동리
- □ 노동자 【工人】 gōngrén 공런
- □ 노동조합 【工会】 gōnghuì 공훼이
- □ 노동 (하다) 【做工】 zuògōng 쭈어공
- □ 노란색 【黄色】 huángsè 후앙써
- □ 노래 【歌子】 gēzi 거즈
- □ 노래하다 【歌唱】 gēchàng 거창
- □ 노려보다 【瞪】 dèng 떵
- □ 노력 (시간) 【工夫】 gōngfu 공푸
- □ 노력하다 【努力】 nǔlì 누리
- □ 노련하다 【老成】 lǎochéng 라오청
- □ 노름 【赌博】 dǔbó 두뽀
- □ 노리다 【注视】 zhùshì 주스
- □ 노망들다 【老糊涂】 lǎohútu 라오후투
- □ 노면 【路面】 lùmiàn 루미엔

□ **노모**　　　　【老娘】lǎoniáng 라오니앙

□ **노상**　　　　【路上】lùshang 루샹

□ **노새**　　　　【骡子】luózi 루어즈

□ **노선**　　　　【路线】lùxiàn 루시엔

□ **노소**　　　　【老少】lǎoshào 라오샤오

□ **노쇠하다**　　【衰老】shuāilǎo 수아이라오

□ **노숙하다**　　【老成】lǎochéng 라오청

□ **노예**　　　　【奴隶】núlì 누리

□ **노을**　　　　【霞】xiá 시아

□ **노인**　　　　【老人】lǎorén 라오런

□ **노임**　　　　【工资】gōngzi 공즈

□ **노점**　　　　【地摊儿】dìtānr 띠탈

□ **노처녀**　　　【老小姐】lǎoxiǎojiě 라오시아오지에

□ **노출**(하다)　【露出】lùchū 루추

□ **노크**(하다)　【敲门】qiāomén 치아오먼

□ **노트**　　　　【笔记本】bǐjìběn 삐지번

□ **노파**　　　　【老婆】lǎopo 라오포

□ **노화되다**　　【老化】lǎohuà 라오화

112

□ 노후	【老来】	lǎolái 라오라이
□ 녹	【锈】	xiù 시우
□ 녹다	【溶】	róng 롱
□ 녹말	【淀粉】	diànfěn 띠엔펀
□ 녹색	【绿色】	lǜsè 뤼써
□ 녹슬다	【生锈】	shēngxiù 성시우
□ 녹음기	【录音机】	lùyīnjī 루인지
□ 녹음 (하다)	【录音】	lùyìn 루인
□ 녹이다	【熔】	róng 롱
□ 녹지	【绿地】	lǜdì 뤼디
□ 녹화	【录像】	lùxiàng 루시앙
□ 녹화 (하다) 식물	【绿化】	lǜhuà 뤼화
□ 논	【水田】	shuǐtián 쉐이티엔
□ 논란	【论难】	lùnnàn 룬난
□ 논리	【逻辑】	luóji 루어지
□ 논리적이다	【逻辑性的】	luójixingde 루어지싱더
□ 논문	【论文】	lùnwén 룬원
□ 논박 (하다)	【驳斥】	bóchì 보츠

□ **논밭**　　【田地】tiándì 티엔띠

□ **논설**　　【论说】lùnshuō 룬슈어

□ **논술**(하다)　　【论述】lùnshù 룬수

□ **논쟁**(하다)　　【争议】zhēngyì 정이

□ **논점**　　【论点】lùndiǎn 룬디엔

□ **논증**(하다)　　【论证】lùnzhèng 룬정

□ **논하다**　　【论】lùn 룬

□ **놀다**　　【玩】wán 완

□ **놀라게 하다**　　【惊动】jīngdòng 징똥

□ **놀라다**　　【惊】jīng 징

□ **놀랍다**　　【惊讶】jīngyà 징야

□ **놀러다니다**　　【逛】guàng 꽝

□ **놀리다**　　【捉弄】zhuōnòng 주어농

□ **농경지**　　【农田】nóngtián 농티엔

□ **농구**　　【篮球】lánqiú 란치우

□ **농기구**　　【农具】nóngjù 농쥐

□ **농담**　　【玩笑】wánxiào 완시아오

□ **농도**　　【浓度】nóngdù 농뚜

□ **농락하다**　【绕得】ràode 라오더

□ **농민**　【农民】nóngmín 농민

□ **농사짓다**　【种地】zhòngdì 중띠

□ **농산품**　【农产品】nóngchǎnpǐn 농찬핀

□ **농약**　【农药】nóngyào 농야오

□ **농업**　【农业】nóngyè 농예

□ **농작물**　【农作物】nóngzuòwù 농쭈어우

□ **농장**　【农场】nóngchǎng 농창

□ **농촌**　【农村】nóngcūn 농춘

□ **농축하다**　【浓缩】nóngsuō 농쑤어

□ **농토**　【农田】nóngtián 농티엔

□ **농후하다**　【浓厚】nónghòu 농허우

□ **높다**　【高】gāo 가오

□ **높이**　【高度】gāodù 가오두

□ **높이 쳐들다**　【掀】xiān 시엔

□ **높이뛰다**　【跳动】tiàodòng 티아오똥

□ **높이뛰기**　【跳高】tiàogāo 티아오가오

□ **놓다**　【放】fàng 팡

□ 놓아두다	【置】 zhì 즈	
□ 놓치다	【失掉】 shīdiào 스띠아오	
□ 뇌	【脑子】 nǎozi 나오즈	
□ 뇌물	【贿赂】 huìlù 훼이루	
□ 뇌사	【脑死亡】 nǎosǐwáng 나오쓰왕	
□ 뇌염	【脑炎】 nǎoyán 나오이엔	
□ 뇌파	【脑电波】 nǎodiànbō 나오디엔보	
□ 누계	【累计】 lěijì 레이지	
□ 누구	【谁】 shuí 쉐이	
□ 누님	【姐姐】 jiějie 지에지에	
□ 누더기	【破布】 pòbù 포부	
□ 누드	【写真】 xiězhēn 시에전	
□ 누렇다	【黄】 huáng 후앙	
□ 누르다	【压】 yā 야	
□ 누리다	【享受】 xiǎngshòu 시앙셔우	
□ 누설	【泄漏】 xièlòu 시에러우	
□ 누수	【漏水】 lòushuǐ 러우쉐이	
□ 누에	【蚕】 cán 찬	

□ **누이**　　　　【姐姐】 jiějie 지에지에

□ **누적하다**　　【累积】 lěijī 레이지

□ **누전되다**　　【漏电】 lòudiàn 러우디엔

□ **누추하다**　　【简陋】 jiǎnlòu 지엔러우

□ **눅눅하다**　　【湿濡】 shīrú 스루

□ **눈**　　　　　【雪】 xuě 쉬에

□ **눈**　　　　　【眼】 yǎn 이엔

□ **눈가**　　　　【眼圈儿】 yǎnquār 이엔취알

□ **눈곱**　　　　【眼眵】 yǎnchī 이엔츠

□ **눈금**　　　　【分度】 fēndù 펀두

□ **눈길**　　　　【眼光】 yǎnguāng 이엔광

□ **눈꺼풀**　　　【眼睑】 yǎnjiǎn 이엔지엔

□ **눈동자**　　　【眸子】 móuzǐ 머우즈

□ **눈멀다**　　　【眼瞎】 yǎnxiā 이엔시아

□ **눈물**　　　　【眼泪】 yǎnlèi 이엔레이

□ **눈물겹다**　　【可歌可泣】 kěgēkěqì 커거커치

□ **눈보라**　　　【雪暴】 xuěbào 쉬에바오

□ **눈부시다**　　【耀眼】 yàoyǎn 야오이엔

117

□ 눈사람	【雪人】	xuěrén 쉬에런
□ 눈사태	【雪崩】	xuěbēng 쉬에벙
□ 눈송이	【雪花】	xuěhuā 쉬에화
□ 눈시울	【眼角儿】	yǎnjiǎor 이엔지아올
□ 눈싸움	【雪仗】	xuězhàng 쉬에장
□ 눈썹	【眉毛】	méimao 메이마오
□ 눈앞	【眼前】	yǎnqián 이엔치엔
□ 눈앞	【眼下】	yǎnxià 이엔시아
□ 눈짓	【眼色】	yǎnsè 이엔써
□ 눈치	【眉高眼低】	méigāoyǎndī 메이가오이엔디
□ 눌리다 (태우다)	【烙焦】	làojiāo 라오지아오
□ 눌리다	【受压】	shòuyā 셔우야
□ 눕다	【卧】	wò 워
□ 눕히다	【使躺下】	shǐtǎngxià 스탕시아
□ 뉘앙스	【语感】	yǔgǎn 위간
□ 뉘우치다	【悔悟】	huǐwù 훼이우
□ 뉴스	【新闻】	xīnwén 씬원
□ 느끼다	【感觉】	gǎnjué 간쥐에

느닷없이	【突然】 tūrán 투란
느릅나무	【榆树】 yúshù 위수
느리다 (천천히)	【慢】 màn 만
느리다 (지각)	【迟】 chí 츠
느림보	【摩驼子】 mótuózi 모투어즈
느슨하다	【松】 sōng 쑹
느티나무	【榉树】 jǔshù 쥐수
늑골	【肋骨】 lèigǔ 레이구
늑대	【狼】 láng 랑
늑막	【胸膜】 xiōngmó 시옹모
늘	【常】 cháng 창
늘다	【增加】 zēngjiā 정지아
늘리다	【使增加】 shǐzēngjiā 스정지아
늘어놓다	【列】 liè 리에
늘어서다	【排列】 páiliè 파이리에
늙다	【老】 lǎo 라오
늙은이	【老头儿】 lǎotóur 라오터울
늠름하다	【豪迈】 háomài 하오마이

정원 园林

① 花坛
huātán 후아탄

② 兔子
tùzi 투즈

③ 猫
māo 마오

④ 狗
gǒu 꺼우

⑤ 篱笆
líba 리바

① 화단 ② 토끼 ③ 고양이 ④ 개 ⑤ 울타리

120

⑥ 金鱼
jīnyú 찐위

⑦ 房顶
fángdǐng 팡딩

⑧ 池
chí 츠

⑨ 车库
chēkù 처쿠

⑩ 草坪
cǎopíng 차오핑

⑪ 大门
dàmén 따먼

⑥ 금붕어　⑦ 지붕　⑧ 연못　⑨ 차고　⑩ 잔디　⑪ 대문

□ 능가하다	【凌驾】	língjià 링지아
□ 능란하다	【熟练】	shúliàn 수리엔
□ 능력	【能力】	nénglì 넝리
□ 능률	【效率】	xiàolǜ 시아오뤼
□ 능수	【能手】	néngshǒu 넝셔우
□ 능숙하다	【精通】	jīngtōng 징통
□ 늦다	【迟】	chí 츠
□ 늦잠	【懒觉】	lǎnjiào 란지아오
□ 늦추다	【松】	sōng 쏭
□ 늪	【池沼】	chízhǎo 츠자오
□ 니코틴	【尼古丁】	nígǔdīng 니꾸딩

□ **다가가다**　　【走近】zǒujìn 저우진

□ **다가오다**　　【过来】guòlái 꾸어라이

□ **다각적**　　　【多边】duōbiān 뚜어비엔

□ **다갈색**　　　【茶褐色】cháhèsè 차허써

□ **다과회**　　　【茶话会】cháhuàhuì 차화훼이

□ **다그치다**　　【加紧】jiājǐn 지아진

□ **다니다**　　　【来来往往】láiláiwǎngwǎng 라이라이왕왕

□ **다다르다**　　【到达】dàodá 따오다

□ **다람쥐**　　　【花鼠】huāshǔ 화수

□ **다래끼**　　　【麦粒肿】màilìzhǒng 마이리종

□ **다량**　　　　【多量】duōliàng 뚜어리앙

□ **다루다**　　　【操纵】cāozòng 차오쫑

□ **다르다**　　　【差】chà 차

□ **다른 것**　　　【别的】biéde 비에더

□ **다른 곳**　　　【别处】biéchù 비에추

123

□ 다른 사람	【别人】	biérén 비에런
□ 다른	【另】	lìng 링
□ 다리	【足】	zhú 주
□ 다리 (교량)	【桥】	qiáo 치아오
□ 다리미	【烙铁】	làotie 라오티에
□ 다림질	【熨】	yùn 윈
□ 다만	【只】	zhǐ 즈
□ 다물다	【闭】	bì 삐
□ 다발	【束】	sù 쑤
□ 다방	【茶馆】	cháguǎn 차관
□ 다부지다	【虎势】	hǔshi 후스
□ 다소	【多少】	duōshǎo 뚜어샤오
□ 다수	【多数】	duōshù 뚜어수
□ 다스리다	【治】	zhì 즈
□ 다슬기	【川蜷】	chuānquán 추안취엔
□ 다시	【重新】	chóngxīn 총씬
□ 다시마	【昆布】	kūnbù 쿤부
□ 다음	【下面】	xiàmian 시아미엔

□ **다음날**　　　【翌日】 yìrì 이르

□ **다음에**　　　【然后】 ránhòu 란허우

□ **다음해**　　　【下一年】 xiàyìnián 시아이니엔

□ **다이빙**　　　【跳水】 tiàoshuǐ 티아오쉐이

□ **다이아몬드**　　【钻石】 zuànshí 쭈안스

□ **다이얼**　　　【指孔盘】 zhǐkǒngpán 즈콩판

□ **다작**　　　　【多产】 duōchǎn 뚜어찬

□ **다재하다**　　【多才】 duōcái 뚜어차이

□ **다정하다**　　【亲热】 qīnrè 친러

□ **다지다**　　　【剁碎】 duòsuì 뚜어쒜이

□ **다짐하다**　　【决心】 juéxīn 쥐에씬

□ **다채로운**　　【精彩】 jīngcǎi 징차이

□ **다치다**　　　【碰伤】 pèngshāng 펑샹

□ **다큐멘터리**　　【纪录片儿】 jìlùpiàr 지루피알

□ **다투다**　　　【斗争】 dòuzhēng 떠우정

□ **다툼**　　　　【纠纷】 jiūfēn 지우펀

□ **다하다**　　　【竭尽】 jiéjìn 지에진

□ **다행히**　　　【幸好】 xìnghǎo 씽하오

125

□ 닥쳐오다	【到来】	dàolái	다오라이
□ 닦다	【擦】	cā	차
□ 단가	【单价】	dānjià	단지아
□ 단감	【甘柿】	gānshì	간스
□ 단결	【团结】	tuánjié	투안지에
□ 단계	【阶段】	jiēduàn	지에뚜안
□ 단계별로	【分期】	fēnqī	펀치
□ 단골	【常客】	chángkè	창커
□ 단기	【短期】	duǎnqī	두안치
□ 단념시키다	【劝阻】	quànzǔ	취엔주
□ 단단하다	【硬】	yìng	잉
□ 단독 (으로)	【单独】	dāndú	단두
□ 단련하다	【锻炼】	duànliàn	뚜안리엔
□ 단백질	【蛋白质】	dànbáizhì	딴바이즈
□ 단번에	【一下】	yīxià	이시아
□ 단속 (하다)	【管制】	guǎnzhì	관즈
□ 단순하다	【单纯】	dānchún	단춘
□ 단숨에	【一口气】	yìkǒuqì	이커우치

□ 단식	【绝食】 juéshí 쥐에스	
□ 단어	【单词】 dāncí 단츠	
□ 단언 (하다)	【断言】 duànyán 두안이엔	
□ 단원	【团员】 tuányuán 투안위엔	
□ 단위	【单位】 dānwèi 단웨이	
□ 단잠	【甜觉】 tiánjiào 티엔지아오	
□ 단장	【团长】 tuánzhǎng 투안장	
□ 단절 (하다)	【断绝】 duànjué 뚜안쥐에	
□ 단점	【短处】 duǎnchù 두안추	
□ 단정하다	【断定】 duàndìng 뚜안띵	
□ 단조롭다	【单调】 dāndiào 단띠아오	
□ 단지	【只】 zhǐ 즈	
□ 단체	【团体】 tuántǐ 투안티	
□ 단추	【纽扣儿】 niǔkòur 니우커울	
□ 단축 (하다)	【缩短】 suōduǎn 쑤어두안	
□ 단층	【平房】 píngfáng 핑팡	
□ 단편	【短篇】 duǎnpiān 두안피엔	
□ 단풍	【丹枫】 dānfēng 단펑	

□ 단행 (하다)	【断行】 duànxíng	두안씽
□ 단호한	【坚决】 jiānjué	지엔쮜에
□ 단호히	【断然】 duànrán	뚜안란
□ 닫다	【关】 guān	관
□ 닫히다	【被关上】 bèiguānshang	베이관상
□ 달	【月亮】 yuèliàng	위에리앙
□ 달걀	【鸡子儿】 jīzǐer	지즈얼
□ 달다	【量】 liàng	리앙
□ 달다	【甜】 tián	티엔
□ 달라붙다	【黏结】 niánjié	니엔지에
□ 달래다	【哄】 hǒng	홍
□ 달러	【美元】 měiyuán	메이위엔
□ 달력	【月历】 yuèlì	위에리
□ 달리다	【跑步】 pǎobù	파오뿌
□ 달빛	【月光】 yuèguāng	위에광
□ 달성 (하다)	【达成】 dáchéng	다청
□ 달아나다	【逃跑】 táopǎo	타오파오
□ 달아매다	【吊】 diào	띠아오

□ 달이다	【熬】 áo 아오
□ 달인	【达人】 dárén 다런
□ 달콤하다	【甜美】 tiánměi 티엔메이
□ 달팽이	【蜗牛】 wōniú 워니우
□ 닭	【鸡】 jī 지
□ 닮다	【似】 sì 쓰
□ 닳다	【磨破】 mópò 모포
□ 담그다	【浸】 jìn 진
□ 담다	【装】 zhuāng 주앙
□ 담당 (하다)	【担当】 dāndāng 단당
□ 담대하다	【胆大】 dǎndà 단따
□ 담력	【胆子】 dǎnzi 단즈
□ 담론 (하다)	【谈论】 tánlùn 탄룬
□ 담배	【烟】 yān 이엔
□ 담백하다	【清淡】 qīngdàn 칭딴
□ 담벽	【墙壁】 qiángbì 치앙삐
□ 담보 (하다)	【担保】 dābǎo 다바오
□ 담수	【淡水】 dànshuǐ 딴쉐이

가
나
다
라
마
바
사
아
자
차
카
타
파
하

129

□ 담요	【毯子】	tǎnzi 탄즈
□ 담임	【担任】	dānrèn 단런
□ 담장	【院墙】	yuànqiáng 위엔치앙
□ 담판	【谈判】	tánpàn 탄판
□ 담화	【谈话】	tánhuà 탄화
□ 답답하다	【纳闷儿】	námènr 나멀
□ 답례(하다)	【答礼】	dálǐ 다리
□ 답변(하다)	【答辩】	dábiàn 다삐엔
□ 답사(하다)	【踏看】	tàkàn 타칸
□ 답습(하다)	【沿袭】	yánxí 이엔시
□ 답안	【答案】	dáàn 다안
□ 답안지	【答卷】	dájuàn 다쥐엔
□ 당(파)	【党】	dǎng 당
□ 당구	【台球】	táiqiú 타이치우
□ 당국	【当局】	dāngjú 당쥐
□ 당근	【红萝卜】	hóngluóbo 홍루어보
□ 당기다	【拉】	lā 라
□ 당나귀	【驴】	lǘ 뤼

□ **당년**　　【当年】 dāngnián 당니엔

□ **당대**　　【当代】 dāngdài 당따이

□ **당돌하다**　　【唐突】 tángtū 탕투

□ **당면**(하다)　　【当面】 dāngmiàn 당미엔

□ **당번**　　【当番】 dāngfān 당판

□ **당부**(하다)　　【嘱咐】 zhǔfù 주푸

□ **당사자**　　【当事人】 dāngshìrén 당스런

□ **당선되다**　　【当选】 dāngxuǎn 당쉬엔

□ **당성**　　【党性】 dǎngxìng 당씽

□ **당시**　　【当时】 dāngshí 당스

□ **당신**　　【你】 nǐ 니

□ **당신**(존칭)　　【您】 nín 닌

□ **당연하다**　　【当然】 dāngrán 당란

□ **당연히**　　【当然】 dāngrán 당란

□ **당원**　　【党员】 dǎngyuán 당위엔

□ **당일**　　【当天】 dāngtiān 당티엔

□ **당일치기**　　【当天结束】 dàngtiānjiéshù
　　　　　　　　　　당티엔지에수

□ **당장**　　【立刻】 likè 리커

□ 당초	【当初】 dāngchū 당추	
□ 당파	【党派】 dǎngpài 당파이	
□ 당하다	【遭】 zāo 자오	
□ 당황하다	【惊慌】 jīnghuāng 찡후앙	
□ 닿다	【接触】 jiēchù 지에추	
□ 대가	【代价】 dàijià 따이지아	
□ 대강	【大略】 dàlüè 따뤼에	
□ 대개	【大都】 dàdōu 따더우	
□ 대결 (하다)	【打对当】 dǎduìdang 다뚜에이당	
□ 대규모 (로)	【大规模】 dàguīmo 땅꿰이모	
□ 대금	【价款】 jiàkuǎn 지아쿠안	
□ 대기	【大气】 dàqì 따치	
□ 대기압	【大气压】 dàqìyā 따치야	
□ 대기 (하다)	【等候】 děnghòu 덩허우	
□ 대나무	【竹子】 zhúzi 주즈	
□ 대낮	【白天】 báitiān 바이티엔	
□ 대뇌	【大脑】 dànǎo 따나오	
□ 대다수	【大多数】 dàduōshù 따뚜어수	

□ 대단하다	【了不起】	liǎobuqǐ 리아오부치
□ 대단히	【非常】	fēicháng 페이창
□ 대담하다	【大胆】	dàdǎn 따단
□ 대답 (하다)	【回答】	huídá 훼이다
□ 대동소이	【大同小异】	dàtóngxiǎoyì 따통시아오이
□ 대동 (하다)	【带动】	dàidòng 따이똥
□ 대들다	【抵冒】	dǐmào 디마오
□ 대들보	【大梁】	dàliáng 따리앙
□ 대등하다	【平行】	píngxíng 핑씽
□ 대략	【大略】	dàlüè 따뤼에
□ 대량의	【大量】	dàliàng 따리앙
□ 대로	【马路】	mǎlù 마루
□ 대륙	【大陆】	dàlù 따루
□ 대리	【代办】	dàibàn 따이빤
□ 대리석	【大理石】	dàlǐshí 따리스
□ 대리인	【代理人】	dàilǐrén 따이리런
□ 대리점	【经理处】	jīnglǐchù 징리추
□ 대리 (하다)	【代理】	dàilǐ 따이리

133

□ 대립시키다	【对立】	duìlì 뚜에이리
□ 대망	【大志】	dàzhì 따즈
□ 대머리	【秃头】	tūtóu 투터우
□ 대면 (하다)	【面对】	miànduì 미엔뚜에이
□ 대범하다	【大度】	dàdù 따뚜
□ 대변	【大便】	dàbiàn 따삐엔
□ 대본	【剧本】	jùběn 쥐번
□ 대부금	【贷款】	dàikuǎn 따이콴
□ 대부분	【大多】	dàduō 따뚜어
□ 대비 (비교)	【对比】	duìbǐ 뚜에이비
□ 대비 (하다)	【防备】	fángbèi 팡페이
□ 대사	【大使】	dàshǐ 따스
□ 대사관	【大使馆】	dàshǐguǎn 따스관
□ 대상	【对象】	duìxiàng 뚜에이시앙
□ 대세	【大局】	dàjú 따쥐
□ 대소	【大小】	dàxiǎo 따시아오
□ 대수	【代数】	dàishù 따이수
□ 대신	【大臣】	dàchén 따천

134

□ 대신하다　　【代替】 dàitì 따이티

□ 대안　　【对岸】 duì'àn 뚜에이안

□ 대야　　【水盆】 shuǐpén 쉐이펀

□ 대양　　【大洋】 dàyáng 따양

□ 대어　　【大鱼】 dàyú 따위

□ 대여 (하다)　　【贷给】 dàigěi 따이게이

□ 대열　　【队列】 duìliè 뚜에이리에

□ 대오　　【队伍】 duìwu 뚜에이우

□ 대용 (하다)　　【代用】 dàiyòng 다이용

□ 대우　　【待遇】 dàiyù 따이위

□ 대원　　【队员】 duìyuán 뚜에이위엔

□ 대응 (하다)　　【对应】 duìyìng 뚜에이잉

□ 대의　　【大意】 dàyì 따이

□ 대자연　　【大自然】 dàzìrán 따쯔란

□ 대장　　【队长】 duìzhǎng 뚜에이장

□ 대접 (하다)　　【对待】 duìdài 뚜에이따이

□ 대조 (하다)　　【对照】 duìzhào 뚜에이자오

□ 대중　　【大众】 dàzhòng 따종

135

□ 대지 　　　【大地】 dàdì 따띠

□ 대책 　　　【对策】 duìcè 뚜에이처

□ 대처(하다) 　　【对付】 duìfu 뚜에이푸

□ 대체로 　　　【大体】 dàtǐ 따티

□ 대체(하다) 　　【代替】 dàitì 따이티

□ 대추 　　　【大枣】 dàzǎo 따자오

□ 대출(하다) 　　【借出】 jièchū 지에추

□ 대충 　　　【大略】 dàlüè 따뤼에

□ 대칭되다 　　【对称】 duìchèng 뚜에이청

□ 대통령 　　　【总统】 zǒngtǒng 종통

□ 대파 　　　【大葱】 dàcōng 따총

□ 대패 　　　【刨子】 bàozi 바오즈

□ 대포 　　　【大炮】 dàpào 따파오

□ 대표 　　　【代表】 dàibiǎo 따이비아오

□ 대피 　　　【待避】 dàibì 다이비

□ 대필 　　　【代笔】 dàibǐ 다이비

□ 대하다 　　　【对】 duì 뚜에이

□ 대하여 　　　【对于】 duìyú 뚜에이위

□ 대학	【大学】	dàxué 따쉬에
□ 대합실	【候客室】	hòukèshì 허우커스
□ 대항(하다)	【对抗】	duìkàng 뚜에이캉
□ 대형	【大型】	dàxíng 따씽
□ 대화(하다)	【对话】	duìhuà 뚜에이화
□ 대회	【大会】	dàhuì 따훼이
□ 댄서	【舞女】	wǔnǚ 우뉘
□ 댄스	【舞蹈】	wǔdǎo 우따오
□ 댐	【水坝】	shuǐbà 쉐이빠
□ 더듬다	【摸】	mō 모
□ 더디다	【缓】	huǎn 환
□ 더럽다	【脏】	zāng 장
□ 더럽히다	【污蔑】	wūmiè 우미에
□ 더욱	【更】	gèng 껑
□ 더욱더	【日益】	rìyì 르이
□ 더욱이	【更加】	gèngjiā 껑지아
□ 더위	【暑气】	shǔqì 수치
□ 더하다	【加】	jiā 지아

137

□ 덕분에	【多亏】	duōkuī	뚜어퀘이
□ 던지다	【投掷】	tóuzhì	터우즈
□ 덜다	【减】	jiǎn	지엔
□ 덜렁대다	【冒失】	màoshi	마오스
□ 덤	【饶头】	ráotou	라오터우
□ 덤비다	【猛扑】	měngpū	멍푸
□ 덤핑	【倾销】	qīngxiāo	칭시아오
□ 덥다	【热】	rè	러
□ 덧나다(염증)	【发炎】	fāyán	파이엔
□ 덧니	【重牙】	chóngyá	총야
□ 덧붙이다	【附加】	fùjiā	푸지아
□ 덧셈	【加法】	jiāfǎ	지아파
□ 덧없다	【空虚】	kōngxū	콩쉬
□ 덩굴	【藤】	téng	텅
□ 덩어리	【块】	kuài	콰이
□ 덩치	【躯体】	qūtǐ	취티
□ 덫	【套子】	tàozi	타오즈
□ 덮개	【盖子】	gàizi	까이즈

138

□ 덮다	【掩】 yǎn 이엔	
□ 덮어씌우다	【覆盖】 fùgài 푸까이	
□ 덮치다	【突袭】 tūxí 투시	
□ 데다	【烫伤】 tàngshāng 탕샹	
□ 데모 (하다)	【游行】 yóuxíng 여우씽	
□ 데뷔	【初次登台】 chūcìdēngtái 추츠덩타이	
□ 데생	【素描】 sùmiáo 쑤미아오	
□ 데우다	【热】 rè 러	
□ 데이터	【数据】 shùjù 수쮜	
□ 데이트	【约会】 yuēhuì 위에훼이	
□ 도가니	【熔锅】 róngguō 롱꾸어	
□ 도관 (파이프라인)	【管道】 guǎndào 관따오	
□ 도구	【用具】 yòngjù 용쮜	
□ 도금 (하다)	【镀】 dù 뚜	
□ 도급받다	【承包】 chéngbāo 청바오	
□ 도깨비	【鬼怪】 guǐguài 궤이꽈이	
□ 도끼	【斧子】 fǔzi 푸즈	
□ 도난	【偷盗】 tōudào 터우따오	

□ 도넛	【炸面圈】 zhámiànquān	자미엔취엔
□ 도달 (하다)	【到达】 dàodá	따오다
□ 도대체	【到底】 dàodǐ	따오디
□ 도덕	【道德】 dàodé	따오더
□ 도둑	【贼】 zéi	저이
□ 도라지	【桔梗】 jiégěng	지에겅
□ 도랑	【水沟】 shuǐgōu	쉐이거우
□ 도래 (하다)	【到来】 dàolái	따오라이
□ 도려내다	【抉剔】 juétī	쥐에티
□ 도로	【公路】 gōnglù	공루
□ 도리	【道理】 dàoli	따오리
□ 도리어	【反而】 fǎn'ér	판얼
□ 도마	【菜板】 càibǎn	차이반
□ 도마뱀	【四脚蛇】 sìjiǎoshé	쓰지아오셔
□ 도망가다	【逃走】 táozǒu	타오저우
□ 도망치다	【逃跑】 táopǎo	타오파오
□ 도맡다	【包办】 bāobàn	바오빤
□ 도매 (하다)	【批发】 pīfā	피파

□ **도면**　　　【图纸】 túzhǐ 투즈

□ **도모**(하다)　【谋求】 móuqiú 머우치우

□ **도무지**　　【全然】 quánrán 취엔란

□ **도미**　　　【鲷鱼】 diāoyú 띠아오위

□ **도박**(하다)　【赌】 dǔ 두

□ **도발**(하다)　【挑衅】 tiǎoxìn 티아오씬

□ **도배**(하다)　【裱糊】 biǎohú 비아오후

□ **도보**(하다)　【徒步】 túbù 투부

□ **도사**　　　【导师】 dǎoshī 다오스

□ **도산하다**　【倒闭】 dǎobì 다오삐

□ **도살**(하다)　【屠杀】 túshā 투사

□ **도서**　　　【岛屿】 dǎoyǔ 다오위

□ **도서관**　　【图书馆】 túshūguǎn 투수관

□ **도시**　　　【都市】 dūshì 두스

□ **도시락**　　【饭盒儿】 fànhér 판헐

□ **도안**　　　【图案】 tú'àn 투안

□ **도안**(하다)　【绘】 huì 훼이

□ **도약하다**　【跳跃】 tiàoyuè 티아오위에

141

□ 도움	【协助】	xiézhù	시에주
□ 도입 (하다)	【引进】	yǐnjìn	인진
□ 도자기	【陶瓷】	táocí	타오츠
□ 도장	【印章】	yìnzhāng	인장
□ 도전 (하다)	【挑战】	tiǎozhàn	티아오잔
□ 도주 (하다)	【逃走】	táozǒu	타오저우
□ 도중	【半路】	bànlù	빤루
□ 도착 (하다)	【到达】	dàodá	따오따
□ 도처에	【到处】	dàochù	따오추
□ 도청 (하다)	【窃听】	qiètīng	치에팅
□ 도체	【导体】	dǎotǐ	다오티
□ 도출	【得出】	déchū	더추
□ 도취하다	【陶醉】	táozuì	타오쮀이
□ 도태하다	【淘汰】	táotài	타오타이
□ 도토리	【橡实】	xiàngshí	시앙스
□ 도표	【图表】	túbiǎo	투비아오
□ 도피 (하다)	【逃避】	táobì	타오삐
□ 도형	【图形】	túxíng	투씽

□ 도화지	【图纸】 túzhǐ 투즈
□ 독	【毒】 dú 두
□ 독감	【重感冒】 zhònggǎnmào 종깐마오
□ 독단 (하다)	【独断】 dúduàn 두뚜안
□ 독립 (하다)	【独立】 dúlì 두리
□ 독방	【单间】 dānjiān 단지엔
□ 독사	【毒蛇】 dúshé 주셔
□ 독서 (하다)	【读书】 dúshū 두수
□ 독성	【毒性】 dúxìng 두씽
□ 독수리	【雄鹰】 xióngyīng 시옹잉
□ 독신	【单身】 dānshēn 단션
□ 독약	【毒药】 dúyào 뚜야오
□ 독자	【读者】 dúzhě 두저
□ 독재	【专政】 zhuānzhèng 주안정
□ 독재 (하다)	【独裁】 dúcái 두차이
□ 독점 (하다)	【垄断】 lǒngduàn 롱뚜안
□ 독창 (하다)	【独唱】 dúchàng 두창
□ 독촉 (하다)	【督促】 dūcù 두추

□ 독특(하다)	【独特】 dútè 두터	
□ 독학	【自学】 zìxué 즈쉬에	
□ 돈	【钱】 qián 치엔	
□ 돈벌이	【挣钱】 zhèngqián 정치엔	
□ 돈지갑	【钱包】 qiánbāo 치엔빠오	
□ 돋구다	【提高】 tígāo 티까오	
□ 돋보기	【虫眼镜】 chóngyǎnjìng 총이엔징	
□ 돋보이다	【出眼】 chūyǎn 추이엔	
□ 돋우다	【鼓起】 gǔqǐ 꾸치	
□ 돌	【石头】 shítou 스터우	
□ 돌격(하다)	【突击】 tūjī 투지	
□ 돌고래	【海豚】 hǎitún 하이툰	
□ 돌기	【突起】 tūqǐ 투치	
□ 돌다	【转动】 zhuàndòng 주안똥	
□ 돌려주다	【退还】 tuìhuán 퉤이환	
□ 돌멩이	【石子】 shízi 스쯔	
□ 돌발	【突发】 tūfā 투파	
□ 돌보다	【照顾】 zhàogù 자오꾸	

□ **돌아가다** 【返归】 fǎnguī 판꿰이

□ **돌아다니다** 【游浮】 yóufú 여우푸

□ **돌아보다** 【回头看】 huítóukàn 훼이터우칸

□ **돌아서다** 【折转】 zhézhuǎn 저주안

□ **돌아오다** 【回来】 huílái 훼이라이

□ **돌연히** 【突然】 tūrán 투란

□ **돌입**(하다) 【突入】 tūrù 투루

□ **돌진**(하다) 【冲】 chōng 총

□ **돌출**(하다) 【突出】 tūchū 투추

□ **돌파**(하다) 【突破】 tūpò 투포

□ **돌풍** 【急风】 jífēng 비아오

□ **돕다** 【帮助】 bāngzhù 빵주

□ **동** (광물) 【铜】 tóng 통

□ **동** (쪽) 【东】 dōng 동

□ **동거**(하다) 【同居】 tóngjū 통쥐

□ **동결되다** 【冻结】 dòngjié 똥지에

□ **동경**(하다) 【向往】 xiàngwǎng 시앙왕

□ **동공** 【瞳孔】 tóngkǒng 통콩

□ 동굴	【洞】 dòng	똥
□ 동그라미	【圆】 yuán	위엔
□ 동기	【同期】 tóngqī	통치
□ 동기	【动机】 dòngjī	똥지
□ 동나다	【脱销】 tuōxiāo	투어시아오
□ 동남	【东南】 dōngnán	동난
□ 동등 (하다)	【同等】 tóngděng	통덩
□ 동떨어지다	【有距离】 yǒujùlí	여우쮜리
□ 동란	【动乱】 dòngluàn	똥루안
□ 동력	【动力】 dònglì	똥리
□ 동료	【同伴】 tóngbàn	통빤
□ 동맥	【动脉】 dòngmài	똥마이
□ 동맹	【同盟】 tóngméng	통멍
□ 동면	【冬眠】 dōngmián	똥미엔
□ 동물	【动物】 dòngwù	똥우
□ 동물원	【动物园】 dòngwùyuán	똥우위엔
□ 동반자	【伴侣】 bànlǚ	빤뤼
□ 동반 (하다)	【伴随】 bànsuí	빤쒜이

□ **동방**　　　　【东方】 dōngfāng 동팡

□ **동부**　　　　【东部】 dōngbù 동뿌

□ **동북**　　　　【东北】 dōngběi 동베이

□ **동분서주하다**　【东奔西走】 dōngbēnxīzǒu 동번시저우

□ **동상**　　　　【铜像】 tóngxiàng 통시앙

□ **동숙**　　　　【同屋】 tóngwū 통우

□ **동시에**　　　【同时】 tóngshí 통스

□ **동심**　　　　【童心】 tóngxīn 통씬

□ **~동안**　　　【期间】 qījiān 치지엔

□ **동양**　　　　【东洋】 dōngyáng 동양

□ **동업자**　　　【同事】 tóngshì 통스

□ **동업**(하다)　　【同业】 tóngyè 통예

□ **동여매다**　　　【捆绑】 kǔnbǎng 쿤방

□ **동요**　　　　【童谣】 tóngyáo 통야오

□ **동요하다**　　　【动摇】 dòngyáo 똥야오

□ **동원**(하다)　　【动员】 dòngyuán 똥위엔

□ **동의**(하다)　　【同意】 tóngyì 통이

□ **동일하다**　　　【同一】 tóngyī 통이

147

□ 동작	【动作】	dòngzuò	똥쭈어
□ 동전	【铜钱】	tóngqián	통치엔
□ 동정	【动静】	dòngjing	똥징
□ 동정심	【同情心】	tóngqíngxīn	통칭씬
□ 동정하다	【同情】	tóngqíng	통칭
□ 동지	【同志】	tóngzhì	통즈
□ 동 (쪽)	【东】	dōng	동
□ 동창	【同学】	tóngxué	통쉬에
□ 동태	【动态】	dòngtài	똥타이
□ 동포	【同胞】	tóngbāo	통바오
□ 동행	【同行】	tónghang	통항
□ 동향인	【老乡】	lǎoxiāng	라오시앙
□ 동화	【童话】	tónghuà	통후아
□ 돛	【帆】	fān	판
□ 돛대	【桅杆】	wéigān	웨이간
□ 돼지	【猪】	zhū	주
□ 되도록	【尽量】	jìnliang	진리앙
□ 되돌려주다	【归还】	guīhuán	궤이환

148

□ 되돌리다　　【还回】huánhuí 환훼이

□ 되돌아가다　【回去】huíqù 훼이취

□ 되돌아오다　【返回】fǎnhuí 판훼이

□ 되묻다　　　【重问】chóngwèn 총원

□ 되찾다　　　【收复】shōufù 셔우푸

□ 되풀이　　　【反复】fǎnfù 판푸

□ 된장　　　　【黄酱】huángjiàng 황지앙

□ 두견새　　　【杜鹃】dùjuān 두쥐엔

□ 두근거리다　【跳动】tiàodòng 티아오동

□ 두꺼비　　　【蟾蜍】chánchú 찬추

□ 두껍다　　　【厚】hòu 허우

□ 두께　　　　【厚度】hòudù 허우뚜

□ 두뇌　　　　【头脑】tóunǎo 터우나오

□ 두더지　　　【田鼠】tiánshǔ 티엔수

□ 두둔하다　　【偏向】piānxiàng 피엔시앙

□ 두드러기　　【荨麻疹】xúnmázhěn 쉰마전

□ 두드리다　　【敲】qiāo 치아오

□ 두려워하다　【怕】pà 파

□ 두렵다	【可怕】	kěpà 커파
□ 두루	【遍】	biàn 비엔
□ 두루미	【仙鹤】	xiānhè 시엔허
□ 두목	【头子】	tóuzi 터우즈
□ 두부	【豆腐】	dòufu 떠우푸
□ 두손	【两手】	liǎngshǒu 리앙셔우
□ 두절되다	【杜绝】	dùjué 뚜쥐에
□ 두텁다	【厚】	hòu 허우
□ 두통	【头痛】	tóutòng 터우통
□ 둑	【堤坝】	dībà 디바
□ 둔하다	【迟钝】	chídùn 츠뚠
□ 둘(2)	【两】	liǎng 리앙
□ 둘러보다	【环视】	huánshì 환스
□ 둘러싸다	【围】	wéi 웨이
□ 둘레	【周】	zhōu 저우
□ 둥글다	【圆】	yuán 위엔
□ 둥지	【窝】	wō 워
□ 뒤	【后】	hòu 허우

□ 뒤따르다	【跟随】	gēnsuí 건쒜이
□ 뒤떨어지다	【落后】	luòhòu 루어허우
□ 뒤섞다	【混】	hùn 훈
□ 뒤섞이다	【夹杂】	jiāzá 지아자
□ 뒤얽히다	【绞缠】	jiǎochán 지아오찬
□ 뒤이어	【随后】	suíhòu 쒜이허우
□ 뒤지다 (수색)	【翻找】	fānzhǎo 판자오
□ 뒤집다	【翻】	fān 판
□ 뒤쪽	【后面】	hòumian 하오미엔
□ 뒤쫓다	【追】	zhuī 쮀이
□ 뒤치다꺼리하다	【打杂】	dǎzá 따자
□ 뒷골목	【小街儿】	xiǎojiēr 시아오지얼
□ 뒷받침	【后盾】	hòudùn 허우뚠
□ 드나들다	【出入】	chūrù 추루
□ 드디어	【终于】	zhōngyú 종위
□ 드라마	【剧】	jù 쥐
□ 드라이브	【兜风】	dōufēng 떠우펑
□ 드러나다	【露出】	lùchū 루추

가
나
다
라
마
바
사
아
자
차
카
타
파
하

151

□ 드러내다	【袒露】 tǎnlù	탄루
□ 드레스	【衣裙】 yīqún	이췬
□ 드리우다	【垂】 chuí	췌이
□ 드물다	【稀】 xī	시
□ 득실	【得失】 déshī	더스
□ 득점	【比分】 bǐfēn	비펀
□ 듣다	【听】 tīng	팅
□ 들	【平原】 píngyuán	핑위엔
□ 들국화	【野菊花】 yějúhuā	예쥐화
□ 들끓다	【沸腾】 fèiténg	페이텅
□ 들다	【抬】 tái	타이
□ 들리다	【听见】 tīngjiàn	팅지엔
□ 들어가다	【进去】 jìnqù	진취
□ 들어오다	【进来】 jìnlái	진라이
□ 들어올리다	【吊】 diào	띠아오
□ 들여다보다	【张望】 zhāngwàng	장왕
□ 들이쉬다	【吸】 xī	시
□ 들추다	【翻】 fān	판

□ 들판	【田野】 tiányě	티엔예
□ 등	【背】 bèi	뻬이
□ 등	【灯】 dēng	덩
□ 등급	【等级】 děngjí	덩지
□ 등기(하다)	【登记】 dēngjì	덩지
□ 등나무	【藤】 téng	텅
□ 등대	【灯塔】 dēngtǎ	덩타
□ 등록(하다)	【注册】 zhùcè	주처
□ 등불	【灯火】 dēnghuǒ	덩후어
□ 등산(하다)	【登山】 dēngshān	덩산
□ 등용(하다)	【登用】 dēngyòng	덩용
□ 등장(하다)	【登场】 dēngchǎng	덩창
□ 등지다	【背靠】 bèikào	베이카오
□ 디자인	【设计】 shèjì	셔지
□ 디저트	【尾食】 wěishí	웨이스
□ 디젤유	【柴油】 cáiyóu	차이여우
□ 디지털	【数码】 shùmǎ	수마
□ 따다	【摘】 zhāi	자이

□ 따돌리다	【排斥】 páichì	파이츠
□ 따뜻하다	【温暖】 wēnnuǎn	원누안
□ 따라가다	【伴随】 bànsuí	반
□ 따라서	【从而】 cóng'ér	총얼
□ 따라잡다	【赶上】 gǎnshàng	간샹
□ 따르다	【跟随】 gēnsuí	건쉐이
□ 따분하다	【气索】 qìsuǒ	치쑤어
□ 따지다	【计较】 jìjiào	지지아오
□ 딱따구리	【啄木鸟】 zhuómùniǎo	주어무니아오
□ 딱딱하다	【坚硬】 jiānyìng	지엔잉
□ 딱하다	【困窘】 kùnjiǒng	쿤지옹
□ 딸	【女儿】 nǚ'ér	뉘얼
□ 딸기	【草莓】 cǎoméi	차오메이
□ 딸꾹질	【打嗝儿】 dǎgér	다걸
□ 땀	【汗】 hàn	한
□ 땅	【地】 dì	띠
□ 땅바닥	【地上】 dìshang	디샹
□ 땅콩	【花生】 huāshēng	화성

□ 땋다	【编】	biān	비엔
□ 때	【时候】	shíhou	스허우
□ 때때로	【有时】	yǒushí	여우스
□ 때려부수다	【摧】	cuī	췌이
□ 때리다	【打】	dǎ	다
□ 때마침	【可巧】	kěqiǎo	커치아오
□ 땔감	【柴火】	cháihuo	차이후어
□ 땜질하다	【焊】	hàn	한
□ 떠나다	【离】	lí	리
□ 떠다니다	【浮动】	fúdòng	푸똥
□ 떠돌다	【流浪】	liúlàng	리우랑
□ 떠돌이	【江湖人】	jiānghúrén	지앙후런
□ 떠들다	【呐】	nà	나
□ 떠들썩하다	【沸腾】	fèiténg	페이텅
□ 떠맡다	【取活】	qǔhuó	취후어
□ 떠받치다	【支柱】	zhīzhù	즈주
□ 떠오르다	【浮现】	fúxiàn	푸시엔
□ 떡	【饼】	bǐng	빙

□ 떨다 (치우다)　【抖】 dǒu 더우

□ 떨어지다(물방울)　【滴】 dī 디

□ 떨어지다　【落】 luò 루어

□ 떨치다 (기세)　【扬名】 yángmíng 양밍

□ 떫다　【涩】 sè 써

□ 떳떳하다　【理直气壮】 lǐzhíqìzhuàng 리즈치주앙

□ 떼다　【摘下】 zhāixià 자이시아

□ 또　【又】 yòu 여우

□ 또래　【辈儿】 bèir 베일

□ 또렷하다　【清晰】 qīngxī 칭시

□ 똑같다　【相同】 xiāngtóng 시앙퉁

□ 똑똑하다　【聪明】 cōngming 총밍

□ 똑바르다　【笔直】 bǐzhí 비즈

□ 똥　【粪】 fèn 펀

□ 뚜껑　【盖儿】 gàir 깔

□ 뚜렷하다　【分明】 fēnmíng 펀밍

□ 뚝　【堤】 dī 디

□ 뚝심　【拙劲】 zhuōjìn 주어진

□ 뚫다 【凿】 záo 자오

□ 뚱뚱하다 【胖】 pàng 팡

□ 뚱보 【胖子】 pàngzi 팡즈

□ 뛰다 【跑】 pǎo 파오

□ 뛰어나다 【优秀】 yōuxiù 여우시우

□ 뛰어넘다 【跳过】 tiàoguò 티아오꾸어

□ 뛰어들다 【跳进】 tiàojìn 티아오진

□ 뛰어오르다 【跳上】 tiàoshang 티아오샹

□ 뜨개실 【纱】 shā 샤

□ 뜨개질하다 【织】 zhī 즈

□ 뜨겁다 【热】 rè 러

□ 뜨다 【漂浮】 piāofú 피아오푸

□ 뜬구름 【浮云】 fúyún 푸윈

□ 뜬소문 【传闻】 chuánwén 추안원

□ 뜯다 【拆】 chāi 차이

□ 뜰 【院子】 yuànzi 위엔즈

□ 뜻 【意义】 yìyì 이이

□ 뜻대로 【随意】 suíyì 쒜이이

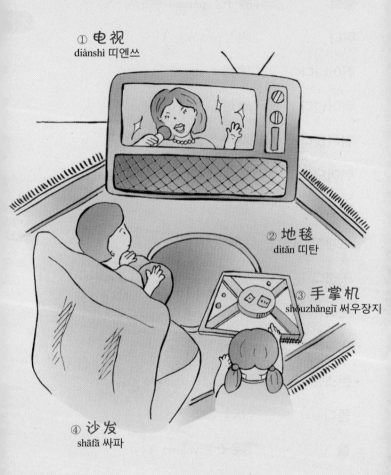

① 电视
diànshì 띠엔쓰

② 地毯
dìtǎn 띠탄

③ 手掌机
shǒuzhǎngjī 써우장지

④ 沙发
shāfā 싸파

① 텔레비전 ② 카펫 ③ 게임 ④ 소파

⑤ **电灯**
diàndēng 띠엔덩

⑥ **电话**
diànhuà 띠엔후아

⑦ **报纸**
bàozhǐ 빠오즈

⑧ **漫画**
mànhuà 만후아

⑨ **杂志**
zázhì 짜즈

 ⑤ 전등 ⑥ 전화 ⑦ 신문 ⑧ 만화 ⑨ 잡지

159

□ **뜻밖에**	【不料】 bùliào	뿌리아오
□ **뜻밖이다**	【意外】 yìwài	이와이
□ **뜻하다**	【意味着】 yìwèizhe	이웨이저
□ **띄우다**	【放】 fàng	팡
□ **띠**	【带】 dài	따이

□ 라디오　　　【收音机】 shōuyīnjī 셔우인지

□ 라면　　　　【干吃面】 gānchīmiàn 간츠미엔

□ 라벨　　　　【瓶签】 píngqiān 핑치엔

□ 라스트　　　【最后】 zuìhòu 쮀이허우

□ 라운드　　　【场】 chǎng 창

□ 라이벌　　　【竞争者】 jìngzhēngzhě 징정저

□ 라이터　　　【打火机】 dǎhuǒjī 따후어지

□ 라이트　　　【光线】 guāngxiàn 광시엔

□ 라인　　　　【线】 xiàn 시엔

□ 라일락　　　【紫丁香】 zǐdīngxiāng 즈딩시앙

□ 라켓　　　　【球拍子】 qiúpāizi 치우파이즈

□ 란제리　　　【女内衣】 nǚnèiyī 뉘네이이

□ 랑데부　　　【约会】 yuēhuì 위에훼이

□ 램프　　　　【洋灯】 yángdēng 양덩

□ 랭킹　　　　【顺序】 shùnxù 순쉬

□ 러닝셔츠　　【背心】bèixīn 뻬이씬

□ 러시아워　　【拥挤时间】yōngjǐshíjiān 용지스지엔

□ 럭비　　　　【橄榄球】gǎnlǎnqiú 간란치우

□ 레몬　　　　【柠檬】níngméng 닝멍

□ 레미콘　　　【水泥车】shuǐníchē 쉐이니처

□ 레벨　　　　【水准】shuǐzhǔn 쉐이준

□ 레스토랑　　【餐馆】cānguǎn 찬관

□ 레슨　　　　【辅导】fǔdǎo 푸다오

□ 레슬링　　　【摔跤】shuāijiāo 수아이지아오

□ 레이더　　　【雷达】léidá 레이다

□ 레이스(경주)　【比赛】bǐsài 비싸이

□ 레이아웃　　【版面】bǎnmiàn 반미엔

□ 레이저　　　【激光】jīguāng 지광

□ 레일　　　　【轨】guǐ 꿰이

□ 레저　　　　【休闲】xiūxián 시우시엔

□ 레코드　　　【唱片】chàngpiàn 창피엔

□ 레크리에이션　【游戏】yóuxì 여우스

□ 레테르　　　【瓶签】píngqiān 핑치엔

레퍼토리	【节目】 jiémù 지에무
렌즈	【镜头】 jìngtóu 징터우
렌터카	【租汽车】 zūqìchē 쭈치처
로고	【标识】 biāozhì 비아오즈
로맨틱하다	【浪漫】 làngmàn 랑만
로봇	【机器人】 jīqìrén 지치런
로비	【楼道】 lóudào 러우따오
로션	【洗剂】 xǐjì 시지
로켓	【火箭】 huǒjiàn 후어지엔
로터리	【圆环路】 yuánhuánlù 위엔후안루
로테이션	【轮转】 lúnzhuàn 룬주안
로프	【缆绳】 lǎnshéng 란성
롤러	【辊子】 gǔnzi 군즈
루비	【红宝石】 hóngbǎoshí 홍빠오스
루즈 (립스틱)	【口红】 kǒuhóng 커우홍
루트 (경로)	【渠道】 qúdào 취따오
루프	【节育环】 jiéyùhuán 지에위후안
룰	【规则】 guīzé 꿰이저

가
나
다
라
마
바
사
아
자
차
카
타
파
하

163

□ 류머티즘	【风湿】 fēngshī 펑스	
□ 리그(전)	【循环赛】 xúnhuánsài 쉰후안싸이	
□ 리더	【领导人】 lǐngdǎorén 링따오런	
□ 리더십	【统率力】 tǒngshuàilì 통수아이리	
□ 리드(하다)	【领先】 lǐngxiān 링시엔	
□ 리듬	【节奏】 jiézòu 지에저우	
□ 리모컨	【遥控】 yáokòng 야오콩	
□ 리바이벌	【重演】 chóngyǎn 총이엔	
□ 리본	【带子】 dàizi 다이즈	
□ 리사이틀	【独奏】 dúzòu 두저우	
□ 리셉션	【招待会】 zhāodàihuì 자오따이훼이	
□ 리스트	【名单】 míngdān 밍단	
□ 리어카	【手推车】 shǒutuīchē 셔우퉤이처	
□ 리터	【升】 shēng 성	
□ 리포터	【通讯员】 tōngxùnyuán 통쉰위엔	
□ 리포트	【报告】 bàogào 바오까오	
□ 리프트	【升降机】 shēngjiàngjī 성지앙지	
□ 리허설	【彩排】 cǎipái 차이파이	

□ **린스** 【护发素】 hùfàsù 후파쑤

□ **릴레이**(하다) 【接力】 jiēlì 지에리

□ **립스틱** 【唇膏】 chúngāo 춘가오

□ **링** 【环】 huán 환

□ **링크**(마디) 【环节】 huánjié 환지에

마

□ **마감**(하다)　【截止】jiézhǐ 지에즈

□ **마개**　【塞子】sāizi 싸이즈

□ **마구**　【乱】luàn 루안

□ **마구잡이**　【蛮干】mángàn 만깐

□ **마귀**　【魔鬼】móguǐ 모궤이

□ **마그네슘**　【镁】měi 메이

□ **마네킹**　【人体模型】réntǐmóxíng 런티모씽

□ **마누라**　【老婆】lǎopo 라오포

□ **마늘**　【蒜】suàn 쑤안

□ **~마다**　【每】měi 메이

□ **마대**　【麻袋】mádài 마따이

□ **마디**　【节】jié 지에

□ **마땅히**　【应该】yīnggāi 잉가이

□ **마라톤**　【马拉松】mǎlāsōng 마라쏭

□ **마력**　【马力】mǎlì 마리

마련하다	【搞】 gǎo 가오
마루	【地板】 dìbǎn 띠반
마르다	【干】 gān 간
마무리	【收尾】 shōuwěi 셔우웨이
마법	【魔法】 mófǎ 모파
마비되다	【麻木】 mámù 마무
마비시키다	【麻痹】 mábì 마삐
마사지	【按摩】 ànmó 안모
마술	【魔术】 móshù 모수
마술사	【魔术师】 móshùshī 모수스
마스코트	【福神】 fúshén 푸션
마스크	【口罩儿】 kǒuzhàor 커우자올
마시다	【喝】 hē 허
마요네즈	【蛋黄酱】 dànhuángjiàng 단후앙지양
마을	【村子】 cūnzi 춘즈
마을금고	【村民互助会】 cūnmínhùzhùhuì 춘민후주훼이
마음	【心】 xīn 신
마음대로	【随便】 suíbiàn 쒜이삐엔

□ **마음속**	【心里】	xīnlǐ	씬리
□ **마음씨**	【心眼儿】	xīnyǎnr	씬이얼
□ **마이너스**	【减】	jiǎn	지엔
□ **마이크**	【麦克风】	màikèfēng	마이커펑
□ **마일**	【英里】	yīnglǐ	잉리
□ **마주보다**	【相视】	xiāngshì	시앙스
□ **마주치다**	【遇到】	yùdào	위따오
□ **마중**	【出迎】	chūyíng	추잉
□ **마지막**	【最终】	zuìzhōng	쮜에이종
□ **마진**	【利润】	lìrùn	리룬
□ **마차**	【马车】	mǎchē	마처
□ **마찰**(하다)	【摩擦】	móchā	모차
□ **마취**(하다)	【麻醉】	mázuì	마쮀이
□ **마치~같다**	【如同】	rútong	루통
□ **마차~인듯하다**	【似乎】	sìhū	쓰후
□ **마치다**	【结束】	jiéshù	지에수
□ **마침**	【正巧】	zhèngqiǎo	정치아오
□ **마침내**	【总算】	zǒngsuàn	중쑤안

□ **마케팅** 【营销】 yíngxiāo 잉시아오

□ **마크** 【记号】 jìhao 지하오

□ **막** 【膜】 mó 모

□ **막내** 【第老的】 dìlǎode 디라오더

□ **막다** 【挡】 dǎng 당

□ **막다르다** 【不通】 bùtōng 부통

□ **막대** 【竿子】 gānzi 간즈

□ **막론하고** 【无论】 wúlùn 우룬

□ **막무가내다** 【无可奈何】 wúkěnàihé 우커나이허

□ **막벌이** 【零工】 línggōng 링공

□ **막상막하** 【不相上下】 bùxiāngshàngxià 부시앙샹시아

□ **막연하다** 【茫然】 mángrán 망란

□ **막히다** 【闭塞】 bìsè 삐써

□ **만** 【湾】 wān 완

□ **만강** 【满腔】 mǎnqiāng 만치앙

□ **만기** 【满期】 mǎnqī 만치

□ **만나다** 【会】 huì 훼이

□ **만나보다** 【见面】 jiànmiàn 지엔미엔

□ 만년	【晚年】 wǎnnián 완니엔
□ 만년필	【钢笔】 gāngbǐ 강비
□ 만능	【万能】 wànnéng 왕넝
□ 만두	【饺子】 jiǎozi 지아즈
□ 만들다	【作】 zuò 쭈어
□ 만류하다	【挽留】 wǎnliú 완리우
□ 만사	【万事】 wànshì 완스
□ 만성적이다	【慢性】 mànxìng 만씽
□ 만세	【万岁】 wànsuì 완쒜이
□ 만약	【如果】 rúguǒ 루구어
□ 만연하다	【蔓延】 mànyán 만이엔
□ 만원	【满员】 mǎnyuán 만위엔
□ 만월	【满月】 mǎnyuè 만위에
□ 만일	【假如】 jiǎrú 지아루
□ 만전	【万全】 wànquán 완취엔
□ 만점	【满分儿】 mǎnfēnr 만펄
□ 만조	【高潮】 gāocháo 가오차오
□ 만족하다	【满足】 mǎnzú 만주

□ 만지다	【摸】 mō 모	
□ 만찬	【晚餐】 wǎncān 완찬	
□ 만취하다	【烂醉】 lànzuì 란쮀이	
□ 만화	【漫画】 mànhuà 만화	
□ 만회하다	【补救】 bǔjiù 부지우	
□ 많다(사람)	【众】 zhòng 종	
□ 많다	【好多】 hǎoduō 하오뚜어	
□ 맏형	【大哥】 dàgē 따거	
□ 말	【话】 huà 화	
□ 말	【马】 mǎ 마	
□ 말괄량이	【假小子】 jiǎxiǎozi 지아시아오즈	
□ 말굽	【马蹄】 mǎtí 마티	
□ 말기	【末期】 mòqī 모치	
□ 말끔하다	【干净】 gānjing 깐징	
□ 말다	【卷】 juǎn 쥐엔	
□ 말다툼하다	【争吵】 zhēngchao 정차오	
□ 말단	【末端】 mòduān 모뚜안	
□ 말대꾸	【反驳】 fǎnbó 판뽀	

171

□ 말더듬이	【口吃】	kǒuchī 커우치
□ 말뚝	【桩子】	zhuāngzi 주앙즈
□ 말라빠지다	【枯燥】	kūzào 쿠자오
□ 말리다	【干】	gān 깐
□ 말미잘	【海葵】	hǎikuí 하이퀘이
□ 말살하다	【抹杀】	mǒshā 모샤
□ 말썽부리다	【捣蛋】	dǎodàn 다오딴
□ 말씨	【口气】	kǒuqì 커우치
□ 말참견하다	【插嘴】	chāzuǐ 차쥐에이
□ 말투	【语气】	yǔqì 위치
□ 말하다	【说】	shuō 슈어
□ 말하자면	【就是说】	jiùshìshuō 지우스슈어
□ 맑다	【清】	qīng 칭
□ 맑은 (날씨)	【晴】	qíng 칭
□ 맙소사	【我的天】	wǒdetiān 워더티엔
□ 맛	【味道】	wèidao 웨이따오
□ 맛보다	【品尝】	pǐncháng 핀창
□ 맛있다	【好吃】	hǎochī 하오츠

□ 망가지다	【坏】 huài 화이	
□ 망각하다	【忘却】 wàngquè 왕취에	
□ 망년회	【送年会】 sòngniánhuì 쏭니엔훼이	
□ 망령	【亡灵】 wánglíng 왕링	
□ 망막	【网膜】 wǎngmó 왕모	
□ 망막하다	【茫茫】 mángmáng 망망	
□ 망명	【亡命】 wángmìng 왕밍	
□ 망보다	【守望】 shǒuwàng 셔우왕	
□ 망상	【妄想】 wàngxiǎng 왕시앙	
□ 망설이다	【犹豫】 yóuyù 여우위	
□ 망신당하다	【丢人】 diūrén 띠우런	
□ 망연하다	【茫然】 mángrán 망란	
□ 망원경	【望远镜】 wàngyuǎnjìng 왕위엔징	
□ 망치	【大锤】 dàchuí 따췌이	
□ 망치다	【弄坏】 nònghuài 농화이	
□ 망하다	【亡】 wáng 왕	
□ 맞다 (비)	【淋】 lín 린	
□ 맞다 (타격)	【挨打】 áidǎ 아이다	

가
나
다
라
마
바
사
아
자
차
카
타
파
하

173

□ 맞다 (적합)　　【不错】 bùcuò 부추어

□ 맞물리다　　【衔接】 xiánjiē 시엔지에

□ 맞벌이　　【双职工】 shuāngzhígōng 수앙즈공

□ 맞선　　【相】 xiāng 시앙

□ 맞은편　　【对面】 duìmiàn 뚜에이미엔

□ 맞이하다　　【接应】 jiēyìng 지에잉

□ 맞장구　　【帮腔】 bāngqiāng 방치앙

□ 맞추다 (계산)　　【对】 duì 뚜에이

□ 맞히다 (적중)　　【中】 zhōng 종

□ 맡겨두다　　【存放】 cúnfàng 춘팡

□ 맡기다　　【寄】 jì 지

□ 맡다　　【承担】 chéngdān 청단

□ 매　　【鹰】 yīng 잉

□ 매각　　【出售】 chūshòu 추셔우

□ 매개　　【媒介】 méijiè 메이지에

□ 매거진　　【杂志】 zázhì 자즈

□ 매국　　【卖国】 màiguó 마이구어

□ 매끄럽다　　【光滑】 guānghuá 광화

□ 매년	【每年】 měinián	메이니엔
□ 매니저	【经理】 jīnglǐ	징리
□ 매니큐어	【指甲油】 zhǐjiayóu	즈지아여우
□ 매다	【结】 jié	지에
□ 매달다	【吊】 diào	띠아오
□ 매달리다	【挂】 guà	꽈
□ 매도	【谩骂】 mànmà	만마
□ 매듭짓다	【结】 jié	지에
□ 매력	【魅力】 mèilì	메이리
□ 매매	【买卖】 mǎimài	마이마이
□ 매몰하다	【埋没】 máimò	마이모
□ 매미	【蝉】 chán	찬
□ 매번	【每次】 měicì	메이츠
□ 매복(하다)	【潜伏】 qiánfú	치엔푸
□ 매상	【销卖】 xiāomài	시아오마이
□ 매우	【十分】 shífēn	스펀
□ 매일	【每天】 měitiān	메이티엔
□ 매장되다	【蕴藏】 yùncháng	윈창

매점	【小卖部】 xiǎomàibù 시아오마이부
매정하다	【放刺儿】 fàngcìr 팡츨
매직	【魔术】 móshù 모수
매진	【卖光】 màiguāng 마이광
매춘	【卖淫】 màiyín 마이인
매출	【卖出】 màichū 마이추
매형	【姐夫】 jiěfu 지에푸
매화	【梅花】 méihuā 메이화
맥박	【脉膊】 màibó 마이보
맥주	【啤酒】 píjiǔ 피지우
맨발	【赤脚】 chìjiǎo 츠지아오
맨손	【赤手】 chìshǒu 츠셔우
맵다	【辣】 là 라
맹견	【恶狗】 ègǒu 어거우
맹렬하다	【猛烈】 měngliè 멍리에
맹목적이다	【盲目】 mángmù 망무
맹세 (하다)	【发誓】 fāshì 파스
맹수	【猛兽】 měngshòu 멍셔우

□ 맹아	【萌芽】 méngyá	멍야
□ 맹인	【盲人】 mángrén	망런
□ 맹종 (하다)	【盲从】 mángcóng	망총
□ 맺다	【结】 jié	지에
□ 머금다	【衔】 jiē	지에
□ 머리	【头】 tóu	터우
□ 머리말	【序言】 xùyán	쉬이엔
□ 머리털	【头发】 tóufà	터우파
□ 머무르다	【留】 liú	리우
□ 머물다	【停留】 tíngliú	팅리우
□ 머뭇거리다	【犹豫】 yóuyù	여우위
□ 머지않아	【即将】 jíjiāng	지지앙
□ 먹	【墨】 mò	모
□ 먹구름	【乌云】 wūyún	우윈
□ 먹다	【吃】 chī	츠
□ 먹여주다	【喂】 wèi	웨이
□ 먹이	【饲料】 sìliào	쓰리아오
□ 먼 곳	【远方】 yuǎnfāng	위엔팡

가
나
다
라
마
바
사
아
자
차
카
타
파
하

□ 먼저　　　　【先】xiān 시엔

□ 먼지　　　　【灰】huī 훼이

□ 멀다　　　　【远】yuǎn 위엔

□ 멀리뛰기　　【跳远】tiàoyuǎn 티아오위엔

□ 멈추다　　　【停】tíng 팅

□ 멋　　　　　【风姿】fēngzī 펑즈

□ 멋있다　　　【带劲】dàijìn 따이진

□ 멋지다　　　【精彩】jīngcǎi 징차이

□ 멋쩍다　　　【磨不开】mòbukāi 모부카이

□ 멍　　　　　【青伤】qīngshāng 칭샹

□ 멍청이　　　【傻子】shǎzi 샤즈

□ 멍청하다　　【傻】shǎ 샤

□ 멍하다　　　【愣】lèng 렁

□ 메기　　　　【鲇鱼】niányú 니엔위

□ 메뉴　　　　【菜单】càidān 차이단

□ 메다　　　　【担】dān 단

□ 메달　　　　【奖牌】jiǎngpái 지앙파이

□ 메뚜기　　　【蝗虫】huángchóng 후앙총

178

□ 메모	【字条儿】 zìtiáor 즈티아올	
□ 메스껍다	【呕气】 ǒuqì 어우치	
□ 메시지	【通讯】 tōngxùn 통쉰	
□ 메아리	【回音】 huíyīn 훼이인	
□ 메우다	【填】 tián 티엔	
□ 메이커	【厂商】 chǎngshāng 창샹	
□ 메이크업	【化妆】 huàzhuāng 화주앙	
□ 멜로디	【旋律】 xuánlǜ 쉬엔뤼	
□ 멜론	【瓜】 guā 과	
□ 멤버	【成员】 chéngyuán 청위엔	
□ 멧돼지	【山猪】 shānzhū 샨주	
□ 며느리	【媳妇】 xífu 시푸	
□ 멱살	【领门】 lǐngmén 링먼	
□ 면	【棉】 mián 미엔	
□ 면담 (하다)	【面谈】 miàntán 미엔탄	
□ 면도칼	【剃刀】 tìdāo 티따오	
□ 면모	【面貌】 miànmào 미엔마오	
□ 면목	【面目】 miànmù 미엔무	

- 면밀하다　【绵密】 miánmì 미엔미
- 면세점　【免税店】 miǎnshuìdiàn 미엔쉐이디엔
- 면역　【免疫】 miǎnyì 미엔이
- 면적　【面积】 miànjī 미엔지
- 면전　【面前】 miànqián 미엔치엔
- 면접　【会面】 huìmiàn 훼이미엔
- 면제되다　【免】 miǎn 미엔
- 면제(하다)　【免除】 miǎnchú 미엔추
- 면허증　【执照】 zhízhào 즈자오
- 면회(하다)　【会面】 huìmiàn 훼이미엔
- 멸망하다　【灭亡】 mièwáng 미에왕
- 멸시하다　【蔑视】 mièshì 미에스
- 멸종　【绝种】 juézhǒng 쥐에종
- 멸치　【海蜒】 hǎiyán 하이이엔
- 명곡　【名曲】 míngqǔ 밍취
- 명년　【明年】 míngnián 밍니엔
- 명단　【名单】 míngdān 밍단
- 명랑하다　【明朗】 mínglǎng 밍랑

□ **명령**	【命令】 mìnglìng 밍링
□ **명령** (하다)	【命】 mìng 밍
□ **명명** (하다)	【命名】 mìngmíng 밍밍
□ **명목**	【名目】 míngmù 밍무
□ **명문**	【名门】 míngmén 밍먼
□ **명물**	【名物】 míngwù 밍우
□ **명백하다**	【显然】 xiǎnrán 시엔란
□ **명백히**	【明白】 míngbai 밍바이
□ **명복**	【冥福】 míngfú 밍푸
□ **명사** (유명인)	【名士】 míngshì 밍스
□ **명사** (품사)	【名词】 míngcí 밍츠
□ **명상**	【冥想】 míngxiǎng 밍시앙
□ **명성**	【名声】 míngshēng 밍성
□ **명소**	【名胜】 míngshèng 밍성
□ **명승**	【名僧】 míngsēng 밍썽
□ **명시** (하다)	【标志】 biāozhì 비아오즈
□ **명심하다**	【牢记】 láojì 라오지
□ **명암**	【明暗】 míng'àn 밍안

□ **명언**　　　【名言】 míngyán 밍이엔

□ **명예**　　　【名誉】 míngyù 밍위

□ **명의**　　　【名义】 míngyì 밍이

□ **명인**　　　【名人】 míngrén 밍런

□ **명작**　　　【名作】 míngzuò 밍쭈어

□ **명장**　　　【名将】 míngjiàng 밍지앙

□ **명절**　　　【节日】 jiérì 지에르

□ **명제**　　　【命题】 mìngtí 밍티

□ **명주실**　　【丝】 sī 쓰

□ **명중**　　　【射中】 shèzhòng 셔종

□ **명찰**　　　【名签】 míngqiān 밍치엔

□ **명칭**　　　【名义】 míngyì 밍이

□ **명칭**　　　【名称】 míngchēng 밍청

□ **명쾌하다**　【干脆】 gāncuì 간췌이

□ **명태**　　　【明太鱼】 míngtàiyú 밍타이위

□ **명패**　　　【名牌】 míngpái 밍파이

□ **명품**　　　【名品】 míngpǐn 밍핀

□ **명함**　　　【名片】 míngpiàn 밍피엔

□ 명확하다	【明确】 míngquè 밍취에	
□ 몇	【几】 jǐ 지	
□ 모국	【母国】 mǔguó 무꾸어	
□ 모기	【蚊子】 wénzi 원즈	
□ 모나다	【方】 fāng 팡	
□ 모내기하다	【插秧】 chāyāng 차양	
□ 모델	【模特儿】 mótèr 모털	
□ 모두	【都】 dōu 떠우	
□ 모든	【所有】 suǒyǒu 쑤어여우	
□ 모란	【牡丹花】 mǔdanhuā 무단화	
□ 모래	【砂子】 shāzi 샤즈	
□ 모래바람	【风沙】 fēngshā 펑샤	
□ 모래흙	【沙土】 shātǔ 샤투	
□ 모레	【后天】 hòutiān 허우티엔	
□ 모르다	【不知】 bùzhī 부즈	
□ 모면하다	【避免】 bìmiǎn 비미엔	
□ 모발	【毛发】 máofà 마오파	
□ 모방 (하다)	【模仿】 mófǎng 모팡	

□ 모범　　　　【模范】 mófàn 모판

□ 모색 (하다)　【摸索】 mōsuǒ 모쑤어

□ 모서리　　　【棱】 léng 렁

□ 모성　　　　【母性】 mǔxìng 무시앙

□ 모순　　　　【矛盾】 máodùn 마오뚠

□ 모습　　　　【象】 xiàng 시앙

□ 모시다　　　【奉】 fèng 펑

□ 모양　　　　【模样】 múyàng 무양

□ 모욕 (하다)　【侮辱】 wūrǔ 우루

□ 모유　　　　【母乳】 mǔrǔ 무루

□ 모으다　　　【聚集】 jùjí 쮜지

□ 모이다　　　【集合】 jíhé 지허

□ 모자　　　　【帽子】 màozi 마오즈

□ 모자라다　　【缺】 quē 취에

□ 모조리　　　【全都】 quándōu 취엔떠우

□ 모조품　　　【假货】 jiǎhuò 지아후어

□ 모조하다　　【仿造】 fǎngzào 팡자오

□ 모질다　　　【残忍】 cánrěn 찬런

□ **모집**(하다)	【征集】 zhēngjí 정지	
□ **모처럼**	【特地】 tèdì 터띠	
□ **모친**	【母亲】 mǔqīn 무친	
□ **모터**	【马达】 mǎdá 마다	
□ **모퉁이**	【拐弯儿】 guǎiwār 과이왈	
□ **모피**	【毛皮】 máopí 마오피	
□ **모함**(하다)	【诬陷】 wūxiàn 우시엔	
□ **모험**(하다)	【冒险】 màoxiǎn 마오시엔	
□ **모형**	【模型】 móxíng 모씽	
□ **모호**(하다)	【模糊】 móhú 모후	
□ **목** (구멍)	【嗓子】 sǎngzi 샹즈	
□ **목**	【颈】 jǐng 징	
□ **목걸이**	【项链】 xiàngliàn 시앙리엔	
□ **목격**(하다)	【目睹】 mùdǔ 무두	
□ **목공**	【木匠】 mùjiàng 무지앙	
□ **목구멍**	【喉咙】 hóulóng 허우롱	
□ **목덜미**	【脖儿梗】 bórgěng 뽈겅	
□ **목도리**	【蒙头巾】 méngtóujīn 멍터우진	

가
나
다
라
마
바
사
아
자
차
카
타
파
하

185

□ 목련	【木莲】	mùlián 무리엔
□ 목록	【目录】	mùlù 무루
□ 목민	【牧民】	mùmín 무민
□ 목소리	【声音】	shēngyīn 성인
□ 목수	【木工】	mùgōng 무공
□ 목숨	【生命】	shēngmìng 성밍
□ 목요일	【星期四】	xīngqīsì 씽치쓰
□ 목욕 (하다)	【沐浴】	mùyù 무위
□ 목욕탕	【浴室】	yùshì 위스
□ 목장	【牧场】	mùchǎng 무창
□ 목재	【木材】	mùcái 무차이
□ 목적	【目的】	mùdì 무띠
□ 목제	【木制】	mùzhì 무즈
□ 목조	【木造】	mùzào 무자오
□ 목차	【目录】	mùlù 무루
□ 목축	【畜牧】	xùmù 쉬무
□ 목축업	【牧业】	mùyè 무예
□ 목표	【目标】	mùbiāo 무비아오

□ 목화	【棉花】 miánhua 미엔화	
□ 몰두 (하다)	【埋头】 máitóu 마이터우	
□ 몰락 (하다)	【没落】 mòluò 모루어	
□ 몰래	【暗暗】 àn'àn 안안	
□ 몰려들다	【挤拢】 jǐlǒng 지롱	
□ 몰살 (하다)	【歼灭】 jiānmiè 지엔미에	
□ 몰수 (하다)	【没收】 mòshōu 모셔우	
□ 몰아내다	【驱逐】 qūzhú 취주	
□ 몸	【身体】 shēntǐ 션티	
□ 몸가짐	【体态】 tǐtài 티타이	
□ 몸부림치다	【挣扎】 zhēngzhá 정자	
□ 몸소	【亲自】 qīnzì 친쯔	
□ 몸조심하다	【保重】 bǎozhòng 바오종	
□ 몸집	【身材】 shēncái 션차이	
□ 몹시	【非常】 fēicháng 페이창	
□ 못	【钉子】 dīngzi 딩즈	
□ 못난이	【丑八怪】 chǒubāguài 처우바꽈이	
□ 몽둥이	【棍子】 gùnzi 꾼즈	

가
나
다
라
마
바
사
아
자
차
카
타
파
하

187

□ 몽땅	【全部】	quánbù 취엔뿌
□ 몽상	【梦想】	mèngxiǎng 멍시앙
□ 몽타주	【剪辑】	jiǎnjí 지엔지
□ 묘	【墓】	mù 무
□ 묘기	【妙技】	miàojì 미아오지
□ 묘목	【苗木】	miáomù 미아오무
□ 묘미	【妙趣】	miàoqù 미아오취
□ 묘사(하다)	【描写】	miáoxiě 미아오시에
□ 묘안	【妙案】	miào'àn 미아오안
□ 묘지	【墓地】	mùdì 무디
□ 묘책	【妙策】	miàocè 미아오처
□ 무	【萝卜】	luóbo 루어보
□ 무겁다	【重】	zhòng 종
□ 무게	【重量】	zhòngliàng 종리앙
□ 무관심	【无关心】	wúguānxīn 우꽌씬
□ 무궁하다	【无穷】	wúqióng 우치옹
□ 무궁화	【槿花】	jǐnhuā 진화
□ 무기	【武器】	wǔqì 우치

□ 무너지다	【倒】	dǎo	다오
□ 무녀	【巫婆】	wūpó	우퍼
□ 무능하다	【无能】	wúnéng	우넝
□ 무늬	【花纹】	huāwén	화원
□ 무단결근하다	【旷工】	kuànggōng	쾅공
□ 무단결석하다	【旷课】	kuàngkè	쾅커
□ 무단으로	【无敌】	wúdí	우띠
□ 무당	【巫女】	wūnǚ	우뉘
□ 무대	【舞台】	wǔtái	우타이
□ 무더기	【堆】	duī	뚜에이
□ 무덤	【坟墓】	fénmù	펀무
□ 무덥다	【炎热】	yánrè	이엔러
□ 무도장	【舞厅】	wǔtīng	우팅
□ 무도회	【舞会】	wǔhuì	우훼이
□ 무드	【情调】	qíngdiào	칭띠아오
□ 무력	【武力】	wǔlì	우리
□ 무렵	【时分】	shífèn	스펀
□ 무례하다	【无礼】	wúlǐ	우리

□ 무료하다	【无聊】 wúliáo	우리아오
□ 무릇	【凡是】 fánshì	판스
□ 무릎	【膝盖】 xīgài	시까이
□ 무릎꿇다	【跪】 guì	꿰이
□ 무리	【群】 qún	췬
□ 무리하다	【硬强】 yìngqing	잉칭
□ 무명	【无名】 wúmíng	우밍
□ 무법	【无法】 wúfǎ	우파
□ 무사 (일)	【无事】 wúshì	우스
□ 무상 (의)	【无偿】 wúcháng	우창
□ 무서워하다	【怕】 pà	파
□ 무선	【无线】 wúxiàn	우시엔
□ 무섭다	【可怕】 kěpà	커파
□ 무성하다	【茂盛】 màoshèng	마오성
□ 무소속	【非集团】 fēijítuán	페이지투안
□ 무수히	【无数】 wúshù	우수
□ 무술	【武术】 wǔshù	우수
□ 무승부	【平局】 píngjú	핑쥐

□ **무시하다** 【无视】 wúshì 우스

□ **무식** 【无知】 wúzhī 우즈

□ **무심코** 【有意无意】 yǒuyìwúyì 여우이우이

□ **무엇** 【什么】 shénme 션머

□ **무역** 【贸易】 màoyì 마오이

□ **무예** 【武艺】 wǔyì 우이

□ **무용하다** 【舞踊】 wǔyǒng 우용

□ **무의미** 【没意思】 méiyìsi 메이이쓰

□ **무의식** 【无意】 wúyì 우이

□ **무인도** 【荒岛】 huāngdǎo 후앙다오

□ **무장** 【武装】 wǔzhuāng 우주앙

□ **무전** 【无钱】 wúqián 우치엔

□ **무정하다** 【无情】 wúqíng 우칭

□ **무제한** 【无限制】 wúxiànzhì 우시엔즈

□ **무조건** 【无条件】 wútiáojiàn 우티아오지엔

□ **무좀** 【软脚病】 ruǎnjiǎobìng 루안지아오빙

□ **무죄** 【无罪】 wúzuì 우쮀에이

□ **무지개** 【虹】 hóng 홍

□ 무지하다	【无知】	wúzhī 우즈
□ 무질서하다	【杂乱】	záluàn 자루안
□ 무척	【特别】	tèbié 터삐에
□ 무한하다	【无限】	wúxiàn 우시엔
□ 무해하다	【无害】	wúhài 우하이
□ 묵다	【停留】	tíngliú 팅리우
□ 묵묵히	【默默】	mòmò 모모
□ 묵살(하다)	【废置】	fèizhì 페이즈
□ 묵인(하다)	【默认】	mòrèn 모런
□ 묵직하다	【沉重】	chénzhòng 천종
□ 묶다	【缚】	fù 푸
□ 묶음	【束】	sù 쑤
□ 문	【门】	mén 먼
□ 문건	【文件】	wénjiàn 원지엔
□ 문답	【问答】	wèndá 원다
□ 문득	【忽然】	hūrán 후란
□ 문맹	【文盲】	wénmáng 원망
□ 문명	【文明】	wénmíng 원밍

□ 문물	【文物】	wénwù	원우
□ 문방구점	【文具】	wénjù	원쥐
□ 문법	【语法】	yǔfǎ	위파
□ 문병	【探病】	tànbìng	탄빙
□ 문서	【文件】	wénjiàn	원지엔
□ 문신	【文身】	wénshēn	원션
□ 문어	【章鱼】	zhāngyú	장위
□ 문예	【文艺】	wényì	원이
□ 문외한	【外行】	wàihang	와이항
□ 문인	【文人】	wénrén	원런
□ 문자	【文字】	wénzì	원쯔
□ 문장	【句子】	jùzi	쥐즈
□ 문장	【文章】	wénzhāng	원장
□ 문제	【问题】	wèntí	원티
□ 문지르다	【擦】	cā	차
□ 문학	【文学】	wénxué	원쉬에
□ 문학가	【文学家】	wénxuéjiā	원쉬에지아
□ 문헌	【文献】	wénxiàn	원시엔

□ 문화　　　　【文化】wénhuà 원화

□ 묻다　　　　【埋】mái 마이

□ 묻다　　　　【请问】qǐngwèn 칭원

□ 물　　　　　【水】shuǐ 쉐이

□ 물가　　　　【物价】wùjià 우지아

□ 물개　　　　【海狗】hǎigǒu 하이꺼우

□ 물거품　　　【水泡】shuǐpào 쉐이파오

□ 물건　　　　【东西】dōngxi 동시

□ 물결　　　　【波浪】bōlàng 보랑

□ 물고기　　　【鱼】yǔ 위

□ 물굽이　　　【湾】wān 완

□ 물다　　　　【缴】jiǎo 지아오

□ 물들이다　　【染】rǎn 란

□ 물량　　　　【物量】wùliàng 우리앙

□ 물러나다　　【退】tuì 퉤이

□ 물론　　　　【当然】dāngrán 당란

□ 물리　　　　【物理】wùlǐ 우리

□ 물만두　　　【饺子】jiǎozi 지아오즈

□ 물방울	【水点】	shuǐdiǎn	쉐이디엔
□ 물보라	【浪花儿】	lànghuār	랑후알
□ 물수건	【手巾把儿】	shǒujīnbǎr	셔우진발
□ 물음	【问】	wèn	원
□ 물자	【物资】	wùzī	우즈
□ 물증	【物证】	wùzhèng	우정
□ 물질	【物质】	wùzhì	우즈
□ 물체	【物体】	wùtǐ	우티
□ 물품	【物品】	wùpǐn	우핀
□ 뭉개다	【压碾】	yāniǎn	야니엔
□ 미각	【味觉】	wèijué	웨이쥐에
□ 미간	【眉头】	méitóu	메이터우
□ 미개	【未开化】	wèikāihuà	웨이카이화
□ 미결	【未决】	wèijué	웨이쥐에
□ 미공개	【未公开】	wèigōngkāi	웨이공까이
□ 미관	【美景】	měijǐng	메이징
□ 미국	【美国】	Měiguó	메이구어
□ 미궁	【迷宫】	mígōng	미공

□ 미꾸라지	【鳅】	qiū	치우
□ 미끄러지다	【溜】	liū	리우
□ 미끄럽다	【滑】	huá	화
□ 미끼	【鱼饵】	yú'ěr	위얼
□ 미나리	【芹菜】	qíncài	친차이
□ 미남	【美男】	měinán	메이난
□ 미녀	【美女】	měinǚ	메이뉘
□ 미니스커트	【超短裙】	chāoduǎnqún	차오뚜안췬
□ 미덕	【美德】	měidé	메이더
□ 미디어	【媒体】	méitǐ	메이티
□ 미라	【木乃伊】	mùnǎiyī	무나이이
□ 미래	【未来】	wèilái	웨이라이
□ 미련	【留恋】	liúliàn	리우리엔
□ 미로	【迷路】	mílù	미루
□ 미루다	【推迟】	tuīchí	퉤이츠
□ 미리	【预先】	yùxiān	위시엔
□ 미망인	【寡妇】	guǎfù	꽈푸
□ 미모	【美貌】	měimào	메이마오

□ 미묘하다	【美妙】 měimiào 메이미아오
□ 미사일	【导弹】 dǎodàn 다오딴
□ 미생물	【微生物】 wēishēngwù 웨이셩우
□ 미성년	【未成年】 wèichéngnián 웨이청니엔
□ 미소짓다	【微笑】 wēixiào 웨이시아오
□ 미수	【未遂】 wèisuì 웨이쒜이
□ 미숙	【不熟练】 bùshúliàn 부수리엔
□ 미술	【美术】 měishù 메이수
□ 미스터리	【神秘】 shénmì 션미
□ 미시적	【微观】 wēiguān 웨이관
□ 미신	【迷信】 míxìn 미씬
□ 미아	【迷童】 mítóng 미통
□ 미안하다	【抱歉】 bàoqiàn 빠오치엔
□ 미역	【裙带菜】 qúndàicài 췬따이차이
□ 미완성	【未完成】 wèiwánchéng 웨이완청
□ 미용	【美容】 měiróng 메이롱
□ 미워하다	【恨】 hèn 헌
□ 미인	【美人】 měirén 메이런

□ 미장원	【美容院】	měiróngyuàn	메이룽위엔
□ 미적이다	【美观】	měiguān	메이관
□ 미치광이	【疯子】	fēngzi	펑즈
□ 미치다	【疯】	fēng	펑
□ 미친듯하다	【疯狂】	fēngkuáng	펑쾅
□ 미터	【米】	mǐ	미
□ 미행	【跟踪】	gēnzōng	건종
□ 미혹되다	【迷惑】	míhuò	미후어
□ 미혼	【未婚】	wèihūn	웨이훈
□ 미화하다	【美化】	měihuà	메이화
□ 민간	【民间】	mínjiān	민지엔
□ 민감하다	【敏感】	mǐngǎn	민간
□ 민들레	【蒲公英】	púgōngyīng	푸공잉
□ 민박	【民宿】	mínsù	민쑤
□ 민법	【民法】	mínfǎ	민파
□ 민사	【民事】	mínshì	민스
□ 민속	【民俗】	mínsú	민쑤
□ 민영	【民营】	mínyíng	민잉

□ 민요	【民谣】	mínyáo	민야오
□ 민족	【民族】	mínzú	민쭈
□ 민주	【民主】	mínzhǔ	민주
□ 민주주의	【民主主义】	mínzhǔzhǔyì	민주주이
□ 민중	【民众】	mínzhòng	민종
□ 민첩하다	【敏捷】	mǐnjié	민지에
□ 민항	【民航】	mínhang	민항
□ 믿다	【信】	xìn	씬
□ 믿음직스럽다	【稳妥】	wěntuǒ	원투어
□ 믿음직하다	【稳】	wěn	원
□ 밀	【小麦】	xiǎomài	시아오마이
□ 밀가루	【面粉】	miànfěn	미엔펀
□ 밀감	【蜜柑】	mìgān	미간
□ 밀고 (하다)	【密告】	mìgào	미가오
□ 밀다	【推】	tuī	퉤이
□ 밀도	【密度】	mìdù	미뚜
□ 밀림	【密林】	mìlín	미린
□ 밀물	【涨潮】	zhǎngcháo	장차오

□ **밀봉**(하다)　　【密封】mìfēng 미펑

□ **밀수**(하다)　　【走私】zǒusī 저우쓰

□ **밀실**　　【密室】mìshì 미스

□ **밀어내다**　　【排挤】páijǐ 파이지

□ **밀어넣다**　　【塞】sāi 싸이

□ **밀접**(하다)　　【密切】mìqiè 미치에

□ **밀착**(하다)　　【密接】mìjiē 미지에

□ **밀치다**　　【挤】jǐ 지

□ **밀크**　　【牛奶】niúnǎi 니우나이

□ **밀폐**　　【密闭】mìbì 미비

□ **밀항**(하다)　　【密航】mìháng 미항

□ **밀회**(하다)　　【密会】mìhuì 미훼이

□ **밉다**　　【讨厌】tǎoyàn 타오이엔

□ **밍크**　　【水貂】shuǐdiāo 쉐이띠아오

□ **및**　　【以及】yǐjí 이지

□ **밑**　　【底】dǐ 디

□ **밑거름**　　【底肥】dǐféi 디페이

□ **밑돌다**　　【下滑】xiàhuá 시아화

□ **밑바닥**	【底面】 dǐmiàn 디미엔	
□ **밑바탕**	【素质】 sùzhì 쑤즈	
□ **밑지다**	【亏本儿】 kuīběnr 퀘이벌	
□ **밑천**	【本】 běn 번	

① 炒勺
chǎosháo 차오사오

② 水池
shuǐchí 수에이츠

③ 水壶
shuǐhú 수에이후

④ 烤炉
kǎolú 카오루

⑤ 餐巾
cānjīn 찬진

① 프라이팬　② 싱크대　③ 주전자　④ 오븐　⑤ 냅킨

⑥ **电冰箱**
diànbīngxiāng
띠엔빙시앙

⑦ **碗柜** wǎnguì 왕꾸이

⑧ **玻璃杯**
bōlibēi 뽀리삐|이

⑨ **盘子**
pánzi 판즈

⑩ **饭桌**
fànzhuō 판쭈오

⑥ 냉장고 ⑦ 찬장 ⑧ 유리잔 ⑨ 접시 ⑩ 식탁

바

삐뚤어지다

- 바 　　　　　【酒吧】 jiǔbā 지우바
- 바가지 　　　【瓢】 piáo 피아오
- 바겐세일 　　【大减价】 dàjiǎnjià 따지엔지아
- 바구니 　　　【篮子】 lánzi 란즈
- 바깥 　　　　【外头】 wàitou 와이터우
- 바꾸다 　　　【改】 gǎi 가이
- 바뀌다 　　　【转】 zhuàn 주안
- 바나나 　　　【香蕉】 xiāngjiāo 시앙지아오
- 바느질 　　　【缝工】 fénggōng 펑공
- 바늘 　　　　【针】 zhēn 전
- 바다 　　　　【海】 hǎi 하이
- 바다표범 　　【海豹】 hǎibào 하이바오
- 바닷가 　　　【海边儿】 hǎibiānr 하이비알
- 바둑 　　　　【围棋】 wéiqí 웨이치
- 바라다 　　　【希望】 xīwàng 시왕

204

□ 바라보다	【看望】 kànwàng 칸왕	
□ 바람 (자연)	【风】 fēng 펑	
□ 바람	【心愿】 xīnyuàn 씬위엔	
□ 바람나다	【动春心】 dòngchūnxīn 동춘씬	
□ 바람맞다	【抓空】 zhuākōng 주아콩	
□ 바람둥이	【乌秃氓】 wūtumáng 우투망	
□ 바로	【正】 zhèng 정	
□ 바로잡다	【整】 zhěng 정	
□ 바르다 (칠하다)	【抹】 mǒ 모	
□ 바르다	【正直】 zhèngzhí 정즈	
□ 바른말	【实话】 shíhuà 스화	
□ 바보	【笨蛋】 bèndàn 뻔딴	
□ 바쁘다	【忙】 máng 망	
□ 바삭바삭하다	【脆】 cuì 췌이	
□ 바야흐로	【正在】 zhèngzài 정자이	
□ 바위	【岩】 yán 이엔	
□ 바이러스	【病毒】 bìngdú 빙뚜	
□ 바이어	【买主】 mǎizhǔ 마이주	

□ **바이올린**　【小提琴】 xiǎotíqín 시아오티친

□ **바지**　【裤子】 kùzi 쿠즈

□ **바지락**　【黄蚬】 huángxin 후앙씬

□ **바치다**　【献】 xiàn 시엔

□ **바캉스**　【休假】 xiūjià 시우지아

□ **바퀴**　【轮子】 lúnzi 룬즈

□ **바퀴벌레**　【蜚蠊】 fěilián 페이리엔

□ **바통**　【接力棒】 jiēlìbàng 지에리방

□ **박두하다**　【濒临】 bīnlín 빈린

□ **박람회**　【博览会】 bólǎnhuì 보란훼이

□ **박력**　【魄力】 pòlì 포리

□ **박멸하다**　【扑灭】 pūmiè 푸미에

□ **박물관**　【博物馆】 bówùguǎn 보우관

□ **박사**　【博士】 bóshì 보스

□ **박수소리**　【掌声】 zhǎngshēng 장성

□ **박수치다**　【鼓掌】 gǔzhǎng 구장

□ **박아넣다**　【镶】 xiāng 시앙

□ **박애**　【博爱】 bó'ài 보아이

□ **박약하다**	【薄弱】	bóruò	보루어
□ **박자**	【拍子】	pāizi	파이즈
□ **박절하다**	【绝情】	juéqíng	쥐에칭
□ **박정하다**	【薄情】	bóqíng	보칭
□ **박쥐**	【蝙蝠】	biānfú	비엔푸
□ **박탈**(하다)	【剥夺】	bōduó	보뚜어
□ **박테리아**	【微菌】	wēijūn	웨이쥔
□ **박해**(하다)	【迫害】	pòhài	포하이
□ **밖**	【外】	wài	와이
□ **반감**	【反感】	fǎngǎn	판간
□ **반격하다**	【反击】	fǎnjī	판지
□ **반경**	【半径】	bànjìng	빤징
□ **반대로**	【反】	fǎn	판
□ **반대하다**	【反对】	fǎnduì	판뚜에이
□ **반도**	【半岛】	bàndǎo	빤다오
□ **반도체**	【半导体】	bàndǎotǐ	빤다오티
□ **반동적**	【反动】	fǎndòng	판똥
□ **반드시**	【一定】	yídìng	이띵

반려	【返还】 fǎnhuán 판환
반면	【反面】 fǎnmiàn 판미엔
반면에	【反之】 fǎnzhī 판즈
반문하다	【反问】 fǎnwèn 판원
반박하다	【反驳】 fǎnbó 판보
반복하다	【反复】 fǎnfù 판푸
반비례	【反比例】 fǎnbǐlì 판비리
반사하다	【反射】 fǎnshè 판셔
반성하다	【反省】 fǎnxǐng 판씽
반소매	【短袖】 duǎnxiù 뚜안시우
반수	【半数】 bànshù 빤수
반액	【五扣】 wǔkòu 우커우
반역	【叛逆】 pànnì 판니
반역자	【叛徒】 pàntú 판투
반영하다	【反映】 fǎnyìng 판잉
반응	【反应】 fǎnyìng 판잉
반장	【班长】 bānzhǎng 반장
반점	【斑点】 bāndiǎn 반디엔

□ **반주**(하다)　　【伴奏】bànzòu 빤저우

□ **반지**　　【班指儿】bānzhǐer 반즈얼

□ **반짝이다**　　【闪烁】shǎnshuò 샨슈어

□ **반찬**　　【菜】cài 차이

□ **반창고**　　【绊创膏】bànchuānggāo 반추앙까오

□ **반칙**　　【犯规】fànguī 판꿰이

□ **반포**(하다)　　【颁布】bānbù 반뿌

□ **반품**(하다)　　【回货】huíhuò 훼이후어

□ **반항**(하다)　　【反抗】fǎnkàng 판캉

□ **반환**(하다)　　【归还】guīhuán 꿰이환

□ **받다**　　【收】shōu 셔우

□ **받아쓰다**　　【听写】tīngxiě 팅시에

□ **받치다**　　【垫】diàn 띠엔

□ **받침대**　　【台】tái 타이

□ **발**　　【脚】jiǎo 지아오

□ **발**　　【帘子】liánzi 리엔즈

□ **발가락**　　【脚趾】jiǎozhǐ 지아오즈

□ **발각하다**　　【发觉】fājué 파쮀에

209

□ **발걸음**	【脚步】 jiǎobù	지아오뿌
□ **발견**	【发现】 fāxiàn	파시엔
□ **발굴** (하다)	【挖掘】 wājué	와쥐에
□ **발굽**	【蹄】 tí	티
□ **발급** (하다)	【发给】 fāgěi	파게이
□ **발기** (하다)	【发起】 fāqǐ	파치
□ **발달** (하다)	【发达】 fādá	파다
□ **발동** (하다)	【发动】 fādòng	파동
□ **발등**	【足背】 zúbèi	쭈베이
□ **발랄** (하다)	【勃勃】 bóbó	보보
□ **발레**	【芭蕾舞】 bālěiwǔ	바레이우
□ **발매** (하다)	【发卖】 fāmài	파마이
□ **발명**	【发明】 fāmíng	파밍
□ **발바닥**	【脚掌】 jiǎozhǎng	지아오장
□ **발병** (하다)	【发病】 fābìng	파삥
□ **발사** (하다)	【发射】 fāshè	파셔
□ **발산** (하다)	【散发】 sànfā	싼파
□ **발생** (하다)	【发生】 fāshēng	파셩

□ **발송**(하다)	【发送】 fāsòng 파쏭	
□ **발신인**	【发信人】 fāxìnrén 파씬런	
□ **발악하다**	【挣扎】 zhēngzhá 정자	
□ **발언**(하다)	【发言】 fāyán 파이엔	
□ **발육**(하다)	【发育】 fāyù 파위	
□ **발음**(하다)	【发音】 fāyīn 파인	
□ **발자국**	【脚印儿】 jiǎoyìnr 지아오일	
□ **발전**	【发展】 fāzhǎn 파잔	
□ **발전**(하다)	【发电】 fādiàn 파띠엔	
□ **발췌**(하다)	【拔萃】 bácuì 바췌이	
□ **발탁**(하다)	【提拔】 tíbá 티바	
□ **발톱**	【脚指甲】 jiǎozhǐjia 지아오즈지아	
□ **발판**	【登板儿】 dēngbǎnr 덩발	
□ **발표**(하다)	【发表】 fābiǎo 파비아오	
□ **발행**(하다)	【发行】 fāxíng 파씽	
□ **발효**	【酶】 méi 메이	
□ **발휘**(하다)	【发挥】 fāhuī 파훼이	
□ **밝다**	【亮】 liàng 리앙	

가
나
다
라
마
바
사
아
자
차
카
타
파
하

211

□ 밝은 빛	【亮光】	liàngguāng	리앙광
□ 밝히다	【表明】	biǎomíng	비아오밍
□ 밟다	【踏】	tà	타
□ 밤	【栗子】	lìzi	리즈
□ 밤	【夜】	yè	예
□ 밤낮	【日夜】	rìyè	르예
□ 밤새도록	【连夜】	liányè	리엔예
□ 밤중	【深夜】	shēnyè	션예
□ 밥	【饭】	fàn	판
□ 밥사발	【饭碗】	fànwǎn	판완
□ 밧줄	【绳索】	shéngsuǒ	성쑤어
□ 방	【屋子】	wūzi	우즈
□ 방귀	【屁】	pì	피
□ 방금	【刚刚】	gānggāng	강강
□ 방대하다	【庞大】	pángdà	팡따
□ 방랑하다	【流浪】	liúlàng	리우랑
□ 방망이	【棒子】	bàngzi	방즈
□ 방면	【方面】	fāngmiàn	팡미엔

□ 방목 (하다)　　【放牧】 fàngmù 팡무

□ 방문 (하다)　　【访问】 fǎngwèn 팡원

□ 방법　　　　　【方法】 fāngfǎ 팡파

□ 방부제　　　　【防腐済】 fángfǔjì 팡푸지

□ 방불케 하다　　【仿佛】 fǎngfú 팡푸

□ 방사선　　　　【放射线】 fàngshèxiàn 팡서시엔

□ 방석　　　　　【垫子】 diànzi 디엔즈

□ 방송국　　　　【电台】 diàntái 띠엔타이

□ 방송 (하다)　　【广播】 guǎngbō 광보

□ 방식　　　　　【方式】 fāngshì 팡스

□ 방심하다　　　【放心】 fàngxīn 팡씬

□ 방아쇠　　　　【扳机】 bānjī 반지

□ 방안　　　　　【方案】 fāng'àn 팡안

□ 방어 (하다)　　【防御】 fángyù 팡위

□ 방언　　　　　【方言】 fāngyán 팡이엔

□ 방역 (하다)　　【防疫】 fángyì 팡이

□ 방영　　　　　【播映】 bōyìng 보잉

□ 방울　　　　　【铃】 líng 링

213

□ **방음**	【隔音】	géyīn 거인
□ **방정식**	【方程】	fāngchéng 팡청
□ **방조**(하다)	【帮助】	bāngzhù 방주
□ **방지**(하다)	【防止】	fángzhǐ 방즈
□ **방직**	【纺织】	fǎngzhī 팡즈
□ **방출**(하다)	【泄】	xiè 시에
□ **방치**(하다)	【放】	fàng 팡
□ **방침**	【方针】	fāngzhēn 팡전
□ **방학**(하다)	【放假】	fàngjià 팡지아
□ **방해**(하다)	【阻碍】	zǔ'ài 쭈아이
□ **방향**	【方向】	fāngxiàng 팡시앙
□ **방황**(하다)	【彷徨】	pánghuáng 팡후앙
□ **밭**	【田】	tián 티엔
□ **배**	【梨】	lí 리
□ **배**	【腹】	fù 푸
□ **배**	【船】	chuán 추안
□ **배격**(하다)	【排斥】	páichì 파이츠
□ **배경**	【背景】	bèijǐng 뻬이징

□ 배고프다	【饿】 è 어	
□ 배구	【排球】 páiqiú 파이치우	
□ 배급	【配给】 pèijǐ 페이지	
□ 배꼽	【脐眼儿】 qíyǎnr 치이엘	
□ 배낭	【背包】 bēibāo 베이바오	
□ 배달	【送】 sòng 쏭	
□ 배당	【分配】 fēnpèi 펀페이	
□ 배드민턴	【羽毛球】 yúmáoqiú 위마오치우	
□ 배려 (하다)	【关怀】 guānhuái 관화이	
□ 배반 (하다)	【背叛】 bèipàn 뻬이판	
□ 배부르다	【饱】 bǎo 바오	
□ 배상 (하다)	【赔偿】 péicháng 페이창	
□ 배설	【排泄】 páixiè 파이시에	
□ 배수	【倍数】 bèishù 뻬이수	
□ 배신 (하다)	【背信儿】 bèixìnr 베이씰	
□ 배양 (하다)	【培养】 péiyǎng 페이양	
□ 배역	【角色】 juésè 쥐에써	
□ 배열 (하다)	【排列】 páiliè 파이리에	

215

배우	【演员】 yǎnyuán 이엔위엔
배우다	【学】 xué 쉬에
배우자	【配偶】 pèi'ǒu 페이어우
배웅(하다)	【送行】 sòngxíng 쏭씽
배정	【安排】 ānpái 안파이
배제(하다)	【排除】 páichú 파이추
배짱	【胆量儿】 dǎnliàngr 단리알
배척(하다)	【排斥】 páichì 파이츠
배추	【白菜】 báicài 바이차이
배출(하다)	【排泄】 páixiè 파이시에
배치(하다)	【部署】 bùshǔ 뿌수
배치	【布局】 bùjú 뿌쥐
배태(하다)	【孕育】 yùnyù 윈위
배터리	【电池】 diànchí 띠엔츠
배포(하다)	【传】 chuán 추안
배합(하다)	【配】 pèi 페이
배회하다	【徘徊】 páihuái 파이화이
배후	【背后】 bèihòu 뻬이허우

□ 백로	【白鹭】 báilù	바이루
□ 백마	【白马】 báimǎ	바이마
□ 백미	【白米】 báimǐ	바이미
□ 백발	【白发】 báifà	바이파
□ 백분비	【百分比】 bǎifēnbǐ	바이펀비
□ 백사장	【沙滩】 shātān	샤탄
□ 백성	【老百姓】 lǎobǎixìng	라오바이씽
□ 백양나무	【杨树】 yángshù	양수
□ 백조	【天鹅】 tiān'é	티엔어
□ 백주	【白天】 báitiān	바이티엔
□ 백주 (술)	【白酒】 báijiǔ	바이지우
□ 백지	【白纸】 báizhǐ	바이즈
□ 백치	【白痴】 báichī	바이츠
□ 백합	【百合】 bǎihé	바이허
□ 백화 (상품)	【百货】 bǎihuò	바이후어
□ 백화점	【百货公司】 bǎihuògōngsī	바이후어공쓰
□ 밴드	【带儿】 dàir	딸
□ 뱀	【蛇】 shé	셔

217

뱀장어	【鳗鱼】 mányú 만위
뱃멀미	【海病】 hǎibìng 하이빙
뱉다	【吐】 tù 투
버드나무	【柳树】 liúshù 리우수
버릇	【习惯】 xíguàn 시관
버리다	【放弃】 fàngqì 팡치
버무리다	【拌】 bàn 빤
버섯	【蘑菇】 mógu 모구
버스	【公共汽车】 gōnggòngqìchē 공꽁치처
버터	【黄油】 huángyóu 후앙여우
버튼	【按键】 ànjiàn 안지엔
버티다	【支】 zhī 즈
벅차다	【吃力】 chīlì 츠리
번개	【闪电】 shǎndiàn 샨띠엔
번거롭다	【繁杂】 fánzá 판자
번뇌	【烦恼】 fánnǎo 판나오
번데기	【蛹】 yǒng 용
번뜩이다	【闪】 shǎn 샨

□ 번민하다	【烦闷】 fánmèn	판먼
□ 번식 (하다)	【繁殖】 fánzhí	판즈
□ 번역	【翻译】 fānyì	판이
□ 번영하다	【繁荣】 fánróng	판롱
□ 번잡하다	【繁多】 fánduō	판뚜어
□ 번지다	【浸】 jìn	진
□ 번쩍이다	【闪】 shǎn	샨
□ 번창하다	【繁荣】 fánróng	판롱
□ 번체자	【繁体字】 fántǐzì	판티쯔
□ 번호	【号码】 hàomǎ	하오마
□ 번화가	【大街】 dàjiē	다지에
□ 번화하다	【繁华】 fánhuá	판화
□ 벌	【蜂】 fēng	펑
□ 벌거벗다	【秃】 tū	투
□ 벌금내다	【罚款】 fákuǎn	파콴
□ 벌꿀	【蜂蜜】 fēngmì	펑미
□ 벌다 (돈을)	【赚】 zhuàn	주안
□ 벌레	【虫子】 chóngzi	총즈

□ 벌써	【早已】 zǎoyǐ	자오이
□ 벌집	【蜂巢】 fēngcháo	펑차오
□ 벌칙	【罚则】 fázé	파저
□ 벌하다	【罚】 fá	파
□ 범람하다	【泛滥】 fànlàn	판란
□ 범선	【帆船】 fānchuan	판추안
□ 범위	【范围】 fànwéi	판웨이
□ 범인	【犯人】 fànrén	판런
□ 범죄	【罪犯】 zuìfàn	쮀이판
□ 범주	【范畴】 fànchóu	판처우
□ 범하다	【触犯】 chùfàn	추판
□ 범행	【犯罪】 fànzuì	판쮀이
□ 법	【法】 fǎ	파
□ 법관	【法官】 fǎguān	파관
□ 법규	【法规】 fǎguī	파궤이
□ 법도	【制】 zhì	즈
□ 법령	【法令】 fǎlìng	파링
□ 법률	【法律】 fǎlǜ	파뤼

□ **법안**　　　【法案】 fǎ'àn 파안

□ **법원**　　　【法院】 fǎyuàn 파위엔

□ **법인**　　　【法人】 fǎrén 파런

□ **법정**　　　【法庭】 fǎtíng 파팅

□ **법제**　　　【法制】 fǎzhì 파즈

□ **법칙**　　　【法则】 fǎzé 파저

□ **법학**　　　【法学】 fǎxué 파쉬에

□ **벗**　　　【友人】 yǒurén 여우런

□ **벗기다**　　　【剥】 bāo 바오

□ **벗다**　　　【脱】 tuō 투어

□ **벗어나다**　　　【摆脱】 bǎituō 바이투어

□ **벙어리**　　　【哑巴】 yǎba 야바

□ **벚꽃**　　　【樱花】 yīnghuā 잉화

□ **베개**　　　【枕头】 zhěntou 전터우

□ **베껴쓰다**　　　【抄写】 chāoxiě 차오시에

□ **베끼다**　　　【抄】 chāo 차오

□ **베다** (베개를)　　　【枕】 zhěn 전

□ **베다**　　　【割】 gē 거

□ 베테랑	【老将】lǎojiàng	라오지앙
□ 베풀다	【举行】jǔxíng	쥐씽
□ 벤치	【长椅】chángyǐ	창이
□ 벨트	【带儿】dàir	딸
□ 벼	【稻子】dàozi	따오즈
□ 벼락	【雷】léi	레이
□ 벼랑	【悬崖】xuányá	쉬엔야
□ 벼루	【砚】yàn	이엔
□ 벼룩	【蚤】zǎo	자오
□ 벽	【壁】bì	삐
□ 벽걸이	【壁挂】bìguà	삐과
□ 벽돌	【砖】zhuān	주안
□ 벽시계	【钟】zhōng	종
□ 벽창호	【老顽固】lǎowángu	라오완구
□ 변강	【边】biān	비엔
□ 변경	【边境】biānjìng	비엔징
□ 변경(하다)	【变更】biàngēng	삐엔겅
□ 변계	【边界】biānjiè	비엔지에

□ 변기	【便桶】	biàntǒng	비엔퉁
□ 변덕스럽다	【朝三暮四】	zhāoshānmùsì	자오샨무쓰
□ 변동 (하다)	【变动】	biàndòng	삐엔똥
□ 변두리	【郊外】	jiāowài	지아오와이
□ 변론 (하다)	【辩论】	biànlùn	삐엔룬
□ 변명 (하다)	【辩解】	biànjiě	삐엔지에
□ 변방	【边防】	biānfang	비엔팡
□ 변변히	【逐年】	zhúnián	주니엔
□ 변비	【便秘】	biànmì	비엔미
□ 변상 (하다)	【赔偿】	péicháng	페이창
□ 변신 (하다)	【变身】	biànshēn	비엔션
□ 변심 (하다)	【变心】	biànxīn	비엔씬
□ 변증법	【辩证法】	biànzhèngfǎ	삐엔정파
□ 변증 (하다)	【辩证】	biànzhèng	삐엔정
□ 변질하다	【变质】	biànzhì	삐엔즈
□ 변천 (하다)	【变迁】	biànqiān	삐엔치엔
□ 변칙	【不规则】	bùguīzé	부꿰이저
□ 변태	【变态】	biàntài	비엔타이

223

□ 변통 (하다)	【通便】 tōngbiàn 통비엔
□ 변하다	【变】 biàn 삐엔
□ 변함없다	【仍旧】 réngjiù 렁지우
□ 변혁 (하다)	【变革】 biàngé 삐엔거
□ 변형되다	【变形】 biànxíng 삐엔씽
□ 변호사	【律师】 lǜshī 뤼스
□ 변호 (하다)	【辩护】 biànhù 삐엔후
□ 변화시키다	【变成】 biànchéng 삐엔청
□ 변화 (하다)	【变化】 biànhuà 삐엔화
□ 변환 (하다)	【变换】 biànhuàn 삐엔환
□ 별	【星】 xīng 씽
□ 별거 (하다)	【另居】 lìngjū 링쮜
□ 별도로	【另】 lìng 링
□ 별로	【特别】 tèbié 터삐에
□ 별명	【别号儿】 biéhàor 비에하올
□ 별일없다	【没事儿】 méishìr 메이솔
□ 별장	【别庄】 biézhuāng 비에주앙
□ 볏모	【禾苗】 hémiáo 허미아오

□ 병	【病】 bìng 삥
□ 병	【瓶】 píng 핑
□ 병균	【病菌】 bìngjūn 삥쥔
□ 병독	【病毒】 bìngdú 삥두
□ 병렬하다	【并列】 bìngliè 삥리에
□ 병마개	【瓶塞儿】 píngsāir 핑쌀
□ 병문안	【探病】 tànbìng 탄삥
□ 병사	【兵】 bīng 빙
□ 병상	【病床】 bìngchuáng 삥추앙
□ 병세	【病情】 bìngqíng 삥칭
□ 병신	【残废】 cánfèi 찬페이
□ 병실	【病房】 bìngfáng 삥팡
□ 병아리	【子鸡】 zǐjī 즈지
□ 병원	【医院】 yīyuàn 이위엔
□ 병존하다	【并存】 bìngcún 삥춘
□ 병증상	【症状】 zhèngzhuàng 정주앙
□ 병충해	【病虫害】 bìngchónghài 삥총하이
□ 병행 (하다)	【并行】 bìngxíng 빙씽

□ **보건** (하다)	【保建】 bǎojiàn	바오지엔
□ **보검**	【宝剑】 bǎojiàn	바오지엔
□ **보고**	【宝库】 bǎokù	바오쿠
□ **보고** (하다)	【报告】 bàogào	빠오까오
□ **보관** (하다)	【保管】 bǎoguǎn	바오관
□ **보금자리**	【巢】 cháo	차오
□ **보급** (하다)	【普及】 pǔjí	푸지
□ **보기드물다**	【罕见】 hǎnjiàn	한지엔
□ **보기좋다**	【好看】 hǎokàn	하오칸
□ **보내다** (세월)	【度】 dù	뚜
□ **보내다**	【送】 sòng	쏭
□ **보너스**	【奖金】 jiǎngjīn	지앙진
□ **보다**	【看】 kàn	칸
□ **보답** (하다)	【报】 bào	빠오
□ **보도** (길)	【走道】 zǒudào	저우따오
□ **보도** (하다)	【报道】 bàodào	빠오따오
□ **보따리**	【包袱】 bāofu	바오푸
□ **보랏빛의**	【紫】 zǐ	즈

□ **보루**　　　　【堡垒】bǎolěi 바오레이

□ **보류**(하다)　　【保留】bǎoliú 바오리우

□ **보리**　　　　【大麦】dàmài 따마이

□ **보모**　　　　【保姆】bǎomǔ 바오무

□ **보물**　　　　【宝物】bǎowù 바오우

□ **보배**　　　　【宝贝】bǎobèi 바오뻬이

□ **보병**　　　　【步兵】bùbīng 뿌빙

□ **보복**(하다)　　【报复】bàofù 바오푸

□ **보살피다**　　【侍候】shìhòu 스허우

□ **보상**(하다)　　【补尝】bǔcháng 부창

□ **보석**　　　　【宝石】bǎoshí 바오스

□ **보수**　　　　【报酬】bàochou 빠오처우

□ **보수적이다**　【保守】bǎoshǒu 바오셔우

□ **보수**(하다)　　【维修】wéixiū 웨이시우

□ **보습**(하다) 보충　【补习】bǔxí 부시

□ **보온병**　　　【暖水瓶】nuǎnshuǐpíng 누안쉐이핑

□ **보온**(하다)　　【保温】bǎowēn 바오원

□ **보완**(하다)　　【补救】bǔjiù 부지우

□ **보위**(하다)	【保卫】	bǎowèi 바오웨이
□ **보유**(하다)	【拥有】	yōngyǒu 용여우
□ **보이다**	【显示】	xiǎnshì 시엔스
□ **보일러**	【锅炉】	guōlú 구어루
□ **보자기**	【包袱】	bāofu 바오푸
□ **보잘것없다**	【渺小】	miǎoxiǎo 미아오시아오
□ **보장**(하다)	【保障】	bǎozhàng 바오장
□ **보조**	【步伐】	bùfá 뿌파
□ **보조금**	【补贴】	bǔtiē 부티에
□ **보조**(하다)	【补助】	bǔzhù 부주
□ **보존**(하다)	【保存】	bǎocún 바오춘
□ **보증**(하다)	【保证】	bǎozhèng 바오정
□ **보채다**	【闹魔】	nàomó 나오머
□ **보초서다**	【站岗】	zhàngǎng 잔강
□ **보충**(하다)	【补充】	bǔchōng 부총
□ **보태다**	【加】	jiā 지아
□ **보통이다**	【普通】	pǔtōng 푸통
□ **보트**	【艇】	tǐng 팅

□ **보편적이다**　　【普遍】 pǔbiàn 푸삐엔

□ **보행**(하다)　　【步行】 bùxíng 뿌씽

□ **보험**　　【保险】 bǎoxiǎn 바오시엔

□ **보호**(하다)　　【保护】 bǎohù 바오후

□ **복**　　【福】 fú 푸

□ **복귀**(하다)　　【复归】 fùguī 푸꽈이

□ **복도**　　【走廊】 zǒuláng 저우랑

□ **복리**　　【福利】 fúlì 푸리

□ **복무**(하다)　　【服务】 fúwù 푸우

□ **복받치다**　　【涌出】 yǒngchū 용추

□ **복부**　　【腹部】 fùbù 푸부

□ **복사하다**　　【复印】 fùyìn 푸인

□ **복수하다**　　【报仇】 bàochóu 빠오처우

□ **복숭아**　　【桃】 táo 타오

□ **복숭아꽃**　　【桃花】 táohuā 타오화

□ **복습**(하다)　　【复习】 fùxí 푸시

□ **복싱**　　【拳击】 quánjī 콴지

□ **복어**　　【河豚】 hétún 허툰

229

□ 복용 (하다)　　【服】 fú 푸

□ 복원 (하다)　　【还原】 huányuán 환위엔

□ 복잡하다　　【复杂】 fùzá 푸짜

□ 복장　　【服装】 fúzhuāng 푸주앙

□ 복제 (하다)　　【复制】 fùzhì 푸즈

□ 복종 (하다)　　【服从】 fúcóng 푸총

□ 복지　　【福地】 fúdì 푸띠

□ 복직　　【复职】 fùzhí 푸즈

□ 복통　　【腹痛】 fùtòng 푸통

□ 복합하다　　【复合】 fèhé 푸허

□ 볶다　　【炒】 chǎo 차오

□ 본　　【型】 xíng 씽

□ 본국　　【本国】 běnguó 번궈

□ 본능　　【本能】 běnnéng 번넝

□ 본때　　【厉害】 lìhai 리하이

□ 본뜨다　　【仿照】 fǎngzhào 팡자오

□ 본래　　【原来】 yuánlái 위엔라이

□ 본래의　　【本来】 běnlái 번라이

□ 본령	【本领】 běnlǐng 번링	
□ 본론	【本论】 běnlùn 번룬	
□ 본문	【课文】 kèwén 커원	
□ 본보기	【榜样】 bǎngyàng 방양	
□ 본부	【本部】 běnbù 번부	
□ 본사	【总社】 zǒngshè 쫑셔	
□ 본성	【本性】 běnxìng 번씽	
□ 본심	【本心】 běnxīn 번씬	
□ 본인	【本人】 běnrén 번런	
□ 본적	【原籍】 yuánjí 위엔지	
□ 본전	【本钱】 běnqián 번치엔	
□ 본점	【总号】 zǒnghào 쫑하오	
□ 본질	【本质】 běnzhì 번즈	
□ 본처	【正太太】 zhèngtàitai 정타이타이	
□ 본토	【本土】 běntǔ 번투	
□ 볼	【腮】 sāi 싸이	
□ 볼록하다	【凸】 tū 투	
□ 볼륨	【音量】 yīnliàng 인리앙	

□ 볼링	【保龄球】	bǎolíngqiú	바오링치우
□ 볼펜	【圆珠笔】	yuánzhūbǐ	위엔주비
□ 봄	【春天】	chūntiān	춘티엔
□ 봄갈이	【春耕】	chūngēng	춘겅
□ 봄철 (춘계)	【春季】	chūnjì	춘지
□ 봉건	【封建】	fēngjiàn	펑지엔
□ 봉급	【薪金】	xīnjīn	씬진
□ 봉쇄 (하다)	【封锁】	fēngsuǒ	펑쑤어
□ 봉인 (하다)	【封印】	fēngyìn	펑인
□ 봉지	【包】	bāo	바오
□ 봉투	【封套儿】	fēngtàor	펑타올
□ 봉하다	【封】	fēng	펑
□ 봉헌 (하다)	【奉献】	fèngxiàn	펑시엔
□ 봉황	【凤凰】	fènghuáng	펑후앙
□ 뵙다	【拜会】	bàihuì	빠이훼이
□ 부가 (하다)	【附加】	fùjiā	푸지아
□ 부강하다	【富强】	fùqiáng	푸치앙
□ 부결 (하다)	【否决】	fǒujué	퍼우쥐에

□ 부과　　　　　【课】kè 커

□ 부귀　　　　　【富贵】fùguì 푸궤이

□ 부근　　　　　【附近】fùjìn 푸진

□ 부글부글 끓다　【沸腾】fèiténg 페이텅

□ 부끄러워하다　【不好意思】bùhǎoyìsi 뿌하오이쓰

□ 부끄럽다　　　【羞耻】xiūchǐ 시우츠

□ 부녀　　　　　【妇女】fùnǚ 푸뉘

□ 부단히　　　　【不断】búduàn 부뚜안

□ 부담 (스럽다)　【负担】fùdān 푸단

□ 부담　　　　　【担子】dànzi 딴즈

□ 부담 (하다)　　【担负】dānfù 단푸

□ 부당 (하다)　　【不当】búdàng 부땅

□ 부대 (군대)　　【部队】bùduì 뿌뚜에이

□ 부대　　　　　【连队】liánduì 리엔뚜에이

□ 부도　　　　　【不付】bùfù 부푸

□ 부동산　　　　【不动产】bùdòngchǎn 부동찬

□ 부두　　　　　【埠头】bùtóu 뿌터우

□ 부드럽다　　　【柔软】róuruǎn 러우루안

가
나
다
라
마
바
사
아
자
차
카
타
파
하

233

부득이	【不得已】 bùdéyǐ 뿌더이
부들부들떨다	【颤抖】 chàndǒu 찬떠우
부딪치다	【撞】 zhuàng 주앙
부뚜막	【灶】 zào 자오
부랑자	【流氓】 liúmáng 리우망
부러뜨리다	【折断】 zhéduàn 저뚜안
부러지다	【折】 shé 셔
부럽다	【可羡】 kěxiàn 커시엔
부류	【属】 shǔ 수
부르다	【叫】 jiào 지아오
부르짖다	【喊叫】 hǎnjiào 한지아오
부리	【喙】 huì 훼이
부모	【父母】 fùmǔ 푸무
부문	【部门】 bùmén 뿌먼
부부	【夫妇】 fūfù 푸푸
부부간	【两口子】 liǎngkǒuzi 리앙커우즈
부분	【段】 duàn 뚜안
부분	【部分】 bùfen 뿌펀

□ 부상당하다	【负伤】	fùshāng	푸상
□ 부상자	【伤员】	shāngyuán	샹위엔
□ 부속되다	【附属】	fùshǔ	푸수
□ 부속품	【零件】	língjiàn	링지엔
□ 부수다	【打碎】	dǎsuì	따쉐이
□ 부스러기	【渣】	zhā	자
□ 부스럼	【疮】	chuāng	추앙
□ 부시다	【砸】	zá	짜
□ 부식	【副食】	fùshí	푸스
□ 부식 (하다)	【腐蚀】	fǔshí	푸스
□ 부실하다	【糟】	zāo	자오
□ 부양 (하다)	【扶养】	fúyǎng	푸양
□ 부업	【副业】	fùyè	푸예
□ 부엉이	【猫头鹰】	māotóuyīng	마오터우잉
□ 부엌	【厨房】	chúfáng	추팡
□ 부여 (하다)	【赋予】	fùyù	푸위
□ 부위	【部位】	bùwèi	뿌웨이
□ 부유하다	【富裕】	fùyù	푸위

□ 부인	【妇人】 fùrén 푸런	
□ 부인(하다)	【否认】 fǒurèn 퍼우런	
□ 부자	【富人】 fùrén 푸런	
□ 부작용	【副作用】 fùzuòyòng 푸쭈어용	
□ 부장	【部长】 bùzhǎng 뿌장	
□ 부정(하다)	【否定】 fǒudìng 퍼우띵	
□ 부족하다	【不足】 bùzú 뿌주	
□ 부주의하다	【粗心】 cūxīn 추씬	
□ 부지	【用地】 yòngdì 용띠	
□ 부지런하다	【勤】 qín 친	
□ 부차적인	【其次的】 qícìde 치츠더	
□ 부착(하다)	【附着】 fùzhuó 푸주어	
□ 부채	【扇子】 shànzi 샨즈	
□ 부처	【夫妻】 fūqī 푸치	
□ 부추기다	【挑唆】 tiǎosuō 티아오쑤어	
□ 부축(하다)	【扶】 fú 푸	
□ 부치다 (요리)	【煎】 jiān 지엔	
□ 부탁하다	【托】 tuō 투어	

□ **부패** (하다)	【腐败】 fǔbài	푸빠이
□ **부풀다**	【胀】 zhàng	장
□ **부품** (조립)	【部件】 bùjiàn	뿌지엔
□ **부피**	【体积】 tǐjī	티지
□ **부하**	【部下】 bùxià	부시아
□ **부합** (하다)	【符合】 fúhé	푸허
□ **부호**	【符号】 fúhào	푸하오
□ **부화** (하다)	【附和】 fùhè	푸허
□ **부활절**	【复活节】 fùhuójié	푸후어지에
□ **부활** (하다)	【复活】 fùhuó	푸후어
□ **부흥** (하다)	【复兴】 fùxīng	푸씽
□ **북** (쪽)	【北】 běi	베이
□ **북**	【鼓】 gǔ	구
□ **북극**	【北极】 běijí	베이지
□ **북돋우다**	【鼓起】 gǔqǐ	구치
□ **북방**	【北方】 běifāng	베이팡
□ **북부**	【北部】 běibù	베이뿌
□ **북쪽**	【北】 běi	베이

□ 분 (시간) 【分钟】 fēnzhōng 펀중

□ 분가 (하다) 【分家】 fēnjiā 펀지아

□ 분간 (하다) 【辨别】 biànbié 삐엔비에

□ 분개 (하다) 【气愤】 qìfèn 치펀

□ 분규 【纠纷】 jiūfēn 쥐펀

□ 분기 【分歧】 fēnqí 펀치

□ 분기점 【岔】 chà 차

□ 분노 (하다) 【愤怒】 fènnù 펀누

□ 분담 (하다) 【分担】 fēndān 펀딴

□ 분대 【分队】 fēnduì 펀뚜에이

□ 분량 【分量】 fènliàng 펀리앙

□ 분류 (하다) 【分类】 fēnlèi 펀레이

□ 분리 (하다) 【分离】 fēnlí 펀리

□ 분만 【分娩】 fēnmiǎn 펀미엔

□ 분말 【粉末】 fěnmò 펀모

□ 분명하다 【分明】 fēnmíng 펀밍

□ 분모 【分母】 fēnmǔ 펀무

□ 분발시키다 【振奋】 zhènfèn 전펀

□ **분배** (하다)	【分配】	fēnpèi 펀페이
□ **분별** (하다)	【分别】	fēnbié 펀비에
□ **분부** (하다)	【吩咐】	fēnfù 펀푸
□ **분분히**	【纷纷】	fēnfēn 펀펀
□ **분비** (하다)	【分泌】	fēnmì 펀미
□ **분산** (하다)	【散】	sàn 싼
□ **분석** (하다)	【分析】	fēnxī 펀시
□ **분쇄** (하다)	【粉碎】	fěnsuì 펀쒜이
□ **분수**	【分数】	fēnshù 펀수
□ **분신**	【分身】	fēnshēn 펀션
□ **분실** (하다)	【遗失】	yíshī 이스
□ **분야**	【分野】	fēnyě 펀예
□ **분업** (하다)	【分工】	fēngōng 펀공
□ **분열하다**	【分裂】	fēnliè 펀리에
□ **분위기**	【气氛】	qìfēn 치펀
□ **분유**	【奶粉】	nǎifěn 나이펀
□ **분자**	【分子】	fēnzǐ 펀즈
□ **분장** (하다)	【打扮】	dǎbàn 다빤

□ 분전(하다)	【奋战】	fènzhàn	펀잔
□ 분점	【分店】	fēndiàn	펀디엔
□ 분지	【盆地】	péndì	펀띠
□ 분출(하다)	【喷】	pēn	펀
□ 분투(하다)	【奋斗】	fèndòu	펀떠우
□ 분포(하다)	【分布】	fēnbù	펀뿌
□ 분필	【粉笔】	fěnbǐ	펀비
□ 분할(하다)	【瓜分】	guāfēn	과펀
□ 분해(하다)	【分解】	fēnjiě	펀지에
□ 불	【火】	huǒ	후어
□ 불가능	【不可能】	bùkěnéng	부커넝
□ 불결	【肮脏】	āngzang	앙짱
□ 불공평하다	【不平】	bùpíng	뿌핑
□ 불교	【佛教】	féjiào	퍼지아오
□ 불구자	【残疾】	cánjí	찬지
□ 불꽃	【火焰】	huǒyàn	후어이엔
□ 불다	【吹】	chuī	춰이
□ 불량배	【流氓】	liúmáng	리우망

240

□ 불량품	【次品】	cìpǐn 츠핀
□ 불량하다	【不良】	bùliáng 뿌리앙
□ 불륜	【不伦】	bùlún 부룬
□ 불리하다	【不利】	búlì 부리
□ 불만족하다	【不满】	bùmǎn 뿌만
□ 불면	【失眠】	shīmián 스미엔
□ 불면증	【失眠症】	shīmiánzhèng 스미엔졍
□ 불명예 (스럽다)	【不名誉】	bùmíngyù 부밍위
□ 불모지	【瞎地】	xiādì 시아디
□ 불법적이다	【不法】	bùfǎ 뿌파
□ 불변	【不变】	bùbiàn 부비엔
□ 불상	【佛像】	fóxiàng 포시앙
□ 불순하다	【不顺】	bùshùn 부순
□ 불신	【不信】	bùxìn 부씬
□ 불쌍하다	【可怜】	kělián 커리엔
□ 불안	【牢骚】	láosāo 라오싸오
□ 불안하다	【不安】	bù'ān 뿌안
□ 불운하다	【不朽】	bùxiǔ 뿌시우

□ 불치의	【不治】	bùzhì 부즈
□ 불쾌	【不愉快】	bùyúkuài 부위콰이
□ 불타다	【燃烧】	ránshāo 란샤오
□ 불편하다	【难受】	nánshòu 난셔우
□ 불평	【牢骚】	láosāo 라오싸오
□ 불행하다	【不幸】	búxìng 뿌씽
□ 불화	【不和】	bùhé 부허
□ 불황	【不景气】	bùjǐngqì 부징치
□ 불효	【不孝】	bùxiào 부시아오
□ 붉다	【红】	hóng 홍
□ 붉어지다	【变红】	biànhóng 비엔홍
□ 붉히다	【红】	hóng 홍
□ 붐비다	【拥挤】	yōngjǐ 용지
□ 붓	【毛笔】	máobǐ 마오비
□ 붓다 (물)	【涨】	zhǎng 장
□ 붓다 (피부)	【肿】	zhǒng 중
□ 붕괴되다	【崩溃】	bēngkuì 벙퀘이
□ 붕대	【绷带】	bēngdài 벙따이

242

□ **붕어** 【鲫鱼】 jìyú 지위

□ **붙다** 【着】 zhuó 주어

□ **붙이다** 【糊】 hú 후

□ **붙임성** 【人缘儿】 rényuánr 런위엘

□ **붙잡다** 【捕】 bǔ 부

□ **뷔페** 【冷餐】 lěngcān 렁찬

□ **브래지어** 【胸罩】 xiōngzhào 시옹자오

□ **브러시** 【刷】 shuā 수아

□ **브레이크** 【制动器】 zhìdòngqì 즈동치

□ **브로커** 【经纪人】 jīngjìrén 징지런

□ **블라우스** 【女衬衣】 nǚchènyī 뉘천이

□ **블라인드** 【百叶窗】 bǎiyèchuāng 바이예추앙

□ **비** 【雨】 yǔ 위

□ **비겁하다** 【胆怯】 dǎnqiè 단치에

□ **비관하다** 【悲观】 bēiguān 베이관

□ **비교(하다)** 【比较】 bǐjiào 비지아오

□ **비극** 【悲剧】 bēijù 베이쥐

□ **비기다** 【打平】 dǎpíng 다핑

243

□ 비꼬다	【讥诮】 jīqiào 지치아오	
□ 비난하다	【非难】 fēinàn 페이난	
□ 비누	【肥皂】 féizào 페이자오	
□ 비늘	【鳞】 lín 린	
□ 비닐	【塑料】 sùliào 쑤리아오	
□ 비단	【绸子】 chóuzi 처우즈	
□ 비둘기	【鸽子】 gēzi 거즈	
□ 비듬	【头皮】 tóupí 터우피	
□ 비디오	【录像】 lùxiàng 루시앙	
□ 비뚤다	【歪】 wāi 와이	
□ 비례	【比例】 bǐlì 비리	
□ 비로소	【方】 fāng 팡	
□ 비록~일지라도	【虽然】 suīrán 쉐이란	
□ 비료	【肥料】 féiliào 페이리아오	
□ 비리다	【腥】 xīng 씽	
□ 비린내	【腥气】 xīngqì 씽치	
□ 비만	【肥胖】 féipàng 페이팡	
□ 비명	【惨叫】 cǎnjiào 찬지아오	

비밀	【秘密】 mìmì 미미
비방하다	【诽谤】 fěibàng 페이빵
비법	【非法】 fēifǎ 페이파
비비다	【揉】 róu 러우
비상구	【太平门】 tàipíngmén 타이핑먼
비서	【秘书】 mìshū 미수
비서장	【秘书长】 mìshūzhǎng 미수장
비석	【碑】 bēi 베이
비스킷	【饼干】 bǐnggān 빙간
비슷하다	【相似】 xiāngsì 시앙쓰
비싸다	【贵】 guì 꿰이
비애	【悲哀】 bēi'āi 베이아이
비약하다	【飞跃】 fēiyuè 페이위에
비열하다	【卑鄙】 bēibǐ 베이비
비옥하다	【肥沃】 féiwò 페이워
비옷	【雨衣】 yǔyī 위이
비용	【费用】 fèiyòng 페이용
비우다	【空】 kōng 콩

□ 비웃다	【讥笑】	jīxiào	지시아오
□ 비유하다	【比喻】	bǐyù	비위
□ 비율	【率】	lǜ	뤼
□ 비자	【签证】	qiānzhèng	치엔정
□ 비적	【匪徒】	fěitú	페이투
□ 비정상적이다	【反常】	fǎncháng	판창
□ 비좁다	【拥挤】	yōngjǐ	용지
□ 비준(하다)	【批准】	pīzhǔn	피준
□ 비중	【比重】	bǐzhòng	비종
□ 비즈니스	【事务】	shìwù	스우
□ 비참하다	【悲惨】	bēicǎn	베이찬
□ 비추다	【照】	zhào	자오
□ 비축(하다)	【储备】	chǔbèi	추뻬이
□ 비치다	【映】	yìng	잉
□ 비키니	【比基尼】	bǐjīní	비지니
□ 비키다	【避开】	bìkāi	비카이
□ 비타민	【维生素】	wéishēngsù	웨이셩쑤
□ 비탈	【坡】	pō	포

□ 비통하다	【悲痛】	bēitòng 베이통
□ 비틀다	【捻】	niǎn 니엔
□ 비판	【批判】	pīpàn 피판
□ 비평 (하다)	【批评】	pīpíng 피핑
□ 비행기	【飞机】	fēijī 페이지
□ 비행선	【飞船】	fēichuán 페이추안
□ 비행장	【机场】	jīchǎng 지창
□ 비행 (하다)	【飞行】	fēixíng 페이씽
□ 빈곤하다	【贫困】	pínkún 핀쿤
□ 빈대	【臭虫】	chòuchóng 처우총
□ 빈말	【空话】	kōnghuà 콩화
□ 빈민	【贫民】	pínmín 핀민
□ 빈발하다	【累起】	lěiqǐ 레이치
□ 빈방	【空房】	kòngfáng 콩팡
□ 빈번하다	【频繁】	pínfán 핀판
□ 빈부	【贫富】	pínfù 핀푸
□ 빈손	【白手】	báishǒu 바이셔우
□ 빈약하다	【微弱】	wēiruò 웨이루어

□ 빈자리	【空位】 kòngwèi	콩웨이
□ 빈집	【空房子】 kòngfángzi	콩팡즈
□ 빈털터리	【穷骨头】 qiónggǔtou	치옹구터우
□ 빈틈	【空隙】 kòngxì	콩시
□ 빈혈	【贫血】 pínxuè	핀쉬에
□ 빌다	【祝】 zhù	주
□ 빌딩	【大厦】 dàshà	따샤
□ 빌리다	【借】 jiè	지에
□ 빗	【梳子】 shūzi	수즈
□ 빗다	【梳】 shū	수
□ 빗대다	【寓】 yù	위
□ 빗물	【雨水】 yǔshuǐ	위쉐이
□ 빗자루	【帚】 zhǒu	저우
□ 빙산	【冰山】 bīngshān	빙샨
□ 빙점	【冰点】 bīngdiǎn	빙디엔
□ 빙하	【冰河】 bīnghé	빙허
□ 빚	【债】 zhài	자이
□ 빚다 (손으로)	【捏】 niē	니에

248

□ 빚지다	【欠债】 qiànzhài 치엔자이	
□ 빛	【光】 guāng 광	
□ 빛나다	【放光】 fàngguāng 팡광	
□ 빛발	【光芒】 guāngmáng 광밍	
□ 빠듯하다	【紧】 jǐn 진	
□ 빠뜨리다	【落】 là 라	
□ 빠르다	【快】 kuài 콰이	
□ 빠져나가다	【外流】 wàiliú 와이리우	
□ 빠지다	【掉】 diào 띠아오	
□ 빨강	【红色】 hóngsè 홍써	
□ 빨갛다	【红】 hóng 홍	
□ 빨다	【吸】 xī 시	
□ 빨래하다	【洗衣】 xǐyī 시이	
□ 빨리	【及早】 jízǎo 지자오	
□ 빨아들이다	【吸引】 xīyǐn 시인	
□ 빵	【面包】 miànbāo 미엔바오	
□ 빻다 (절구)	【捣】 dǎo 다오	
□ 빼내다 (캐다)	【刨】 páo 파오	

□ 빼다	【拔】 bá	바
□ 빼앗다	【夺取】 duóqǔ	뚜어취
□ 빼어나다	【高出】 gāochū	가오추
□ 뺨	【面颊】 miànjiá	미엔지아
□ 뻐근하다	【酸痛】 suāntòng	쑤안통
□ 뻐꾸기	【布谷鸟】 bùgǔniǎo	부구니아오
□ 뻔뻔스럽다	【居然】 jūrán	쥐란
□ 뻔뻔하다	【赖皮】 làipí	라이피
□ 뻗다	【伸展】 shēnzhǎn	션잔
□ 뻗어나가다	【延伸】 yánshēn	이엔션
□ 뻣뻣하다	【僵】 jiāng	지앙
□ 뼈	【骨】 gǔ	구
□ 뼈다귀	【骨头】 gǔtou	구터우
□ 뽐내다	【神气】 shénqì	션치
□ 뽑다	【拔】 bá	바
□ 뽕나무	【桑树】 sāngshù	상수
□ 뾰족하다	【尖】 jiān	지엔
□ 뿌리	【根】 gēn	건

250

□ 뿌리다	【喷】 pēn 펀
□ 뿔	【角】 jiǎo 지아오
□ 뿔뿔이	【零七拉八】 língqīlābā 링치라바
□ 뿜어내다	【喷】 pēn 펀
□ 삐다	【扭伤】 niǔshāng 니우샹
□ 삐라	【传单】 chuándān 추안딴
□ 삐삐	【呼叫机】 hūjiàojī 후지아오지
□ 삐뚤어지다	【曲折】 qūzhé 취저

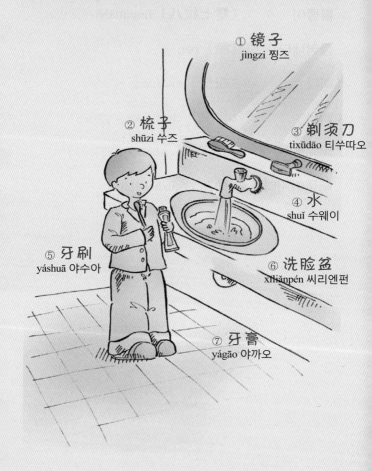

① 镜子
jìngzi 찡즈

② 梳子
shūzi 쑤즈

③ 剃须刀
tìxūdāo 티쑤따오

④ 水
shuǐ 수웨이

⑤ 牙刷
yáshuā 야수아

⑥ 洗脸盆
xǐliǎnpén 씨리엔펀

⑦ 牙膏
yágāo 야까오

① 거울 ② 빗 ③ 면도기 ④ 물 ⑤ 칫솔 ⑥ 세면대 ⑦ 치약

⑧ **毛巾**
máojīn 마오찐

⑨ **洗澡水**
xǐzǎoshuǐ
씨자오수에이

⑩ **水龙头**
shuǐlóngtóu
수에이룽터우

⑪ **肥皂**
féizào 페이짜오

⑫ **浴池**
yùchí 위츠

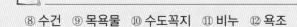

⑧ 수건　⑨ 목욕물　⑩ 수도꼭지　⑪ 비누　⑫ 욕조

□ **사**(4)　　　【四】 sì 쓰

□ **사각**　　　【四角】 sìjiǎo 쓰지아오

□ **사각**　　　【四角形】 sìjiǎoxíng 쓰지아오씽

□ **사거리**　　【十字路口】 shízìlùkǒu 스즈루커우

□ **사건**　　　【事件】 shìjiàn 스지엔

□ **사격**(하다)　【射击】 shèjī 셔지

□ **사계절**　　【四季】 sìjì 쓰지

□ **사고**　　　【事故】 shìgù 스꾸

□ **사고**(하다)　【思考】 sīkǎo 쓰카오

□ **사공**　　　【船夫】 chuánfū 추안푸

□ **사과**　　　【苹果】 píngguǒ 핑구어

□ **사과하다**　【道歉】 dàoqiàn 따오치엔

□ **사교**　　　【社交】 shèjiāo 셔지아오

□ **사귀다**　　【交】 jiāo 지아오

□ **사극**　　　【史剧】 shǐjù 스쥐

□ **사기**　　　【士气】shìqì 스치

□ **사기꾼**　　【老千】lǎoqiān 라오치엔

□ **사나이**　　【丈夫】zhàngfū 장푸

□ **사납다**　　【厉害】lìhai 리하이

□ **사냥꾼**　　【猎人】lièrén 리에런

□ **사냥**(하다)　【打猎】dǎliè 다리에

□ **사다**　　　【买】mǎi 마이

□ **사다리**　　【梯】tī 티

□ **사들이다**　【采购】cǎigòu 차이꺼우

□ **사라지다**　【消失】xiāoshī 시아오스

□ **사람들**　　【人们】rénmen 런먼

□ **사랑스럽다**　【可爱】kěài `커아이

□ **사랑**(하다)　【爱】ài 아이

□ **사령**　　　【司令】sīling 쓰링

□ **사령부**　　【司令部】sīlìngbù 쓰링뿌

□ **사례**　　　【事例】shìlì 스리

□ **사례금**　　【报酬】bàochou 빠오처우

□ **사로잡다**　【拿】ná 나

□ **사료**(역사)　　【史料】 shǐliào 스리아오

□ **사료**(가축의)　　【饲料】 sìliào 쓰리아오

□ **사리분별을 하다**　　【懂事】 dǒngshì 동스

□ **사립**　　【私立】 sīlì 스리

□ **사마귀**　　【螳螂】 tángláng 탕랑

□ **사막**　　【沙漠】 shāmò 샤모

□ **사망**(하다)　　【死亡】 sǐwáng 쓰왕

□ **사명**　　【使命】 shǐmìng 스밍

□ **사모님**　　【师母】 shīmǔ 스무

□ **사무**　　【事务】 shìwù 스우

□ **사무실**　　【办公室】 bàngōngshì 빤공스

□ **사무치다**　　【铭刻】 míngkè 밍커

□ **사물**　　【事物】 shìwù 스우

□ **사발**　　【碗】 wǎn 완

□ **사방**　　【四方】 sìfāng 쓰팡

□ **사범**　　【师范】 shīfàn 스판

□ **사법**　　【司法】 sīfǎ 스파

□ **사변**　　【事变】 shìbiàn 스삐엔

□ **사별** (하다)　　【死别】 sǐbié 쓰비에

□ **사병** (군인)　　【士兵】 shìbīng 스빙

□ **사부**　　【师傅】 shīfu 스푸

□ **사상**　　【思想】 sīxiǎng 쓰시앙

□ **사생아**　　【私生子】 sīshēngzǐ 쓰셩즈

□ **사색** (하다)　　【思索】 sīsuǒ 스쑤어

□ **사서함**　　【信柜】 xìnguì 씬꿰이

□ **사설**　　【社论】 shèlùn 셔룬

□ **사소하다**　　【细小】 xìxiǎo 시시아오

□ **사슬**　　【链】 liàn 리엔

□ **사슴**　　【鹿】 lù 루

□ **사실**　　【事实】 shìshí 스스

□ **사실의**　　【实】 shí 스

□ **사악** (하다)　　【邪】 xié 시에

□ **사양** (하다)　　【客气】 kèqi 커치

□ **사업**　　【事业】 shìyè 스예

□ **사욕**　　【私欲】 sīyù 쓰위

□ **사용자**　　【用户】 yònghshuǐ 용쉐이

□ 사용처	【用处】	yòngchù	용추
□ 사용 (하다)	【使用】	shǐyòng	스용
□ 사우나	【芬兰浴】	fēnlányù	펀란위
□ 사원	【寺】	sì	쓰
□ 사원	【社员】	shèyuán	셔위엔
□ 사위	【女婿】	nǚxù	뉘쉬
□ 사유	【思维】	sīwéi	쓰웨이
□ 사유제	【私有制】	sīyǒuzhì	쓰여우즈
□ 사유 (하다)	【私有】	sīyǒu	쓰여우
□ 사육 (하다)	【饲养】	sìyǎng	쓰양
□ 사이	【间隔】	jiāngē	지엔거
□ 사이다	【汽水】	qìshuǐ	치쉐이
□ 사이렌	【报警】	bàojǐng	바오징
□ 사이좋다	【要好】	yàohǎo	야오하오
□ 사이즈	【尺寸】	chǐcùn	츠춘
□ 사인	【暗号儿】	ànhàor	안하올
□ 사자	【狮子】	shīzi	스즈
□ 사장	【师长】	shīzhǎng	스장

□ **사적** 【事迹】 shìjì 스지

□ **사적인** 【私】 sī 쓰

□ **사전** 【词典】 cídiǎn 츠디엔

□ **사전에** 【事先】 shìxiān 스시엔

□ **사절** 【使节】 shǐjié 스지에

□ **사절**(하다) 【谢绝】 xièjué 시에쥐에

□ **사정** 【事情】 shìqing 스칭

□ **사정**(하다) 【说情】 shuōqíng 슈어칭

□ **사조** 【思潮】 sīcháo 쓰차오

□ **사지**(인체) 【四肢】 sìzhī 쓰즈

□ **사직**(하다) 【辞职】 cízhí 츠즈

□ **사진** 【照片】 zhàopiàn 자오피엔

□ **사진기** 【照像机】 zhàoxiàngjī 자오시앙지

□ **사진찍다** 【拍照】 pāizhào 파이자오

□ **사체**(시체) 【尸体】 shītǐ 스티

□ **사춘기** 【青春期】 qīngchūnqī 칭춘치

□ **사취**(하다) 【诈骗】 zhàpiàn 자피엔

□ **사치스럽다** 【奢侈】 shēchǐ 셔츠

□ **사탕수수**	【甘蔗】	gānzhè	간저
□ **사태**	【事态】	shìtài	스타이
□ **사퇴**	【辞事】	císhì	츠스
□ **사투리**	【土语】	tǔyǔ	투위
□ **사파이어**	【青玉】	qīngyù	칭위
□ **사표**	【辞呈】	cíchéng	츠청
□ **사항**	【事项】	shìxiàng	스시앙
□ **사형**	【死刑】	sǐxíng	스씽
□ **사형장**	【刑场】	xíngchǎng	씽창
□ **사형** (하다)	【处决】	chǔjué	추쥐에
□ **사회**	【社会】	shèhuì	셔훼이
□ **사회주의**	【社会主义】	shèhuìzhǔyì	셔훼이주이
□ **삭감** (하다)	【削减】	xuējiǎn	쉬에지엔
□ **삭제** (하다)	【删】	shān	샨
□ **산**	【山】	shān	샨
□ **산골**	【山沟】	shāngōu	샨거우
□ **산기슭**	【山脚】	shānjiǎo	샨지아오
□ **산꼭대기**	【山头】	shāntóu	샨터우

260

□ **산량**　　　【产量】 chǎnliàng 찬리앙

□ **산마루**　　【山脊】 shānjǐ 샨지

□ **산맥**　　　【山脉】 shānmài 샨마이

□ **산모**　　　【产妇】 chǎnfù 찬푸

□ **산문**　　　【散文】 sǎnwén 싼원

□ **산물**　　　【产物】 chǎnwù 찬우

□ **산봉우리**　【山岭】 shānlǐng 샨링

□ **산소**　　　【氧】 yǎng 양

□ **산수**　　　【山水】 shānshuǐ 샨쉐이

□ **산술**　　　【算术】 suànshù 쑤안수

□ **산실**　　　【产房】 chǎnfáng 찬팡

□ **산아제한**　【节育】 jiéyù 지에위

□ **산악**　　　【山岳】 shānyuè 샨위에

□ **산업**　　　【产业】 chǎnyè 찬예

□ **산울림**　　【山音儿】 shānyīnr 샨일

□ **산장**　　　【山庄】 shānzhuāng 샨주앙

□ **산중턱**　　【山腰】 shānyāo 샨야오

□ **산지**　　　【产地】 chǎndì 찬띠

261

□ 산책 (하다)	【散步】 sànbù 싼뿌
□ 산출되다	【出产】 chūchǎn 추찬
□ 산품	【产品】 chǎnpǐn 찬핀
□ 산하	【山河】 shānhé 산허
□ 산호초	【珊瑚】 shānhú 샨후
□ 산화 (하다)	【氧化】 yǎnghuà 양화
□ 살	【肉】 ròu 러우
□ 살갗	【皮】 pí 피
□ 살구나무	【杏】 xìng 씽
□ 살다 (거주)	【住】 zhù 주
□ 살다	【活】 huó 후어
□ 살림 (생계)	【生】 shēng 성
□ 살아나다	【复活】 fùhuó 푸후어
□ 살인	【杀人】 shārén 샤런
□ 살찌다	【胖】 pàng 팡
□ 살피다	【探望】 tànwàng 탄왕
□ 살해 (하다)	【杀害】 shāhài 샤하이
□ 삶다	【煮】 zhǔ 주

□ **삼**(3)	【三】 sān 싼
□ **삼**	【麻】 má 마
□ **삼가다**	【谨】 jǐn 진
□ **삼각**	【三角】 sānjiǎo 싼지아오
□ **삼다**	【当】 dāng 당
□ **삼림**	【森林】 sēnlín 썬린
□ **삼촌**	【叔叔】 shūshu 수수
□ **삼키다**	【吞】 tūn 툰
□ **삽**	【锹】 qiāo 치아오
□ **상**	【奖】 jiǎng 지앙
□ **상가**	【商街】 shāngjiē 샹지에
□ **상공**	【上空】 shàngkōng 샹콩
□ **상관없다**	【没关系】 méiguānxi 메이관시
□ **상금**	【赏金】 shǎngjīn 샹진
□ **상급**	【上级】 shàngjí 샹지
□ **상기하다**	【忆】 yì 이
□ **상냥하다**	【和蔼】 hé'ǎi 허아이
□ **상담**(하다)	【商谈】 shāngtán 샹탄

□ 상당하다	【折合】	zhéhé	저허
□ 상당히	【相当】	xiāngdāng	시앙당
□ 상대적이다	【相对】	xiāngduì	시앙뚜에이
□ 상대하다	【理睬】	lǐcǎi	리차이
□ 상등의	【高档】	gāodǎng	가오당
□ 상류	【上游】	shàngyóu	샹여우
□ 상륙(하다)	【登陆】	dēnglù	덩루
□ 상무	【常务】	chángwù	창우
□ 상반되다	【相反】	xiāngfǎn	시앙판
□ 상봉(하다)	【逢】	féng	펑
□ 상사	【上头】	shàngtou	샹터우
□ 상상(하다)	【想像】	xiǎngxiàng	시앙시앙
□ 상서롭다	【吉祥】	jíxiáng	지시앙
□ 상세히	【详细】	xiángxì	시앙시
□ 상소(하다)	【上诉】	shàngsù	샹쑤
□ 상속	【承继】	chéngjì	청지
□ 상순	【上旬】	shàngxún	샹쉰
□ 상술	【上述】	shàngshù	샹쑤

□ 상습	【惯常】	guàncháng 관창
□ 상승 (하다)	【上升】	shàngshēng 샹셩
□ 상시	【平时】	píngshí 핑스
□ 상식	【常识】	chángshí 창스
□ 상실 (하다)	【丧失】	sàngshī 쌍스
□ 상어	【鲨鱼】	shāyú 사위
□ 상업	【商业】	shāngyè 상예
□ 상영 (하다)	【放映】	fàngyìng 팡잉
□ 상용	【常用】	chángyòng 창용
□ 상응 (하다)	【相应】	xiāngyìng 시앙잉
□ 상의 (하다)	【商量】	shāngliang 샹리앙
□ 상인	【商人】	shāngrén 샹런
□ 상자	【箱子】	xiāngzi 시앙즈
□ 상장	【奖状】	jiǎngzhuàng 지앙주앙
□ 상점	【商店】	shāngdiàn 샹띠엔
□ 상점주인	【老板】	lǎobǎn 라오반
□ 상제 (하느님)	【上帝】	shàngdì 샹띠
□ 상징	【象征】	xiàngzhēng 시앙졍

□ 상징 (하다)	【标志】	biāozhì 비아오즈
□ 상처입다	【受伤】	shòushāng 셔우상
□ 상층	【上层】	shàngcéng 샹청
□ 상쾌 (하다)	【爽快】	shungkuài 수앙콰이
□ 상태	【状态】	zhuàngtài 주앙타이
□ 상통 (하다)	【相通】	xiāngtōng 시앙통
□ 상패	【奖牌】	jiǎngpái 지앙파이
□ 상표	【商标】	shāngbiāo 상삐아오
□ 상품	【商品】	shāngpǐn 샹핀
□ 상품 (경품)	【奖品】	jiǎngpǐn 지앙핀
□ 상하	【上下】	shàngxià 샹시아
□ 상해 (하다)	【伤害】	shānghài 샹하이
□ 상호	【相互】	xiānghù 시앙후
□ 상호이익	【互利】	hùlì 후리
□ 상환 (하다)	【偿还】	chánghuán 창환
□ 상황	【状况】	zhuàngkuàng 주앙쾅
□ 새	【鸟】	niǎo 냐오
□ 새겨넣다	【嵌】	qiàn 치엔

□ **새기다** 【刻】 kè 커

□ **새나가다** 【走漏】 zǒulòu 저우러우

□ **새다** 【漏】 lòu 러우

□ **새단어** 【生词】 shēngcí 성츠

□ **새롭다** 【新】 xīn 씬

□ **새벽** 【晓】 xiǎo 시아오

□ **새빨갛다** 【鲜红】 xiānhóng 시엔홍

□ **새색시** 【新娘】 xīnniáng 씬니앙

□ **새우** 【虾】 xiā 시아

□ **새집** 【新房】 xīnfang 씬팡

□ **새치기** 【插队】 chāduì 차뚜에이

□ **새파랗다**(비취) 【翠绿】 cuìlǜ 췌이뤼

□ **새하얗다** 【洁白】 jiébái 지에바이

□ **새해** 【新年】 xīnnián 씬니엔

□ **색깔** 【颜色】 yǎnsè 이엔써

□ **색맹** 【色盲】 sèmáng 써망

□ **색상** 【色相】 sèxiàng 써시앙

□ **색안경** 【墨镜】 mòjìng 모징

267

□ 색종이	【彩纸】	cǎizhǐ	차이즈
□ 색채	【色彩】	sècǎi	써차이
□ 샌드위치	【三明治】	sānmíngzhì	싼밍즈
□ 샌들	【凉鞋】	liángxié	리앙시에
□ 샐러드	【沙拉子】	shālāzi	샤라즈
□ 샐러리	【芹菜】	qíncài	친차이
□ 샐러리맨	【上班族】	shàngbānzú	샹반쭈
□ 샘	【泉】	quán	취엔
□ 샘내다	【羡妒】	xiàndù	시엔뚜
□ 샘솟다	【涌出】	yǒngchū	용추
□ 샘플	【样品】	yàngpǐn	양핀
□ 생각	【想法】	xiǎngfǎ	시앙파
□ 생각하다	【想】	xiǎng	시앙
□ 생강	【生姜】	shēngjiāng	성지앙
□ 생계	【生计】	shēngjì	성지
□ 생기	【发生】	fāshēng	파성
□ 생기다	【滋长】	zīzhǎng	즈장
□ 생기발랄하다	【朝气蓬勃】	zhāoqìpéngbó	자오치펑보

□ 생동하다	【生动】	shēngdòng	성똥
□ 생략하다	【省略】	shěnglüè	성뤼에
□ 생리	【生理】	shēnglǐ	성리
□ 생명	【生命】	shēngmìng	성밍
□ 생명력	【生命力】	shēngmìnglì	성밍리
□ 생물	【生物】	shēngwù	성우
□ 생사	【生死】	shēngsǐ	성쓰
□ 생산	【生产】	shēngchǎn	성찬
□ 생산력	【生产力】	shēngchǎnlì	성찬리
□ 생산율	【生产率】	shēngchǎnlǜ	성찬뤼
□ 생생하다	【有声有色】	yǒushēngyǒusè	여우성여우써
□ 생선	【鲜鱼】	xiānyú	시엔위
□ 생선회	【生鱼片儿】	shēngyúpiànr	성위피알
□ 생소하다	【生疏】	shēngshū	성수
□ 생식	【生殖】	shēngzhí	성즈
□ 생애	【生涯】	shēngyá	성야
□ 생육 (하다)	【生育】	shēngyù	성위
□ 생일	【生日】	shēngrì	성르

□ 생장 (하다)	【生长】 shēngzhǎng	성장
□ 생전	【生前】 shēngqián	성치엔
□ 생존 (하다)	【生存】 shēngcún	성춘
□ 생쥐	【小家鼠】 xiǎojiāshǔ	시아오지아수
□ 생태	【生态】 shēngtài	성타이
□ 생트집	【硬赖】 yìnglài	잉라이
□ 생화	【鲜花】 xiānhuā	시엔화
□ 생활	【生活】 shēnghuó	성후어
□ 샴페인	【香宾酒】 xiāngbīnjiǔ	시양빈지우
□ 서 (쪽)	【西】 xī	시
□ 서가	【书架】 shūjià	수지아
□ 서간	【书刊】 shūkān	수칸
□ 서거 (하다)	【逝世】 shìshì	스스
□ 서글프다	【凄凉】 qīliáng	치리앙
□ 서기 (기원)	【公元】 gōngyuán	공위엔
□ 서기	【书记】 shūjì	수지
□ 서늘하다	【凉】 liáng	리앙
□ 서다	【停】 tíng	팅

□ 서둘러　　　【赶忙】gǎnmáng 간망

□ 서랍　　　　【抽屉】chōuti 처우티

□ 서로 돕다　【互助】hùzhù 후주

□ 서류　　　　【文件】wénjiàn 원지엔

□ 서리　　　　【霜】shuāng 수앙

□ 서면　　　　【书面】shūmiàn 수미엔

□ 서명 (하다)　【签名】qiānmíng 치엔밍

□ 서방　　　　【西方】xīfāng 시팡

□ 서법　　　　【书法】shūfǎ 수파

□ 서부　　　　【西部】xībù 시뿌

□ 서북　　　　【西北】xīběi 시베이

□ 서비스　　　【服务】fúwù 푸우

□ 서설　　　　【瑞雪】ruìxuě 루이쉬에

□ 서술 (하다)　【叙述】xùshù 쉬수

□ 서신　　　　【书信】shūxìn 수씬

□ 서약 (하다)　【发誓】fāshì 파스

□ 서양　　　　【西洋】Xīyáng 시양

□ 서양음식　　【西餐】xīcān 시찬

□ 서언	【序言】 xùyán	쉬이엔
□ 서예	【书法】 shūfǎ	수파
□ 서운하다	【舍不得】 shěbudé	셔부더
□ 서재	【书斋】 shūzhāi	수자이
□ 서적	【书籍】 shūjí	수지
□ 서점	【书店】 shūdiàn	수띠엔
□ 서쪽	【西面】 xīmiàn	시미엔
□ 서커스	【马戏】 mǎxì	마시
□ 서투르다	【笨】 bèn	뻔
□ 서툴다	【笨拙】 bènzhuō	뻔주어
□ 석간	【晚报】 wǎnbào	완빠오
□ 석류	【榴】 liú	리우
□ 석방(하다)	【释放】 shìfàng	스팡
□ 석유	【石油】 shíyóu	스여우
□ 석탄	【煤】 méi	메이
□ 석회	【石灰】 shíhuī	스훼이
□ 섞다	【混合】 hùnhé	훈허
□ 선거(하다)	【选举】 xuǎnjǔ	쉬엔쥐

□ **선고** (하다) 【宣告】 xuāngào 쉬엔까오

□ **선글라스** 【墨镜】 mòjìng 모징

□ **선금** 【预付钱】 yùfùqián 위푸치엔

□ **선녀** 【仙女】 xiānnǚ 시엔뉘

□ **선동** (하다) 【鼓动】 gǔdòng 구동

□ **선두** 【头前】 tóuqián 터우치엔

□ **선량** (하다) 【善良】 shànliáng 샨리앙

□ **선로** 【线路】 xiànlù 시엔루

□ **선망하다** 【羡慕】 xiànmù 시엔무

□ **선명하다** 【鲜明】 xiānmíng 시엔밍

□ **선물** 【礼品】 lǐpǐn 리핀

□ **선박** 【船舶】 chuánbó 추안보

□ **선반기** 【车床】 chēchuáng 처추앙

□ **선발** (하다) 【选拔】 xuǎnbá 쉬엔바

□ **선배** 【前辈】 qiánbèi 치엔뻬이

□ **선봉** 【先锋】 xiānfēng 시엔펑

□ **선불** (하다) 【先付】 xiānfù 시엔푸

□ **선비** 【儒生】 rúshēng 루셩

273

□ **선생**(남자)	【先生】	xiānsheng 시엔성
□ **선생님**	【老师】	lǎoshī 라오스
□ **선서**(하다)	【宣誓】	xuānshì 쉬엔스
□ **선선하다**	【凉】	liáng 리앙
□ **선수**	【选手】	xuǎnshǒu 쉬엔셔우
□ **선악**	【善恶】	shàn'è 샨어
□ **선양하다**	【宣扬】	xuānyáng 쉬엔양
□ **선언**	【宣言】	xuānyán 쉬엔이엔
□ **선원**	【水手】	shuǐshǒu 쉐이셔우
□ **선율**	【旋律】	xuánlǜ 쉬엔뤼
□ **선인장**	【仙人掌】	xiānrénzhǎng 시엔런장
□ **선장**	【船长】	chuánzhǎng 추안장
□ **선전**(하다)	【宣传】	xuānchuán 쉬엔추안
□ **선정**(하다)	【选定】	xuǎndìng 쉬엔띵
□ **선조**	【祖先】	zǔxiān 쭈시엔
□ **선진적이다**	【先进】	xiānjìn 시엔진
□ **선집**	【选集】	xuǎnjí 쉬엔지
□ **선창**	【舱】	cāng 창

□ **선천적** 【先天的】 xiāntiānde 시엔티엔더

□ **선출** (하다) 【选】 xuǎn 쉬엔

□ **선택** 【选择】 xuǎnzé 쉬엔저

□ **선택하다** 【拣】 jiǎn 지엔

□ **선포** (하다) 【宣布】 xuānbù 쉬엔뿌

□ **선풍기** 【电扇】 diànshàn 띠엔샨

□ **선행** (하다) 【先行】 xiānxíng 시엔씽

□ **선혈** 【鲜血】 xiānxuè 시엔쉬에

□ **선후** 【先后】 xiānhòu 시엔허우

□ **섣달** 【腊月】 làyuè 라위에

□ **섣달그믐밤** 【除夕】 chúxī 추시

□ **섣불리** 【粗心地】 cūxīnde 추신더

□ **설**(춘절) 【春节】 chūnjié 춘지에

□ **설계** 【设计】 shèjì 셔지

□ **설득하다** 【劝说】 quànshūo 취엔슈어

□ **설령** 【哪怕】 nǎpà 나파

□ **설립** (하다) 【设立】 shèlì 셔리

□ **설마** 【难道】 nándào 난따오

□ 설명	【说明】 shuōmíng 슈어밍
□ 설명도	【示意图】 shìyìtú 스이투
□ 설법	【说法】 shuōfǎ 슈어파
□ 설복 (하다)	【说服】 shuōfú 슈어푸
□ 설비	【设施】 shèshī 셔스
□ 설사 (하다)	【泻】 xiè 시에
□ 설정	【设定】 shèdìng 셔딩
□ 설치 (하다)	【设置】 shèshī 셔스
□ 설탕	【糖】 táng 탕
□ 섬	【岛】 dǎo 다오
□ 섬기다	【奉养】 fèngyǎng 펑양
□ 섬멸 (하다)	【歼灭】 jiānmiè 지엔미에
□ 섬세하다	【精细】 jīngxì 징시
□ 섬유	【纤维】 xiānwéi 시엔웨이
□ 섭섭하다	【可惜】 kěxī 커시
□ 섭씨	【摄氏】 shèshì 셔스
□ 섭외	【涉外】 shèwài 셔와이
□ 섭취 (하다)	【摄取】 shèqǔ 셔취

□ 성　　　　　　　【城】 chéng 청

□ 성가시게하다　【捣乱】 dǎoluàn 다오루안

□ 성가시다　　　【麻烦】 máfan 마판

□ 성격　　　　　【性情】 xìngqíng 씽칭

□ 성공 (하다)　　【成功】 chénggōng 청공

□ 성과　　　　　【成效】 chéngxiào 청시아오

□ 성교 (하다)　　【性交】 xìngjiāo 싱지아오

□ 성급하다　　　【急于】 jíyú 지위

□ 성기　　　　　【性器】 xìngqì 싱치

□ 성내다　　　　【怒】 nù 누

□ 성냥　　　　　【火柴】 huǒchái 후어차이

□ 성년　　　　　【成年】 chéngnián 청니엔

□ 성능　　　　　【性能】 xìngnéng 씽넝

□ 성대하다　　　【盛大】 shèngdà 성따

□ 성립 (하다)　　【成立】 chénglì 청리

□ 성명　　　　　【姓名】 xìngmíng 씽밍

□ 성명 (발표)　　【声明】 shēngmíng 성밍

□ 성묘　　　　　【拜扫】 bàisǎo 바이싸오

□ 성미　　　【性情】 xìngqíng 씽칭

□ 성별　　　【性別】 xìngbié 씽비에

□ 성병　　　【性病】 xìngbìng 씽빙

□ 성분　　　【成分】 chéngfèn 청펀

□ 성서 (경)　【圣经】 shèngjīng 성징

□ 성수기　　【旺季】 wàngjì 왕지

□ 성숙하다　【成熟】 chéngshú 청수

□ 성스럽다　【神圣】 shénshèng 선성

□ 성실하다　【诚实】 chéngshí 청스

□ 성심성의　【诚心诚意】 chéngxīnchéngyì
　　　　　　　　　　　　 청씬청이

□ 성씨　　　【姓】 xìng 씽

□ 성악　　　【声乐】 shēngyuè 성위에

□ 성어　　　【成语】 chéngyǔ 청위

□ 성역　　　【圣地】 shèngdì 성디

□ 성욕　　　【性欲】 xìngyù 씽위

□ 성우　　　【配音员】 pèiyīnyuán 페이인위엔

□ 성원　　　【成员】 chéngyuán 청위엔

□ 성의　　　【诚意】 chéngyì 청이

278

□ 성인 　　　　【成人】 chéngrén 청런

□ 성인남자 　　　【丁】 dīng 딩

□ 성장하다(추상적) 【滋长】 zīzhǎng 즈장

□ 성적 　　　　【成绩】 chéngjì 청지

□ 성조 　　　　【声调】 shēngdiào 성띠아오

□ 성질 　　　　【性质】 xìngzhì 씽즈

□ 성채 　　　　【城寨】 chéngzhài 청자이

□ 성취 　　　　【成就】 chéngjiù 청지우

□ 성탄절 　　　【圣诞节】 shèngdànjié 성딴지에

□ 성패 　　　　【成败】 chéngbài 청바이

□ 성행 (하다) 　　【盛行】 shèngxíng 성씽

□ 세계 　　　　【世界】 shìjiè 스지에

□ 세계관 　　　【世界观】 shìjièguān 스지에관

□ 세관 　　　　【海关】 háiguān 하이관

□ 세균 　　　　【细菌】 xìjūn 씨쥔

□ 세금 　　　　【税】 shuì 쉐이

□ 세기 　　　　【世纪】 shìjì 스지

□ 세기다 　　　【刻】 kè 커

□ 세뇌(하다)	【洗脑】	xǐnǎo 시나오
□ 세다	【数】	shǔ 수
□ 세대	【世代】	shìdài 스따이
□ 세대	【户】	hù 후
□ 세력	【势力】	shìlì 스리
□ 세련	【洗练】	xǐliàn 시리엔
□ 세례	【洗礼】	xǐlǐ 시리
□ 세로	【纵】	zòng 종
□ 세모	【三角】	sānjiǎo 싼지아오
□ 세밀하다	【细致】	xìzhì 씨즈
□ 세상	【世上】	shìshàng 스샹
□ 세속	【世俗】	shìsú 스쑤
□ 세수	【税收】	shuìshōu 쉐이셔우
□ 세숫대야	【脸盆】	liǎnpén 리엔펀
□ 세숫비누	【香皂】	xiāngzào 시앙자오
□ 세심하다	【细心】	xìxīn 시씬
□ 세우다	【立】	lì 리
□ 세월	【岁月】	suìyuè 쉐이위에

□ 세정 (하다)　　【洗涤】 xǐdí 시디

□ 세제　　【洗涤剂】 xǐdíjì 시디지

□ 세주다　　【出租】 chūzū 추쭈

□ 세차　　【洗车】 xǐchē 시처

□ 세탁기　　【洗衣机】 xǐyījī 시이지

□ 세탁 (하다)　　【洗濯】 xǐzhuó 시주어

□ 세태　　【世态】 shìtài 스타이

□ 세트　　【组】 zǔ 쭈

□ 세포　　【细胞】 xìbāo 시바오

□ 센티미터　　【公分】 gōngfēn 공펀

□ 센티미터　　【厘米】 límǐ 리미

□ 셀프　　【自我服务】 zìwǒfúwù 즈워푸우

□ 셋집　　【租房】 zūfáng 쭈팡

□ 셋째　　【丙】 bǐng 빙

□ 셔츠　　【衬衫】 chènshān 천샨

□ 셔터　　【快门】 kuàimén 콰이먼

□ 소　　【牛】 niú 니우

□ 소개　　【介绍】 jièshào 지에샤오

□ 소굴	【穴】	xué 쉬에
□ 소굴	【窝】	wō 워
□ 소극적이다	【消极】	xiāojí 시아오지
□ 소금	【盐】	yán 이엔
□ 소나기	【雷雨】	léiyǔ 레이위
□ 소나무	【松树】	sōngshù 쏭수
□ 소녀	【少女】	shàonǚ 샤오뉘
□ 소년	【少年】	shàonián 샤오니엔
□ 소독(하다)	【消毒】	xiāodú 시아오두
□ 소동	【骚动】	sāodòng 싸오동
□ 소득	【所得】	suǒdé 쑤어더
□ 소득세	【所得税】	suǒdéshuì 쑤어더쉐이
□ 소라	【海螺】	hǎiluó 하이루어
□ 소량	【少量】	shǎoliàng 샤오리앙
□ 소리	【声音】	shēngyīn 셩인
□ 소망	【愿望】	yuànwàng 위엔왕
□ 소매	【袖子】	xiùzi 시우즈
□ 소매치기	【扒手】	páshǒu 파셔우

□ 소매 (하다)	【零售】	língshòu 링셔우
□ 소멸 (하다)	【消灭】	xiāomiè 시아오미에
□ 소모 (하다)	【消耗】	xiāohào 시아오하오
□ 소모되다	【损耗】	sǔnhào 쑨하오
□ 소모품	【消耗品】	xiāohàopǐn 시아오하오핀
□ 소문	【传言】	chuányán 추안이엔
□ 소박하다	【朴素】	pǔsù 푸쑤
□ 소변	【小便】	xiǎobiàn 시아오삐엔
□ 소비 (하다)	【消耗】	xiāohào 시아오하오
□ 소상하다	【详细】	xiángxì 시앙시
□ 소생 (하다)	【苏醒】	sūxǐng 수씽
□ 소설	【小说】	xiǎoshuō 시아오슈어
□ 소속	【所属】	suǒshǔ 쑤어수
□ 소송 (하다)	【诉讼】	sùsòng 쑤쏭
□ 소수	【小数】	xiǎoshù 시아오수
□ 소수점	【小数点】	xiǎoshùdiǎn 시아오수디엔
□ 소스	【沙司】	shāsī 샤쓰
□ 소시지	【香肠】	xiāngcháng 시앙창

□ 소식	【信息】	xìnxī 씬시
□ 소신	【信念】	xìnniàn 씬니엔
□ 소실되다	【消】	xiāo 시아오
□ 소아	【小儿】	xiǎo'ér 시아오얼
□ 소용돌이	【水涡儿】	shuǐwōr 쉐이월
□ 소원	【愿望】	yuànwàng 위엔왕
□ 소유권	【所有权】	suǒyǒuqián 쑤어여우치엔
□ 소유제	【所有制】	suǒyǒuzhì 쑤어여우즈
□ 소유주	【主】	zhǔ 주
□ 소유(하다)	【所有】	suǒyǒu 쑤어여우
□ 소음	【噪音】	zàoyīn 자오인
□ 소일(하다)	【消遣】	xiāoqiǎn 시아오치엔
□ 소재지	【所在】	suǒzài 쑤어자이
□ 소저(아가씨)	【小姐】	xiǎojie 시아오지에
□ 소주	【白酒】	báijiǔ 바이지우
□ 소중하다	【可贵】	kěguì 커꿰이
□ 소지품	【携带品】	xiédàipǐn 시에따이핀
□ 소질	【素质】	sùzhì 쑤즈

□ **소집** (하다) 【召集】 zhàojí 자오지

□ **소택** (늪과 못) 【沼泽】 zhǎozé 자오저

□ **소통** (하다) 【沟通】 gōutōng 거우퉁

□ **소파** 【沙发】 shāfā 샤파

□ **소포** 【小包儿】 xiǎobāor 시아오바올

□ **소풍** 【郊游】 jiāoyóu 지아오여우

□ **소프라노** 【女高音】 nǚgāoyīn 뉘가오인

□ **소프트웨어** 【软件】 ruǎnjiàn 루안지엔

□ **소학** (초등) 【小学】 xiǎoxué 시아오쉬에

□ **소학생** 【小学生】 xiǎoxuéshēng 시아오쉬에성

□ **소형** 【小型】 xiǎoxíng 시아오씽

□ **소형버스** 【面包车】 miànbāochē 미엔바오처

□ **소홀하다** 【马虎】 mǎhū 마후

□ **소홀히 하다** 【忽略】 hūlüè 후뤼에

□ **소화** (하다) 【消化】 xiāohuà 시아오화

□ **속** 【中】 zhōng 중

□ **속눈썹** 【眼睫毛】 yǎnjiémáo 이엔지에마오

□ **속다** 【上当】 shàngdàng 샹땅

285

□ 속담	【谜语】	míyǔ 미위
□ 속도	【速度】	sùdù 쑤뚜
□ 속마음	【心眼儿】	xīnyǎnr 씬이엘
□ 속물	【俗骨】	súgǔ 쑤구
□ 속박 (하다)	【束缚】	shùfù 수푸
□ 속삭이다	【喳喳】	chācha 차차
□ 속성	【速成】	sùchéng 쑤청
□ 속세	【俗间】	sújiān 쑤지엔
□ 속셈	【用意】	yòngyì 용이
□ 속어	【俗话】	súhuà 수화
□ 속옷	【内衣】	nèiyī 네이이
□ 속이다	【伪诈】	wěizhà 웨이자
□ 속임수	【把戏】	bǎxì 바시
□ 속치마	【衬裙】	chènqún 천춴
□ 속하다	【属于】	shǔyú 수위
□ 손	【手】	shǒu 셔우
□ 손가락	【手指】	shǒuzhǐ 셔우즈
□ 손녀	【孙女】	sūnnǔ 쑨뉘

286

□ 손님	【客人】	kèrén 커런
□ 손대다	【动手】	dòngshǒu 똥셔우
□ 손등	【手背】	shǒubèi 셔우베이
□ 손목	【手腕子】	shǒuwànzi 셔우완즈
□ 손목시계	【手表】	shǒubiǎo 셔우비아오
□ 손바닥	【掌】	zhǎng 장
□ 손상	【损耗】	sǔnhào 쑨하오
□ 손상되다	【损伤】	sǔnshāng 쑨샹
□ 손상시키다	【败坏】	bàihuài 빠이화이
□ 손수	【亲手】	qīnshǒu 친셔우
□ 손수건	【手绢】	shǒujuàn 셔우쥐엔
□ 손쉽다	【便当】	biàndang 비엔당
□ 손실	【损失】	sǔnshī 쑨스
□ 손자	【孙子】	sūnzi 쑨즈
□ 손잡이	【把柄】	bǎbǐng 바빙
□ 손잡이	【把手】	bǎshou 바셔우
□ 손전등	【手电筒】	shǒudiàntǒng 셔우띠엔통
□ 손질 (하다)	【修理】	xiūlǐ 시우리

287

□ 손짓	【手势】	shǒushì	셔우스
□ 손짓하다	【招】	zhāo	자오
□ 손톱	【指甲】	zhǐjia	즈지아
□ 손톱깎이	【指甲钳】	zhǐjiaqián	즈지아치엔
□ 손해	【害处】	hàichù	하이추
□ 손해보다	【损害】	sǔnhài	쑨하이
□ 솔	【刷子】	shuāzi	수아즈
□ 솔선수범하다	【带头】	dàitóu	따이터우
□ 솜	【棉花】	miánhua	미엔화
□ 솜씨	【手艺】	shǒuyì	셔우이
□ 솜옷	【棉衣】	miányī	미엔이
□ 솟구치다 (물이)	【激】	jī	지
□ 솟아나다	【冒出】	màochū	마오추
□ 송곳	【钻子】	zuànzi	쭈안즈
□ 송곳니	【犬牙】	quǎnyá	취엔야
□ 송금 (하다)	【汇款】	huìkuǎn	훼이콴
□ 송년	【送旧年】	sòngjiùnián	쏭지우니엔
□ 송별회	【欢送会】	huānsònghuì	환쏭훼이

□ **송아지**　　【小牛】 xiǎoniú 시아오니우

□ **송이**　　　【朵】 duǒ 뚜어

□ **송장**(전표)　【发票】 fāpiào 파피아오

□ **송충이**　　【松毛虫】 sōngmáochóng 쏭마오총

□ **솥**　　　　【锅】 guō 구어

□ **쇠**　　　　【铁】 tiě 티에

□ **쇠고기**　　【牛肉】 niúròu 니우러우

□ **쇠사슬**　　【链子】 liànzi 리엔즈

□ **쇠약하다**　【衰弱】 shuāiruò 수아이루어

□ **쇠약해지다**　【减弱】 jiǎnruò 지엔루어

□ **쇠퇴하다**　【衰退】 shuāituì 수아이퉤이

□ **쇼크**　　　【冲撞】 chōngzhuàng 총주앙

□ **쇼핑**　　　【买东西】 mǎidōngxi 마이동시

□ **수**　　　　【数】 shù 수

□ **수건**　　　【手巾】 shǒujīn 셔우진

□ **수고하다**　【劳苦】 láokǔ 라오쿠

□ **수공**　　　【手工】 shǒugōng 셔우공

□ **수긍**(하다)　【首肯】 shǒukěn 셔우컨

□ 수난　　　【受难】shòunàn 셔우난

□ 수놓다　　【绣】xiù 시우

□ 수뇌　　　【首脑】shǒunǎo 셔우나오

□ 수다떨다　【唠叨】láodao 라오따오

□ 수다쟁이　【杂嘴子】zázuǐzi 자쮀이즈

□ 수단　　　【手段】shǒuduàn 셔우뚜안

□ 수달　　　【水獭】shuǐtǎ 쉐이타

□ 수당　　　【津贴】jīntiē 진티에

□ 수도　　　【首都】shǒudū 셔우두

□ 수도꼭지　【龙头】lóngtóu 롱터우

□ 수돗물　　【自来水】zìláishuǐ 즈라이쉐이

□ 수량　　　【数量】shùliàng 수리앙

□ 수렁　　　【泥沼】nízhǎo 니자오

□ 수레바퀴　【车轮子】chēlúnzi 처룬즈

□ 수려하다　【秀丽】xiùlì 시우리

□ 수력　　　【水力】shuǐlì 쉐이리

□ 수렵　　　【狩猎】shòuliè 셔우리에

□ 수령　　　【领袖】lǐngxiù 링시우

290

□ 수로	【航道】	hángdào 항따오
□ 수뢰 (하다)	【贿赂】	huìluè 훼이뤼에
□ 수류탄	【手榴弹】	shǒuliúdàn 셔우리우딴
□ 수리 (공사)	【水利】	shuǐlì 쉐이리
□ 수리 (하다)	【修理】	xiūlǐ 시우리
□ 수림	【树林】	shùlín 수린
□ 수립 (하다)	【树立】	shùlì 수리
□ 수면	【睡眠】	shuìmián 쉐이미엔
□ 수명	【寿命】	shòumìng 셔우밍
□ 수목	【树木】	shùmù 수무
□ 수문	【闸】	zhá 자
□ 수박	【西瓜】	xīguā 시과
□ 수배	【通缉】	tōngjī 통지
□ 수법	【手法】	shǒufǎ 셔우파
□ 수분	【水分】	shuǐfèn 쉐이펀
□ 수비 (하다)	【防守】	fángshǒu 팡셔우
□ 수사 (하다)	【搜索】	sōusuǒ 써우쑤어
□ 수산물	【水产】	shuǐchǎn 쉐이찬

□ 수상　　　　【首相】 shǒuxiàng 셔우시앙

□ 수색 (하다)　　【搜索】 sōusuǒ 써우쑤어

□ 수석 (首席)　　【第一名】 dìyīmíng 띠이밍

□ 수선　　　　【修缮】 xiūshàn 시우샨

□ 수세미　　　【刷帚】 shuāzhǒu 수아저우

□ 수소　　　　【氢】 qīng 칭

□ 수속　　　　【手续】 shǒuxù 셔우쉬

□ 수송 (하다)　　【输送】 shūsòng 수쏭

□ 수수　　　　【高粱】 gāoliang 가오리앙

□ 수수께끼　　【谜语】 míyǔ 미위

□ 수수료　　　【费】 fèi 페이

□ 수수하다　　【无华】 wúhuá 우화

□ 수술　　　　【手术】 shǒushù 셔우수

□ 수습 (하다)　　【收拾】 shōushi 셔우스

□ 수시로　　　【随时】 suíshí 쒜이스

□ 수신인　　　【收信人】 shōuxìnrén 셔우씬런

□ 수양 (하다)　　【修养】 xiūyǎng 시우양

□ 수업　　　　【课】 kē 커

□ **수업** (하다) 　【讲课】 jiǎngkè 지앙커

□ **수여** (하다) 　【授予】 shòuyǔ 셔우위

□ **수염** 　【胡子】 húzi 후즈

□ **수영복** 　【泳服】 yǒngfú 용푸

□ **수영장** 　【游泳池】 yóuyǒngchí 여우용츠

□ **수영** (하다) 　【游泳】 yóuyǒng 여우용

□ **수예** 　【手艺】 shǒuyì 셔우이

□ **수완** 　【手腕儿】 shǒuwànr 셔우왈

□ **수요** 　【需求】 xūqiú 쉬치우

□ **수요일** 　【星期三】 xīngqīsān 씽치싼

□ **수요** (하다) 　【需要】 xūyào 쉬야오

□ **수용** (하다) 　【容】 róng 롱

□ **수원** 　【水源】 shuǐyuán 쉐이위엔

□ **수월** (하다) 　【轻松】 qīngsōng 칭쏭

□ **수위** 　【守卫】 shǒuwèi 셔우웨이

□ **수은** 　【汞】 gǒng 공

□ **수익** 　【收益】 shōuyì 셔우이

□ **수입** 　【收入】 shōurù 셔우루

□ **수입** (하다)   【输入】 shūrù 수루

□ **수작**   【把戏】 bǎxì 바시

□ **수재**   【水灾】 shuǐzāi 쉐이자이

□ **수저**   【箸匙】 zhùchí 주츠

□ **수정하다** (계획)   【修订】 xiūdìng 시우띵

□ **수정** (하다)   【修正】 xiūzhèng 시우정

□ **수족관**   【水族馆】 shuǐzúguǎn 쉐이주관

□ **수준**   【水平】 shuǐpíng 쉐이핑

□ **수줍어하다**   【害羞】 hàixiù 하이시우

□ **수증기**   【水蒸气】 shuǐzhēngqì 쉐이정치

□ **수지**   【收支】 shōuzhī 셔우즈

□ **수지맞다**   【合算】 hésuàn 허쑤안

□ **수직**   【垂直】 chuízhí 쉐이즈

□ **수집** (하다)   【收集】 shōují 셔우지

□ **수채화**   【水彩画】 shuǐcǎihuà 쉐이차이후아

□ **수척하다**   【单瘦】 dānshòu 단셔우

□ **수첩**   【字本儿】 zìběnr 즈뻘

□ **수축** (하다)   【收缩】 shōusuō 셔우쑤어

294

□ 수출 (하다)	【输出】 shūchū 수추	가
□ 수취인	【收件人】 shōujiànrén 셔우지엔런	나
□ 수치스럽다	【羞耻】 xiūchǐ 시우츠	
□ 수컷의	【雄】 xióng 시옹	다
□ 수탈 (하다)	【掠夺】 lüèduó 뤼에뚜어	라
□ 수토	【水土】 shuǐtǔ 쉐이투	
□ 수평선	【天际线】 tiānjìxiàn 티엔지시엔	마
□ 수포	【水泡】 shuǐpào 쉐이파오	바
□ 수표	【支票】 zhīpiào 즈피아오	사
□ 수프	【羹汤】 gēngtāng 겅탕	아
□ 수필	【随笔】 suíbǐ 쉐이비	
□ 수학	【数学】 shùxué 수쉬에	자
□ 수행	【修行】 xiūxíng 시우싱	차
□ 수험	【应考】 yìngkǎo 잉카오	카
□ 수혈	【输血】 shūxuè 수쉬에	타
□ 수확 (하다)	【收成】 shōucheng 셔우청	파
□ 숙고 (하다)	【沉思】 chénsī 천쓰	하
□ 숙녀	【淑女】 shūnǚ 수뉘	

□ 숙련하다　　【熟练】 shúliàn 수리엔

□ 숙명　　　　【宿命】 sùmìng 쑤밍

□ 숙모　　　　【婶子】 shěnzi 션즈

□ 숙박　　　　【住宿】 zhùsù 주쑤

□ 숙사　　　　【宿舍】 sùshè 쑤셔

□ 숙성하다　　【熟】 shú 수

□ 숙어　　　　【熟语】 shúyǔ 수위

□ 숙이다　　　【俯】 fǔ 푸

□ 숙제　　　　【作业】 zuòyè 쭈어예

□ 숙직　　　　【值夜班】 zhíyèbān 즈예반

□ 숙청(하다)　　【肃清】 sùqīng 쑤칭

□ 순간　　　　【刹那】 chànà 차나

□ 순결(하다)　　【纯洁】 chúnjié 춘지에

□ 순리　　　　【顺理】 shùnlǐ 순리

□ 순서　　　　【次序】 cìxù 츠쉬

□ 순수하다　　【纯粹】 chúncuì 춘췌이

□ 순식간에　　【眼看】 yǎnkàn 이엔칸

□ 순정　　　　【纯情】 chúnqíng 춘칭

□ 순조롭다	【順手】 shùnshǒu 순셔우	
□ 순찰(하다)	【巡逻】 xúnluó 쉰루어	
□ 순탄하다	【通顺】 tōngshùn 통순	
□ 순하다	【温柔】 wēnróu 원러우	
□ 순환(하다)	【循环】 xúnhuán 쉰후안	
□ 숟가락	【勺子】 sháozi 사오즈	
□ 술	【酒】 jiǔ 지우	
□ 술잔	【酒杯】 jiǔbēi 지우베이	
□ 술집	【酒店】 jiǔdiàn 지우띠엔	
□ 숨	【气息】 qìxī 치시	
□ 숨다	【藏】 cáng 창	
□ 숨막히다	【闷】 mèn 먼	
□ 숨바꼭질	【捉迷藏】 zhuōmícáng 주어미창	
□ 숨차다	【喘】 chuǎn 추안	
□ 숫자	【数字】 shùzi 수즈	
□ 숭고하다	【崇高】 chónggāo 총가오	
□ 숭배(하다)	【崇拜】 chóngbài 총빠이	
□ 숭어	【鲻】 zī 즈	

□ 숯	【炭】 tàn	탄
□ 숲	【树丛】 shùcóng	수총
□ 쉬다	【休息】 xiūxi	시우시
□ 쉽다	【容易】 róngyì	롱이
□ 쉽사리	【轻易】 qīngyì	칭이
□ 슈퍼마켓	【超市】 chāoshì	차오스
□ 스낵	【快餐】 kuàicān	콰이찬
□ 스님	【和尚】 héshàng	허샹
□ 스며들다	【沁润】 qìnrùn	친룬
□ 스스로	【自行】 zìxíng	쯔씽
□ 스승	【师】 shī	스
□ 스웨터	【毛衣】 máoyī	마오이
□ 스위치	【开关】 kāiguān	카이관
□ 스카프	【围巾】 wéijīn	웨이진
□ 스캔들	【丑闻】 chǒuwén	처우원
□ 스커트	【裙子】 qúnzi	췬즈
□ 스케이트	【冰鞋】 bīngxié	빙시에
□ 스케이팅	【滑冰】 huábīng	화빙

스케줄	【日程】 rìchéng 르청
스케치	【草图】 cǎotú 차오투
스크린	【银幕】 yínmù 인무
스키타다	【滑雪】 huáxuě 화쉬에
스타	【星】 xīng 씽
스타일	【样式】 yàngshì 양스
스타킹	【女袜】 nǚwà 뉘와
스탠드	【看台】 kàntái 칸타이
스탬프	【戳儿】 chuōr 추얼
스텝	【脚步】 jiǎobù 지아오부
스토브	【炉】 lú 루
스톱	【停止】 tíngzhǐ 팅즈
스튜디오	【摄影棚】 shèyǐngpéng 셔잉펑
스튜어디스	【空姐】 kōngjiě 콩지에
스트레스	【疲劳】 píláo 피라오
스팀	【蒸气】 zhēngqì 정치
스파이	【特务】 tèwu 터우
스포츠	【运动】 yùndòng 윈동

□ 스푼	【匙】 chí 츠	
□ 스프레이	【喷雾器】 pēnwùqì 펀우치	
□ 스프링	【弹簧】 tánhuáng 탄후앙	
□ 슬기롭다	【机智】 jīzhì 지즈	
□ 슬라이드	【幻灯】 huàndēng 환덩	
□ 슬럼프	【不顺调】 bùshùndiào 부순띠아오	
□ 슬로건	【标语】 biāoyǔ 비아오위	
□ 슬리퍼	【拖鞋】 tuōxié 투어시에	
□ 슬며시	【暗暗】 àn'àn 안안	
□ 슬퍼하다	【伤心】 shāngxīn 샹씬	
□ 슬프다	【悲哀】 bēi'āi 베이아이	
□ 습격 (하다)	【袭击】 xíjī 시지	
□ 습관	【习惯】 xíguàn 시꽌	
□ 습기 (차다)	【潮湿】 cháoshī 차오스	
□ 습도	【湿度】 shīdù 스뚜	
□ 습성	【习性】 xíxìng 시씽	
□ 습속	【习俗】 xísú 시쑤	
□ 습하다	【湿】 shī 스	

□ 승강기	【提升机】	tíshēngjī 티성지
□ 승객	【乘客】	chéngkè 청커
□ 승격	【升格】	shēnggé 성거
□ 승낙 (하다)	【许】	xǔ 쉬
□ 승려	【僧侣】	sēnglǚ 썽뤼
□ 승리 (하다)	【胜利】	shènglì 성리
□ 승마	【骑马】	qímǎ 치마
□ 승무원	【乘务员】	chéngwùyuán 청우위엔
□ 승부	【高低】	gāodī 가오디
□ 승산	【胜算】	shèngsuàn 성쑤안
□ 승용차	【轿车】	jiàochē 지아오처
□ 승인 (하다)	【承认】	chéngrèn 청런
□ 승진시키다	【升】	shēng 성
□ 승진 (하다)	【晋升】	jìnshēng 진성
□ 승차	【坐车】	zuòchē 쭈어처
□ 시 (시가)	【诗】	shī 스
□ 시 (시간)	【点钟】	diǎnzhōng 디엔중
□ 시가	【诗歌】	shīgē 스거

301

□ **시각**	【视觉】 shìjué 스쥐에
□ **시각**	【钟点】 zhōngdiǎn 중디엔
□ **시간**	【时间】 shíjiān 스지엔
□ **시계**	【钟表】 zhōngbiǎo 중비아오
□ **시골**	【乡下】 xiāngxia 시앙시아
□ **시공**(하다)	【施工】 shīgōng 스공
□ **시금치**	【菠菜】 bōcài 보차이
□ **시기**	【时期】 shíqī 스치
□ **시기하다**	【嫉妒】 jídù 지뚜
□ **시끄럽다**	【吵】 chǎo 차오
□ **시나리오**	【台本】 táiběn 타이번
□ **시내**	【市内】 shìnèi 스네이
□ **시늉**	【假装】 jiǎzhuāng 지아주앙
□ **시다**	【酸】 suān 쑤안
□ **시대**	【时代】 shídài 스따이
□ **시도**(하다)	【试图】 shìtú 스투
□ **시들다**	【枯】 kū 쿠
□ **시력**	【视力】 shìlì 스리

□ **시련** 【试炼】 shìliàn 스리엔

□ **시리즈** 【系列】 xìliè 시리에

□ **시멘트** 【水泥】 shuǐní 쉐이니

□ **시민** 【市民】 shìmín 스민

□ **시민용** 【民用】 mínyòng 민용

□ **시범**(하다) 【示范】 shìfàn 스판

□ **시비** 【是非】 shìfēi 스페이

□ **시사** 【时事】 shíshì 스스

□ **시사회** 【试映会】 shìyìnghuì 스잉훼이

□ **시선** 【视线】 shìxiàn 스시엔

□ **시설** 【设施】 shèshī 셔스

□ **시소** 【跷跷板】 qiāoqiāobǎn
치아오치아오반

□ **시속** 【时速】 shísù 스쑤

□ **시스템** 【系统】 xìtǒng 시퉁

□ **시시하다** 【些来小去】 xiēláixiǎoqù
시에라이시아오취

□ **시식**(하다) 【品尝】 pǐncháng 핀창

□ **시아버지** 【公公】 gōnggong 꽁공

□ **시야** 【视野】 shìyě 스예

303

□ 시어머니	【婆婆】	pópo 포포
□ 시외	【城外】	chéngwài 청와이
□ 시원스럽다	【快】	kuài 콰이
□ 시원하다	【凉快】	liángkuài 리앙콰이
□ 시위(하다)	【示威】	shìwēi 스웨이
□ 시인	【诗人】	shīrén 스런
□ 시작(하다)	【开始】	kāishǐ 카이스
□ 시장	【市场】	shìchǎng 스창
□ 시장	【市长】	shìzhǎng 스장
□ 시절	【时节】	shíjié 스지에
□ 시종	【始终】	shǐzhōng 스중
□ 시종일관	【自始至终】	zìshǐzhìzhōng 쯔스즈중
□ 시중들다	【伺候】	cìhou 츠허우
□ 시즌	【季节】	jìjié 지지에
□ 시집가다	【嫁】	jià 지아
□ 시찰(하다)	【视察】	shìchá 스차
□ 시체	【遗体】	yítǐ 이티
□ 시초	【开头】	kāitóu 카이터우

304

□ **시큼하다**　　【酸】suān 쑤안

□ **시키다**　　【使】shǐ 스

□ **시트**　　【床单】chuángdān 추앙딴

□ **시합**(하다)　　【比赛】bǐsài 비싸이

□ **시행**(하다)　　【施行】shīxíng 스씽

□ **시험**　　【试验】shìyàn 스이엔

□ **시험**(시련)　　【考验】kǎoyàn 카오이엔

□ **시험지**　　【试卷】shìjuàn 스쮜엔

□ **시험**(하다)　　【试】shì 스

□ **식견**　　【目光】mùguāng 무광

□ **식기**　　【餐具】cānjù 찬쥐

□ **식다**　　【凉】liáng 리앙

□ **식당**　　【餐厅】cāntīng 찬팅

□ **식량**　　【粮食】liáng·shi 리앙스

□ **식료품**　　【食料品】shíliàopǐn 스리아오핀

□ **식물**　　【植物】zhíwù 즈우

□ **식민지**　　【殖民地】zhímíndì 즈민띠

□ **식별**(하다)　　【识别】shíbié 스비에

□ **식사**(하다) 【就餐】 jiùcān 지우찬

□ **식욕** 【食欲】 shíyù 스위

□ **식용**(하다) 【食用】 shíyòng 스용

□ **식중독** 【食物中毒】 shíwùzhòngdú 스우중뚜

□ **식초** 【醋】 cù 추

□ **식칼** 【厨刀】 chúdāo 추따오

□ **식탁** 【餐台】 cāntái 찬타이

□ **식품** 【食品】 shípǐn 스핀

□ **식히다** 【凉】 liàng 리앙

□ **신** 【神】 shén 션

□ **신간** 【新刊】 xīnkān 씬칸

□ **신경** 【神经】 shénjīng 션징

□ **신기하다** 【神奇】 shénqí 션치

□ **신나다** 【带劲】 dàijìn 따이진

□ **신념** 【信念】 xìnniàn 씬니엔

□ **신다** 【穿】 chuān 추안

□ **신랄하다** 【辛辣】 xīnlà 씬라

□ **신랑** 【新郎】 xīnláng 씬랑

□ **신뢰** (하다)　　【信赖】 xìnlài 씬라이

□ **신문**　　　　　【报】 bào 빠오

□ **신문사**　　　　【报社】 bàoshè 빠오셔

□ **신문지**　　　　【报纸】 bàozhǐ 빠오즈

□ **신발**　　　　　【鞋】 xié 시에

□ **신변**　　　　　【身边】 shēnbiān 션비엔

□ **신병**　　　　　【人身】 rénshén 런션

□ **신봉** (하다)　　【奉行】 fèngxíng 펑씽

□ **신분**　　　　　【身分】 shēnfen 션펀

□ **신비하다**　　　【神秘】 shénmì 션미

□ **신사**　　　　　【绅士】 shēnshì 션스

□ **신생아**　　　　【赤子】 chìzǐ 츠즈

□ **신선**　　　　　【神仙】 shénxiān 션시엔

□ **신선하다**　　　【新鲜】 xīnxiān 씬시엔

□ **신설**　　　　　【新设】 xīnshè 씬셔

□ **신성하다**　　　【神圣】 shénshèng 션성

□ **신속히**　　　　【迅速】 xùnsù 쉰쑤

□ **신식**　　　　　【新式】 xīnshì 씬스

□ 신신당부하다	【叮嘱】	dīngzhǔ 딩주
□ 신앙	【信仰】	xìnyǎng 씬양
□ 신용	【信用】	xìnyòng 씬용
□ 신원	【来历】	láilì 라이리
□ 신음소리	【哼】	hēng 헝
□ 신음하다	【呻吟】	shēnyín 션인
□ 신인	【新人】	xīnrén 씬런
□ 신임	【信任】	xìnrèn 씬런
□ 신입생	【新生】	xīnshēng 씬셩
□ 신장염	【肾炎】	shènyán 션이엔
□ 신중하다	【慎重】	shènzhòng 션중
□ 신진대사	【新陈代谢】	xīnchéndàixiè 씬천따이시에
□ 신참	【新人】	xīnrén 씬런
□ 신청 (하다)	【申请】	shēnqǐng 션칭
□ 신체	【身体】	shēntǐ 션티
□ 신축	【新盖】	xīngài 씬까이
□ 신품	【新品】	xīnpǐn 씬핀
□ 신하	【臣】	chén 천

□ 신형	【新型】 xīnxíng 씬씽
□ 신호	【信号】 xìnhào 씬하오
□ 신혼	【新婚】 xīnhūn 씬훈
□ 신화	【神话】 shénhuà 션화
□ 싣다 (짐)	【载】 zǎi 자이
□ 실	【线】 xiàn 시엔
□ 실감나다	【有声有色】 yǒushēngyǒusè 여우셩여우써
□ 실내	【室内】 shìnèi 스네이
□ 실력	【实力】 shílì 스리
□ 실례	【失礼】 shīlǐ 스리
□ 실리콘	【硅】 guī 꿰이
□ 실마리	【端绪】 duānxù 뚜안쉬
□ 실망하다	【失望】 shīwàng 스왕
□ 실명 (하다)	【失明】 shīmíng 스밍
□ 실물	【实物】 shíwù 스우
□ 실사구시	【实事求是】 shíshìqiúshì 스스치우스
□ 실성하다	【疯】 fēng 펑
□ 실수하다	【失误】 shīwù 스우

309

□ **실습**(하다)	【实习】	shíxí 스시
□ **실시**(하다)	【实施】	shíshī 스스
□ **실언**	【失言】	shīyán 스이엔
□ **실업**	【失业】	shīyè 스예
□ **실용적인**	【实用】	shíyòng 스용
□ **실은**	【其实】	qíshí 치스
□ **실적**	【实绩】	shíjì 스지
□ **실제**	【实际】	shíjì 스지
□ **실종**	【失踪】	shīzōng 스중
□ **실질**	【实质】	shízhì 스즈
□ **실천**(하다)	【实践】	shíjiàn 스지엔
□ **실체**	【实体】	shítǐ 스티
□ **실컷**	【饱】	bǎo 바오
□ **실태**	【真情】	zhēnqíng 정칭
□ **실패**	【失败】	shībài 스빠이
□ **실행**(하다)	【实行】	shíxíng 스씽
□ **실험**	【实验】	shíyàn 스이엔
□ **실현**(하다)	【实现】	shíxiàn 스시엔

□ 실황	【实况】	shíkuàng 스쾅
□ 싫다	【讨厌】	tǎoyàn 타오이엔
□ 싫어하다	【嫌】	xián 시엔
□ 싫증나다	【生厌】	shēngyàn 성이엔
□ 심각하다	【深刻】	shēnkè 션커
□ 심다 (씨앗)	【种】	zhòng 중
□ 심다	【植】	zhí 즈
□ 심도	【深度】	shēndù 션뚜
□ 심란하다	【心乱】	xīnluàn 씬루안
□ 심려하다	【操心】	cāoxīn 차오씬
□ 심령	【心灵】	xīnling 씬링
□ 심리	【心理】	xīnlǐ 씬리
□ 심리 (하다)	【审理】	shěnlǐ 션리
□ 심문 (하다)	【审讯】	shěnxùn 션쉰
□ 심벌	【象征】	xiàngzhēng 시앙정
□ 심부름	【当差】	dāngchāi 당차이
□ 심사	【心思】	xīnsi 씬스
□ 심사 (하다)	【审查】	shěnchá 션차

□ 심술쟁이	【別脾气】	bièpíqi	비에피치
□ 심심풀이	【消遣】	xiāoqin	시아오친
□ 심심하다	【无聊】	wúliáo	우리아오
□ 심야	【深夜】	shēnyè	션예
□ 심오하다	【深奥】	shēn'ào	션아오
□ 심의(하다)	【审议】	shěnyì	션이
□ 심장	【心脏】	xīnzàng	씬짱
□ 심정	【心情】	xīnqíng	씬칭
□ 심중	【心中】	xīnzhōng	씬중
□ 심지어	【甚而】	shèn'er	션얼
□ 심취하다	【心醉】	xīnzuì	신쮀이
□ 심판(하다)	【审判】	shěnpàn	션판
□ 심하다	【沉重】	chénzhòng	천중
□ 심해지다	【加剧】	jiājù	지아쮜
□ 심혈	【心血】	xīnxuè	씬쉬에
□ 심호흡	【深呼吸】	shēnhūxī	션후시
□ 심화하다	【深化】	shēnhuà	션화
□ 십(10)	【十】	shí	스

□ 십자가	【十字架】	shízìjià	스지지아
□ 싱겁다	【淡】	dàn	딴
□ 싸다 (가격)	【便宜】	piányi	피엔이
□ 싸다 (포장)	【包】	bāo	바오
□ 싸매다	【窜】	cuàn	추안
□ 싸우다	【战】	zhàn	잔
□ 싸움터	【战场】	zhànchǎng	잔창
□ 싸움하다	【打架】	dǎjià	다지아
□ 싹 (식물)	【芽】	yá	야
□ 싹	【苗】	miáo	미아오
□ 쌀	【米】	mǐ	미
□ 쌀밥	【米饭】	mǐfàn	미판
□ 쌀쌀맞다	【冷淡】	lěngdàn	렁딴
□ 쌍	【对】	duì	뚜에이
□ 쌍꺼풀	【双眼皮儿】	shuāngyǎnpír	수앙이엔필
□ 쌍둥이	【双胎儿】	shuāngtāir	수앙탈
□ 쌍방	【双方】	shuāngfāng	수앙팡
□ 쌓다(돌, 흙)	【垒】	lěi	레이

□ 쌓다(벽돌, 돌)　　【砌】 qì 치

□ 쌓다　　　　　　【堆】 duī 뚜에이

□ 쌓아두다　　　　【蓄】 xù 쉬

□ 쌓아올리다　　　【堆积】 duījī 뚜에이지

□ 쌓이다　　　　　【积压】 jīyā 지야

□ 써넣다　　　　　【填写】 tiánxiě 티엔시에

□ 썩다　　　　　　【腐烂】 fǔlàn 푸란

□ 썩어문드러지다　【腐朽】 fǔxiǔ 푸시우

□ 썰물　　　　　　【退潮】 tuìcháo 퉤이차오

□ 쏘다 (활, 총)　　　【射】 shè 셔

□ 쏘다 (튀기다)　　　【弹】 tán 탄

□ 쏜살같이　　　　【飞快】 fēikuài 페이콰이

□ 쏟다　　　　　　【注】 zhù 주

□ 쑤시다　　　　　【酸痛】 suāntòng 수안통

□ 쑥　　　　　　　【艾】 ài 아이

□ 쓰다 (맛)　　　　【苦】 kǔ 쿠

□ 쓰다 (사용하다)　【用】 yòng 용

□ 쓰다 (글씨)　　　【写】 xiě 시에

314

□ **쓰다** (소비하다)　　【费】 fèi 페이

□ **쓰라리다**　　【沉痛】 chéntòng 천통

□ **쓰러지다**　　【跌倒】 diēdǎo 디에따오

□ **쓰레기**　　【垃圾】 lājī 라지

□ **쓰레기통**　　【垃圾桶】 lājītǒng 라지통

□ **쓰레받기**　　【簸箕】 bòji 뽀지

□ **쓴웃음**　　【苦笑】 kǔxiào 쿠시아오

□ **쓸개**　　【胆】 dǎn 단

□ **쓸다**　　【扫】 sǎo 싸오

□ **쓸데없다**　　【用不着】 yòngbuzháo 용부자오

□ **쓸모없다**　　【没用】 méiyòng 메이용

□ **쓸모있다**　　【有用】 yǒuyòng 여우용

□ **쓸쓸하다**　　【冷淡】 lěngdàn 렁딴

□ **씌우다**　　【罩】 zhào 자오

□ **씨** (과일)　　【核】 hé 허

□ **씨름**　　【角力】 juélì 쥐에리

□ **씨앗**　　【籽儿】 zǐer 즈얼

□ **씩씩하다**　　【勇壮】 yǒngzhuàng 용주앙

315

건물 建筑物

① 火车站
huǒchēzhàn 후어처짠

② 银行
yínháng 인항

Hotel

③ 饭店
fàndiàn 판띠엔

Movie

Restaurant

④ 电影院
diànyǐngyuàn
띠엔잉위엔

⑤ 餐馆
cānguǎn 찬꾸안

① 기차역　② 은행　③ 호텔　④ 영화관　⑤ 음식점

⑥ 学校
xuéxiào 쉬에시아오

⑦ 图书馆
túshūguǎn 투수꾸안

⑧ 公园
gōngyuán 꽁위엔

⑨ 秋千
qiūqiān 치우치엔

⑩ 滑梯
huátī 후아티

⑪ 喷水
pēnshuǐ 펀수웨이

⑥ 학교 ⑦ 도서관 ⑧ 공원 ⑨ 그네 ⑩ 미끄럼틀 ⑪ 분수

□ **씹다**　　　　【嚼】 jiáo 지아오

□ **씻부시다**　　【洗刷】 xǐshuā 시수아

□ **씻다**　　　　【洗】 xǐ 시

□ **아가** 【小孩儿】 xiǎoháir 시아오할

□ **아가미** 【鳃】 sāi 싸이

□ **아가씨** 【小姐】 xiǎojiě 시아오지에

□ **아기** 【娃娃】 wáwa 와와

□ **아까워하다** 【舍不得】 shěbude 셔부더

□ **아깝다** 【作惜】 zuòxī 쭈어시

□ **아끼다** 【爱惜】 àixī 아이시

□ **아끼지 않다** 【不惜】 bùxī 뿌시

□ **아나운서** 【广播员】 guǎngbōyuán 구앙보위엔

□ **아내** 【妻子】 qīzi 치즈

□ **아니꼽다** 【讨厌】 tǎoyàn 타오이엔

□ **아동** 【儿童】 értóng 얼통

□ **아득하다** 【茫茫】 mángmang 망망

□ **아들** 【小子】 xiǎozi 시아오즈

□ **아래** 【底】 dǐ 디

□ 아래쪽	【下面】	xiàmian	시아미엔
□ 아르바이트	【小时工】	xiǎoshígōng	시아오스공
□ 아름답다	【美丽】	měilì	메이리
□ 아리송하다	【迷惑】	míhuò	미후어
□ 아마	【也许】	yěxǔ	예쉬
□ 아마추어	【业余】	yèyú	예위
□ 아무래도	【总得】	zhǒngděi	중데이
□ 아무튼	【反正】	fǎnzheng	판정
□ 아버님	【大爷】	dàye	따예
□ 아버지	【父亲】	fùqīn	푸친
□ 아부하다	【媚人】	mèirén	메이런
□ 아빠	【爸爸】	bàba	빠바
□ 아쉬워하다	【惋惜】	wǎnxī	완시
□ 아쉽다	【可惜】	kěxī	커시
□ 아스팔트	【沥青】	lìqīng	리칭
□ 아스피린	【阿司匹林】	āsīpǐlín	아스피린
□ 아시아	【亚洲】	Yàzhōu	야저우
□ 아연	【锌】	xīn	씬

320

□ **아우성치다** 【喊叫】 hǎnjiào 한지아오

□ **아이** 【孩子】 háizi 하이즈

□ **아이디어** 【思路】 sīlù 쓰루

□ **아이스케이크** 【冰棍儿】 bīnggùnr 빙꿀

□ **아이스크림** 【冰淇淋】 bīngqīlíng 빙치링

□ **아저씨** 【伯伯】 bóbo 보보

□ **아주머니** 【大嫂】 dàsǎo 따싸오

□ **아지랑이** 【游丝】 yóusī 여우쓰

□ **아지트** 【秘密据点】 mìmìjùdiǎn 미미쥐디엔

□ **아직도** 【仍旧】 réngjiù 렁지우

□ **아찔하다** 【晕】 yūn 윈

□ **아첨하다** 【阿奉】 ēfèng 어펑

□ **아치** 【松枝门】 sōngzhīmén 쏭즈먼

□ **아침** 【早上】 zǎoshang 자오샹

□ **아침밥** 【早饭】 zǎofàn 자오판

□ **아침저녁** 【早晚】 zǎowǎn 자오완

□ **아카시아** 【洋槐】 yánghuái 양화이

□ **아파트** 【公寓】 gōngyù 공위

□ 아편	【鸦片】	yāpiàn 야피엔
□ 아프다	【痛】	tòng 통
□ 아프리카	【非洲】	Fēizhōu 페이저우
□ 악곡	【乐曲】	yuèqǔ 위에취
□ 악기	【乐器】	yuèqì 위에치
□ 악담	【咒语】	zhòuyǔ 저우위
□ 악당	【坏蛋】	huàidàn 화이딴
□ 악대	【乐队】	yuèduì 위에뚜에이
□ 악덕	【恶德】	èdé 어더
□ 악독하다	【恶毒】	èdú 어두
□ 악랄하다	【毒辣】	dúlà 뚜라
□ 악몽	【恶梦】	èmèng 어멍
□ 악보	【乐谱】	yuèpǔ 위에푸
□ 악성이다	【恶性】	èxìng 어씽
□ 악수 (하다)	【握手】	wòshǒu 워셔우
□ 악습	【恶习】	èxí 어시
□ 악어	【鳄鱼】	èyú 어위
□ 악취	【恶臭】	èchòu 어처우

□ **악화하다** 【恶化】 èhuà 어화

□ **안** 【里】 lǐ 리

□ **안감** 【衬布】 chènbù 천부

□ **안개** 【雾】 wù 우

□ **안건** 【案件】 ànjiàn 안지엔

□ **안경** 【眼镜】 yǎnjìng 이엔징

□ **안내**(하다) 【引导】 yǐndǎo 인다오

□ **안다** 【抱】 bào 빠오

□ **안마** 【按摩】 ànmó 안모

□ **안면** 【脸】 liǎn 리엔

□ **안목** 【眼力】 yǎnlì 이엔리

□ **안배**(하다) 【安排】 ānpái 안파이

□ **안보** 【安全保障】 ānquánbǎozhàng
　　　　　　　　　　　　 안취엔바오장

□ **안부** 【安否】 ānfǒu 안퍼우

□ **안색** 【脸色】 liǎnsè 리엔써

□ **안성맞춤** 【正好】 zhènghǎo 정하오

□ **안심하다** 【安心】 ānxīn 안씬

□ **안전하다** 【安全】 ānquán 안취엔

□ 안정시키다	【安定】 āndìng	안띵
□ 안정하다	【安】 ān	안
□ 안쪽	【里面】 lǐmiàn	리미엔
□ 안치하다	【安置】 ānzhì	안즈
□ 안타까워하다	【惋惜】 wnxī	완시
□ 안테나	【天线】 tiānxiàn	티엔시엔
□ 안팎	【内外】 nèiwài	네이와이
□ 안하무인	【目中无人】 mùzhōngwúrén	무중우런
□ 앉다	【坐】 zuò	쭈어
□ 앉은뱅이	【瘫子】 tānzi	탄즈
□ 알	【卵】 luǎn	루안
□ 알다	【懂】 dǒng	동
□ 알레르기	【变应性】 biànyìngxìng	비엔잉씽
□ 알루미늄	【铝】 lǚ	뤼
□ 알리다	【报】 bào	빠오
□ 알맞다	【恰当】 qiàdàng	치아땅
□ 알맹이	【核心】 héxīn	허씬
□ 알몸	【裸体】 luǒtǐ	루어티

□ 알선	【斡旋】 wòxuán 워쉬엔	
□ 알아듣다	【听懂】 tīngdǒng 팅동	
□ 알아맞히다	【猜】 cāi 차이	
□ 알아보다	【打听】 dǎtīng 다팅	
□ 알아차리다	【觉】 jué 쥐에	
□ 알칼리	【碱】 jiǎn 지엔	
□ 알코올	【酒精】 jiǔjīng 지우징	
□ 앓다	【病】 bìng 삥	
□ 암	【癌】 ái 아이	
□ 암거래하다	【走私】 zǒusī 저우쓰	
□ 암기	【暗记】 ànjì 안지	
□ 암담하다	【暗淡】 àndàn 안딴	
□ 암살 (하다)	【暗杀】 ànshā 안샤	
□ 암석	【岩石】 yánshí 이엔스	
□ 암송 (하다)	【背诵】 bèisòng 베이쏭	
□ 암시 (하다)	【暗示】 ànshì 안스	
□ 암암리	【暗中】 ànzhōng 안중	
□ 암컷	【雌】 cí 츠	

가
나
다
라
마
바
사
아
자
차
카
타
파
하

- **암탉** 【母鸡】 mǔjī 무지

- **암흑** 【黑暗】 hēi'àn 헤이안

- **압도하다** 【压倒】 yādǎo 야따오

- **압력** 【压力】 yālì 야리

- **압류**(하다) 【扣】 kòu 커우

- **압박**(하다) 【压迫】 yāpò 야포

- **압제**(하다) 【压制】 yāzhì 야즈

- **압축**(하다) 【压缩】 yāsuō 야쑤어

- **앙금** 【淀粉】 diànfěn 디엔펀

- **앙케트** 【问卷】 wènjuàn 원쥐엔

- **앞** 【前】 qián 치엔

- **앞니** 【门齿】 ménchǐ 먼츠

- **앞당기다** 【提】 tí 티

- **앞사람** 【前人】 qiánrén 치엔런

- **앞서다** 【领先】 lǐngxiān 링시엔

- **앞으로** 【往后】 wǎnghòu 왕허우

- **앞잡이** 【走狗】 zǒugǒu 저우거우

- **앞장서다** 【带头】 dàitóu 따이터우

□ **앞줄**	【前列】	qiánliè 치엔리에
□ **앞지르다**	【追过】	zhuīguò 줴이구어
□ **앞쪽**	【前方】	qiánfāng 치엔팡
□ **애걸하다**	【哀求】	āiqiú 아이치우
□ **애교**	【媚态】	mèitài 메이타이
□ **애국** (하다)	【爱国】	àiguó 아이구어
□ **애도** (하다)	【哀掉】	āidào 아이따오
□ **애먹다**	【棘手】	jíshǒu 지셔우
□ **애무**	【爱抚】	àifǔ 아이푸
□ **애석함**	【爱惜】	àixī 아이시
□ **애송이**	【小毛毛】	xiǎomáomao 시아오마오마오
□ **애쓰다**	【费力】	fèilì 페이리
□ **애완**	【爱玩】	àiwán 아이완
□ **애용**	【爱用】	àiyòng 아이용
□ **애원하다**	【哀求】	āiqiú 아이치우
□ **애인**	【爱人】	àirén 아이런
□ **애정**	【爱情】	àiqíng 아이칭
□ **애지중지하다**	【心爱】	xīn'ài 씬아이

□ 애착	【爱着】	àizhuó 아이주어
□ 애처가	【爱妻者】	àiqīzhě 아이치저
□ 애처롭다	【可怜】	kělián 커리엔
□ 애태우다	【焦急】	jiāojí 지아오지
□ 애통하다	【悲哀】	bēi'āi 베이아이
□ 애호하다	【爱好】	àihào 아이하오
□ 액세서리	【佩带儿】	pèidàir 페이딸
□ 액수	【数额】	shù'é 수어
□ 액자	【额】	é 어
□ 액체	【液体】	yètǐ 예티
□ 앨범	【相册】	xiàngcè 시앙처
□ 앵무새	【鹦鹉】	yīngwǔ 잉우
□ 야간	【夜间】	yèjiān 예지엔
□ 야구	【棒球】	bàngqiú 빵치우
□ 야근	【夜班】	yèbān 예반
□ 야금	【冶金】	yějīn 예진
□ 야기하다	【惹】	rě 러
□ 야단치다	【骂】	mà 마

□ **야만스럽다**	【野蛮】 yěmán	예만
□ **야망**	【野心】 yěxīn	예씬
□ **야박하다**	【薄】 báo	바오
□ **야생적이다**	【野生】 yěshēng	예성
□ **야수**	【野兽】 yěshòu	예셔우
□ **야심**	【野心】 yěxīn	예씬
□ **야영**	【野营】 yěyíng	예잉
□ **야외**	【野外】 yěwài	예와이
□ **야채**	【青菜】 qīngcài	칭차이
□ **야회**	【晚会】 wǎnhuì	완훼이
□ **약**	【药】 yào	야오
□ **약간**	【一些】 yìxiē	이시에
□ **약국**	【药店】 yàodiàn	야오띠엔
□ **약도**	【略图】 lüètú	뤼에투
□ **약물**	【药物】 yàowù	야오우
□ **약삭빠르다**	【小巧】 xiǎoqiǎo	시아오치아오
□ **약속**	【约会】 yuēhuì	위에훼이
□ **약속하다**	【约】 yuē	위에

□ 약재	【药材】 yàocái 야오차이	
□ 약점	【弱点】 ruòdiǎn 루어디엔	
□ 약진 (하다)	【跃进】 yuèjìn 위에진	
□ 약칭 (하다)	【简称】 jiǎnchēng 지엔청	
□ 약탈 (하다)	【掠夺】 lüèduó 뤼에뚜어	
□ 약품	【药品】 yàopǐn 야오핀	
□ 약하다	【弱】 ruò 루어	
□ 약혼자	【订婚者】 dìnghūnzhě 띵훈저	
□ 약혼 (하다)	【订婚】 dìnghūn 띵훈	
□ 얄밉다	【可恶】 kěwù 커우	
□ 얇다	【薄】 báo 바오	
□ 얇은 조각	【片】 piàn 피엔	
□ 얌전하다	【文雅】 wényǎ 원야	
□ 양	【羊】 yáng 양	
□ 양각 (하다)	【凸】 tū 투	
□ 양극	【两极】 liǎngjí 리앙지	
□ 양념	【味料】 wèiliào 웨이리아오	
□ 양도 (하다)	【转让】 zhuǎnràng 주안랑	

330

□ **양말**	【袜子】	wàzi 와즈
□ **양배추**	【圆白菜】	yuánbáicài 위엔빠이차이
□ **양보** (하다)	【让步】	ràngbù 랑뿌
□ **양복**	【西服】	xīfú 시푸
□ **양분**	【养分】	yǎngfèn 양펀
□ **양산**	【洋伞】	yángsǎn 양싼
□ **양성**	【阳性】	yángxìng 양씽
□ **양식** (식량)	【粮食】	liángshi 리앙스
□ **양식** (스타일)	【式样】	shìyang 스양
□ **양식** (하다)	【养殖】	yǎngzhí 양즈
□ **양심**	【良心】	liángxīn 리앙씬
□ **양육** (하다)	【养育】	yǎngyù 양위
□ **양의**	【西医】	xīyī 시이
□ **양조** (하다)	【酿】	niàng 니앙
□ **양지**	【向阳地】	xiàngyángdì 시앙양디
□ **양쪽**	【两旁】	liǎngpang 리앙팡
□ **양초**	【蜡烛】	làzhú 라주
□ **양치질하다**	【漱口】	shùkǒu 수커우

□ 양파	【洋葱】	yángcōng	양총
□ 양해하다	【谅解】	liàngjiě	리앙지에
□ 양호하다	【良好】	liánghǎo	리앙하오
□ 얕다	【浅】	qiǎn	치엔
□ 얕보다	【欺负】	qīfu	치푸
□ 얕잡아보다	【贬低】	biǎndī	비엔디
□ 어구	【词句】	cíjù	츠쥐
□ 어금니	【臼齿】	jiùchǐ	지우츠
□ 어긋나다	【错开】	cuòkāi	추어카이
□ 어기다	【违背】	wéibèi	웨이뻬이
□ 어깨	【肩】	jiān	지엔
□ 어둡다	【黑】	hēi	헤이
□ 어디	【哪里】	nǎli	나리
□ 어디든지	【处处】	chùchù	추추
□ 어떠한	【任何】	rènhé	런허
□ 어떤	【某】	mǒu	머우
□ 어떻게 (문어체)	【如何】	rúhé	루허
□ 어떻게	【怎么】	zěnme	전머

□ **어렴풋이**	【约略】	yuēlüè 위에뤼에
□ **어렵다** (생활)	【艰难】	jiānnán 지엔난
□ **어렵다**	【难】	nán 난
□ **어르신네**	【老爷】	lǎoye 라오예
□ **어른**	【大人】	dàren 따런
□ **어리다**	【幼】	yòu 여우
□ **어리둥절해하다**	【愣】	lèng 렁
□ **어리석다**	【傻】	shǎ 샤
□ **어린 시절**	【童年】	tóngnián 통니엔
□ **어린아이**	【小孩儿】	xiǎoháir 시아오할
□ **어머니**	【母亲】	mǔqīn 무친
□ **어묵**	【鱼糕】	yúgāo 위까오
□ **어문**	【语文】	yǔwén 위원
□ **어민**	【渔民】	yúmín 위민
□ **어부**	【渔夫】	yúfū 위푸
□ **어색하다**	【别扭】	bièniu 삐에이니우
□ **어선**	【渔船】	yúchuán 위추안
□ **어수선하다**	【杂乱】	záluàn 자루안

333

□ **어슬렁거리다** 【荡】 dàng 땅

□ **어업** 【渔业】 yúyè 위예

□ **어울리다** 【称】 chēng 청

□ **어음** 【语音】 yǔyīn 위인

□ **어제** 【昨天】 zuótiān 주어티엔

□ **어젯밤** 【昨夜】 zuóyè 주어예

□ **어조** 【语调】 yǔdiào 위띠아오

□ **어지간히** 【够】 gòu 꺼우

□ **어지럽다** 【晕】 yūn 윈

□ **어째서** 【怎么】 zěnme 전머

□ **어쨌든** 【反正】 fǎnzhèng 판정

□ **어쩌면** 【或许】 huòxǔ 후어쉬

□ **어쩐지** 【难怪】 nánguài 난꽈이

□ **어찌할 수 없다** 【不得不】 bùdébù 뿌더뿌

□ **어차피** 【毕境】 bìjìng 삐징

□ **어항** 【鱼缸】 yúgāng 위강

□ **어휘** 【词汇】 cíhuì 츠훼이

□ **억** 【亿】 yì 이

□ **억누르다**　　【压抑】yāyì 야이

□ **억만**　　【亿万】yìwàn 이완

□ **억압** (하다)　　【压迫】yāpò 야포

□ **억울하다**　　【冤枉】yuānwang 위엔왕

□ **억울함**　　【冤】yuān 위엔

□ **억제** (하다)　　【抑制】yìzhì 이즈

□ **억지로 하다**　　【强】qiǎng 치앙

□ **억지로**　　【硬】yìng 잉

□ **억지로 시키다**　　【勉强】miǎnqiǎng 미엔치앙

□ **언급되다**　　【涉及】shèjí 셔지

□ **언덕**　　【丘】qiū 치우

□ **언론**　　【言论】yánlùn 이엔룬

□ **언명** (하다)　　【宣称】xuānchēng 쉬엔청

□ **언어**　　【言语】yányǔ 이엔위

□ **언쟁** (하다)　　【吵嘴】chozuǐ 차오줴이

□ **언저리**　　【边子】biānzi 비엔즈

□ **언제**　　【何时】héshí 허스

□ **언제나**　　【总是】zǒngshì 중스

언제어디서나	【随时随地】 suíshísuídì 쉐이스쉐이띠
언질	【话柄】 huàbǐng 화빙
얹다	【放】 fàng 팡
얻다	【得到】 dédào 더따오
얼간이	【傻小子】 shǎxiǎozi 샤시아오즈
얼굴	【脸】 liǎn 리엔
얼굴색	【脸色】 liǎnsè 리엔써
얼다	【冻】 dòng 똥
얼룩	【斑】 bān 반
얼마	【多少】 duōshǎo 뚜어샤오
얼마나	【多么】 duōme 뚜어머
얼마든지	【只管】 zhǐguǎn 즈관
얼버무리다	【含糊】 hánhu 한후
얼싸안다	【拥抱】 yōngbào 용빠오
얼어붙다	【冻上】 dòngshang 똥샹
얼음	【冰】 bīng 빙
얽매다	【约束】 yuēshù 위에수
얽어매다	【束缚】 shùfù 수푸

□ **얽히다**	【绞结】 jiǎojié	지아오지에
□ **엄격하다**	【严格】 yángé	이엔거
□ **엄금하다**	【严禁】 yánjìn	이엔진
□ **엄마**	【妈妈】 māma	마마
□ **엄밀하다**	【严密】 yánmì	이엔미
□ **엄숙하다**	【严肃】 yánsù	이엔수
□ **엄정하다**	【严正】 yánzhèng	이엔정
□ **엄중하다**	【严重】 yánzhòng	이엔중
□ **엄지손가락**	【大拇指】 dàmǔzhǐ	다무즈
□ **엄포**	【恐吓】 kǒnghè	콩허
□ **엄하다**	【严】 yán	이엔
□ **엄호하다**	【掩护】 yǎnhù	이엔후
□ **업다**	【背】 bèi	뻬이
□ **업무**	【业务】 yèwù	예우
□ **업신여기다**	【欺负】 qīfu	치푸
□ **업적**	【成就】 chéngjiù	청지우
□ **업종**	【行业】 hángyè	항예
□ **없다**	【没有】 méiyǒu	메이여우

가
나
다
라
마
바
사
아
자
차
카
타
파
하

337

□ 없애다	【消灭】	xiāomiè 시아오미에
□ 엇갈리다	【交错】	jiāocuò 지아오춰
□ 엇비슷하다	【不相上下】	bùxiāngshàngxià 뿌시앙샹시아
□ 엉덩방아	【屁蹲儿】	pìdūnr 피뚤
□ 엉덩이	【屁股】	pìgu 피구
□ 엉뚱하다	【发飙】	fābiāo 파비아오
□ 엉망진창이다	【乱七八糟】	luànqībāzāo 루안치바자오
□ 엉큼하다	【别有用心】	biéyǒuyòngxīn 비에여우용씬
□ 엉터리	【儿把刀】	érbǎdāo 얼빠따오
□ 엎드리다	【伏】	fú 푸
□ 엎지르다	【打翻】	dǎfān 따판
□ 에너지	【能量】	néngliàng 넝리앙
□ 에세이	【随笔】	suíbǐ 쒜이비
□ 에스컬레이터	【升降梯】	shēngjiàngtī 셩지앙티
□ 에어컨	【空调】	kōngtiáo 콩티아오
□ 에워싸다	【围】	wéi 웨이
□ 에이즈	【艾滋病】	àizībìng 아이즈삥
□ 에티켓	【礼仪】	lǐyí 리이

□ 에피소드	【插话】	chāhuà 차화
□ 엔지니어	【工程师】	gōngchéngshī 공청스
□ 엔진	【发动机】	fādòngjī 파똥지
□ 엘리베이터	【电梯】	diàntī 띠엔티
□ 엘리트	【精英】	jīngyīng 징잉
□ 여가	【余暇】	yúxiá 위시아
□ 여객	【旅客】	lǚkè 뤼커
□ 여객열차	【客车】	kèchē 커처
□ 여과하다	【过滤】	guòlǜ 꾸어뤼
□ 여관	【旅馆】	lǚguǎn 뤼관
□ 여권	【护照】	hùzhào 후자오
□ 여기	【这里】	zhèlǐ 저리
□ 여기다	【以为】	yǐwéi 이웨이
□ 여동생	【妹妹】	mèimei 메이메이
□ 여드름	【粉刺】	fěncì 펀츠
□ 여러 가지	【种种】	zhǒngzhong 중중
□ 여러 번	【屡次】	lǚcì 뤼츠
□ 여러분	【诸位】	zhūwèi 주웨이

□ 여럿	【很多】 hěnduō 헌뚜어	
□ 여럿이	【一些人】 yìxiērén 이시에런	
□ 여론	【舆论】 yúlùn 위룬	
□ 여름	【夏天】 xiàtiān 시아티엔	
□ 여름방학	【暑假】 shǔjià 수지아	
□ 여름철	【夏季】 xiàjì 시아지	
□ 여리다	【软】 ruǎn 루안	
□ 여명	【黎明】 límíng 리밍	
□ 여배우	【女角】 nǚjué 뉘쥐에	
□ 여분의	【多余】 duōyú 뚜어위	
□ 여사	【女士】 nǚshì 뉘스	
□ 여성	【女性】 nǚxìng 뉘씽	
□ 여신	【女神】 nǚshén 뉘션	
□ 여왕	【女王】 nǚwáng 뉘왕	
□ 여우	【狐狸】 húli 후리	
□ 여울	【险滩】 xiǎntān 시엔탄	
□ 여위다	【瘦】 shòu 셔우	
□ 여유롭다	【富余】 fùyu 푸위	

□ 여인	【女人】 nǚrén 뉘런
□ 여자	【女子】 nǚzi 뉘즈
□ 여전히	【依然】 yīrán 이란
□ 여정	【旅途】 lǚtú 뤼투
□ 여쭙다	【禀告】 bǐnggào 빙까오
□ 여태	【到现在】 dàoxiànzài 따오시엔자이
□ 여행자	【游客】 yóukè 여우커
□ 여행(하다)	【旅行】 lǚxíng 뤼씽
□ 역	【站】 zhàn 잔
□ 역대	【历代】 lìdài 리따이
□ 역량	【力量】 lìliang 리리앙
□ 역류	【逆流】 nìliú 니리우
□ 역무원	【站务员】 zhànwùyuán 잔우위엔
□ 역사	【历史】 lìshǐ 리스
□ 역시	【还是】 háishì 하이스
□ 역적	【贼】 zéi 쩨이
□ 역전	【车站】 chēzhàn 처잔
□ 역할	【作用】 zuòyòng 쭈어용

341

□ **역행**(하다)	【逆行】 nìxíng 니씽	
□ **엮다**	【遍】 biàn 삐엔	
□ **연**	【风筝】 fēngzheng 펑정	
□ **연결**(하다)	【连结】 liánjié 리엔지에	
□ **연계**(하다)	【联系】 liánxì 리엔시	
□ **연고**	【缘故】 yuángù 위엔꾸	
□ **연구생**	【研究生】 yánjiūshēng 이엔지우성	
□ **연구소**	【研究所】 yánjiūsuǒ 이엔지우쑤어	
□ **연구**(하다)	【研究】 yánjiū 이엔지우	
□ **연극**	【话剧】 huàjù 화쥐	
□ **연기**	【烟】 yān 이엔	
□ **연기**(하다)	【演技】 yǎnjì 이엔지	
□ **연기**(하다)	【延期】 yánqī 이엔치	
□ **연꽃**	【荷花】 héhuā 허화	
□ **연대**	【年代】 niándài 니엔따이	
□ **연도**	【年度】 niándù 니엔뚜	
□ **연도**	【沿途】 yántú 이엔투	
□ **연락**(하다)	【联络】 liánluò 리엔루어	

□ **연령**　　　【年龄】 niánlíng 니엔링

□ **연료**　　　【燃料】 ránliào 란리아오

□ **연루되다**　　【牵扯】 qiānchě 치엔처

□ **연륜**　　　【工龄】 gōnglíng 공링

□ **연마**　　　【研磨】 yánmó 이엔모

□ **연말**　　　【年末】 niánmò 니엔모

□ **연맹**　　　【联盟】 liánméng 리엔멍

□ **연모**　　　【爱慕】 àimù 아이무

□ **연못**　　　【池】 chí 츠

□ **연민**　　　【怜悯】 liánmǐn 리엔민

□ **연밥**　　　【莲子】 liánzǐ 리엔즈

□ **연방**　　　【联邦】 liánbāng 리엔방

□ **연봉**　　　【年薪】 niánxīn 니엔씬

□ **연분홍**　　【淡粉红】 dànfěnhóng 단펀홍

□ **연산**(하다)　【演算】 yǎnsuàn 이엔쑤안

□ **연상**(하다)　【联想】 liánxiǎng 리엔시앙

□ **연설**(하다)　【演说】 yǎnshuō 이엔슈어

□ **연소**　　　【燃烧】 ránshāo 란샤오

□ 연속극	【连续剧】	liánxùjù	리엔쉬쥐
□ 연속 (하다)	【连续】	liánxù	리엔쉬
□ 연쇄점	【连锁店】	liánsuǒdiàn	리엔쑤어디엔
□ 연습문제	【习题】	xítí	시티
□ 연습 (하다)	【练习】	liànxí	리엔시
□ 연안	【沿岸】	yán'àn	이엔안
□ 연애	【恋爱】	liàn'ài	리엔아이
□ 연애 (하다)	【恋】	liàn	리엔
□ 연약하다	【软弱】	ruǎnruò	루안루어
□ 연어	【大麻哈鱼】	dàmáhāyú	따마하위
□ 연예	【演艺】	yǎnyì	이엔이
□ 연유	【缘由】	yuányóu	위엔여우
□ 연이어	【连连】	liánlián	리엔리엔
□ 연인	【情人】	qíngrén	칭런
□ 연장 (하다)	【延长】	yáncháng	이엔창
□ 연재	【连载】	liánzi	리엔즈
□ 연주 (하다)	【演奏】	yǎnzòu	이엔쩌우
□ 연줄	【关系】	guānxi	관시

344

□ **연착**(하다)	【晚点】 wǎndiǎn 완디엔	
□ **연출**(하다)	【演出】 yǎnchū 이엔추	
□ **연필**	【铅笔】 qiānbǐ 치엔비	
□ **연하**	【晚辈】 wǎnbèi 완베이	
□ **연하장**	【贺年片】 hèniánpiàn 허니엔피엔	
□ **연합**(하다)	【联合】 liánhé 리엔허	
□ **연해**	【沿海】 yánhǎi 이엔하이	
□ **연회**	【宴会】 yànhuì 이엔훼이	
□ **연회석**	【宴席】 yànxí 이엔시	
□ **열거**(하다)	【列举】 lièjiǔ 리에지우	
□ **열광적이다**	【热烈】 rèliè 러리에	
□ **열나다**	【发热】 fārè 파러	
□ **열다**	【开办】 kāibàn 카이빤	
□ **열대**	【热带】 rèdài 러따이	
□ **열독**(하다)	【阅读】 yuèdú 위에두	
□ **열등감**	【自卑感】 zìbēigǎn 즈베이간	
□ **열람실**	【阅览室】 yuèlǎnshì 위에란스	
□ **열량**	【热量】 rèliàng 러리앙	

가
나
다
라
마
바
사
아
자
차
카
타
파
하

□ **열렬**(하다)	【踊跃】 yǒngyuè	용위에
□ **열렬히**	【热烈地】 rèliède	러리에더
□ **열리다**	【被开】 bèikāi	뻬이카이
□ **열매**	【果】 guǒ	구어
□ **열매맺다**	【结】 jiē	지에
□ **열사**	【烈士】 lièshì	리에스
□ **열쇠**	【钥匙】 yàoshi	야오스
□ **열애**(하다)	【热爱】 rè'ài	러아이
□ **열정**	【热情】 rèqíng	러칭
□ **열차**	【列车】 lièchē	리에처
□ **열화**	【烈火】 lièhuǒ	리에후어
□ **엷다**	【薄】 báo	바오
□ **염가**	【廉价】 liánjià	리엔지아
□ **염려**	【顾虑】 gùlǜ	꾸뤼
□ **염려하다**	【挂念】 guàniàn	꽈니엔
□ **염료**	【染料】 rǎnliào	란리아오
□ **염색**(하다)	【染色】 rǎnsè	란써
□ **염소**	【山羊】 shānyáng	샨양

□ **염원**	【心愿】	xīnyuàn	씬위엔
□ **엽서**	【明信片】	míngxìnpiàn	밍씬피엔
□ **엿**	【饴】	yí	이
□ **엿듣다**	【窃听】	qiètīng	치에팅
□ **엿보다**	【窃看】	qièkàn	치에칸
□ **영**	【零】	líng	링
□ **영감**	【老头儿】	lǎotóur	라오터울
□ **영광스럽다**	【光荣】	guāngróng	광롱
□ **영구**(하다)	【永久】	yǒngjiǔ	용지우
□ **영국**	【英国】	Yīngguó	잉구어
□ **영리하다**	【伶俐】	línglì	링리
□ **영빈관**	【迎宾馆】	yíngbīnguǎn	잉빈관
□ **영사**(관)	【领事】	lǐngshì	링스
□ **영상**	【映像】	yìngxiàng	잉시앙
□ **영수**	【首领】	shǒulǐng	셔우링
□ **영수증**	【发票】	fāpiào	파피아오
□ **영수**(하다)	【收】	shōu	셔우
□ **영양**	【营养】	yíngyǎng	잉양

347

□ 영어	【英语】 yīngyǔ 잉위
□ 영업 (하다)	【营业】 yíngyè 잉예
□ 영역	【领域】 lǐngyù 링위
□ 영웅	【英雄】 yīngxióng 잉시옹
□ 영원히	【永远】 yǒngyuǎn 용위엔
□ 영재	【英才】 yīngcái 잉차이
□ 영접 (하다)	【迎接】 yíngjiē 잉지에
□ 영주 (하다)	【常住】 chángzhù 창주
□ 영토	【领土】 lǐngtǔ 링투
□ 영하	【零下】 língxià 링시아
□ 영향	【影响】 yǐngxiǎng 잉시앙
□ 영혼	【灵魂】 línghún 링훈
□ 영화	【电影】 diànyǐng 띠엔잉
□ 영화관	【电影院】 diànyǐngyuàn 띠엔잉위엔
□ 영화필름	【影片】 yǐngpiàn 잉피엔
□ 옆	【旁】 páng 팡
□ 옆집	【隔壁】 gébì 거비
□ 예견 (하다)	【预见】 yùjiàn 위지엔

□ 예고 (하다)	【预告】	yùgào	위까오
□ 예금	【存款】	cúnkuǎn	춘콴
□ 예능	【艺能】	yìnéng	이넝
□ 예리 (하다)	【锐利】	ruìlì	뤠이리
□ 예매 (하다)	【预售】	yùshòu	위셔우
□ 예물	【礼品】	lǐpǐn	리핀
□ 예민하다	【灵敏】	língmǐn	링민
□ 예방 (하다) 방문	【拜访】	bàifǎng	빠이팡
□ 예방 (하다)	【预防】	yùfáng	위팡
□ 예배	【礼拜】	lǐbài	리빠이
□ 예보 (하다)	【预报】	yùbào	위빠오
□ 예비	【预备】	yùbèi	위베이
□ 예쁘다	【漂亮】	piàoliang	피아오리앙
□ 예산	【预算】	yùsuàn	위쑤안
□ 예상 (하다)	【预料】	yùliào	위리아오
□ 예술	【艺术】	yìshù	이수
□ 예습	【预习】	yùxí	위시
□ 예약 (하다)	【预订】	yùdìng	위딩

□ 예언 (하다) 【预言】 yùyán 위이엔

□ 예외이다 【例外】 lìwài 리와이

□ 예의 【礼貌】 lǐmào 리마오

□ 예절 【礼节】 lǐjié 리지에

□ 예정 (하다) 【预定】 yùdìng 위띵

□ 예측 (하다) 【预测】 yùcè 위처

□ 예컨대 【例如】 lìrú 리루

□ 옛날의 【古】 gǔ 구

□ 옛사람 【古人】 gǔrén 구런

□ 옛일 【往事】 wǎngshì 왕스

□ 옛집 【老家】 lǎojiā 라오지아

□ 오 (5) 【五】 wǔ 우

□ 오고가다 【来回来去】 láihuíláiqù
　　　　　　　　　　　　라이훼이라이취

□ 오기 【傲气】 àoqì 아오치

□ 오늘 【今天】 jīntiān 진티엔

□ 오늘날 【如今】 rújīn 루진

□ 오다 【来】 lǎi 라이

□ 오동나무 【梧桐】 wútong 우통

350

□ **오디션**	【试听】 shìtīng 스팅
□ **오디오**	【听觉的】 tīngjuéde 팅쥐에더
□ **오뚝이**	【不倒翁】 bùdǎowēng 부따오웡
□ **오락**	【娱乐】 yúlè 위러
□ **오래가다**	【耐】 nài 나이
□ **오래되다**	【故】 gù 꾸
□ **오랫동안**	【长久】 chángjiǔ 창지우
□ **오렌지**	【橙子】 chéngzi 청즈
□ **오로지**	【只】 zhǐ 즈
□ **오류**	【错误】 cuòwù 추어우
□ **오르간**	【风琴】 fēngqín 펑친
□ **오르다** (가격)	【涨】 zhǎng 장
□ **오르다**	【登】 dēng 덩
□ **오르다** (타다)	【乘】 chéng 청
□ **오르다**	【上】 shàng 샹
□ **오른손**	【右手】 yòushǒu 여우셔우
□ **오른쪽**	【右边】 yòubiān 여우삐엔
□ **오리**	【鸭子】 yāzi 야즈

□ 오리엔테이션　【定位】dìngwèi 딩웨이

□ 오리지널　【原】yuán 위엔

□ 오목하다　【凹】āo 아오

□ 오므리다　【抿】mǐn 민

□ 오빠　【哥哥】gēge 꺼거

□ 오싹하다　【冷咻咻】lěngxiūxiū 렁시우시우

□ 오아시스　【绿洲】lǜzhōu 뤼저우

□ 오염되다　【污染】wūrǎn 우란

□ 오이　【黄瓜】huángguā 후앙과

□ 오자　【错字】cuòzì 추어쯔

□ 오전　【上午】shàngwǔ 샹우

□ 오줌(누다)　【尿】niào 니아오

□ 오지　【奥区】ào 아오

□ 오직　【唯】wéi 웨이

□ 오진　【误诊】wùzhěn 우전

□ 오징어　【乌贼】wūzéi 우쩨이

□ 오차　【误差】wùchā 우차

□ 오케스트라　【管弦乐团】guǎnxiányuètuán
관시엔위에투안

□ 오토바이	【摩托车】 mótuōchē	모투어처
□ 오페라	【歌剧】 gējù	거쥐
□ 오픈	【公开】 gōngkāi	공카이
□ 오한	【恶寒】 èhán	어한
□ 오해하다	【误解】 wùjiě	우지에
□ 오후	【下午】 xiàwǔ	시아우
□ 오히려	【倒是】 dǎoshì	따오스
□ 옥	【玉】 yù	위
□ 옥상	【屋顶】 wūdǐng	우딩
□ 옥수수	【玉米】 yùmǐ	위미
□ 온난하다	【温暖】 wēnnuǎn	원누안
□ 온당하다	【稳当】 wěndang	원당
□ 온대	【温带】 wēndài	원따이
□ 온도	【温度】 wēndù	원뚜
□ 온도계	【温度计】 wēndùjì	원뚜지
□ 온돌	【炕】 kàng	캉
□ 온라인	【网】 wǎng	왕
□ 온몸	【全体】 quántǐ	취엔티

□ 온상	【温床】	wēnchuáng	원추앙
□ 온실	【温室】	wēnshì	원스
□ 온전하다	【健全】	jiànquán	지엔취엔
□ 온종일	【整天】	zhěngtiān	정티엔
□ 온천	【温泉】	wēnquán	원취엔
□ 온통	【全部】	quánbù	취엔뿌
□ 온화하다	【温和】	wēnhé	원허
□ 올가미	【套索】	tàosuǒ	타오쑤어
□ 올라가다	【上去】	shàngqù	샹취
□ 올리다	【使取得】	shǐqǔdé	스취더
□ 올림픽	【奥运会】	Àoyùnhuì	아윈훼이
□ 올바르다	【正确】	zhèngquè	정취에
□ 올챙이	【蝌蚪】	kēdǒu	커더우
□ 올해	【今年】	jīnnián	진니엔
□ 옮기다	【搬】	bān	반
□ 옳다	【对】	duì	뚜에이
□ 옷	【衣服】	yīfu	이푸
□ 옷감	【衣料儿】	yīliàor	이리아올

354

□ **옷차림**　　　【衣着】 yīzhuó 위주어

□ **옹고집**　　　【倔脾气】 juèpíqi 쥐에피치

□ **옹호하다**　　【拥护】 yōnghù 용후

□ **옻나무**　　　【漆】 qī 치

□ **옻칠**　　　　【黑漆】 hēiqī 헤이치

□ **와인**　　　　【葡萄酒】 pútáojiǔ 푸타오지우

□ **와해하다**　　【瓦解】 wǎjiě 와지에

□ **완강하다**　　【顽强】 wánqiáng 완치앙

□ **완고하다**　　【顽固】 wángù 완꾸

□ **완구**　　　　【玩具】 wánjù 완쥐

□ **완두콩**　　　【豌豆】 wāndòu 완떠우

□ **완만**(하다)　　【缓慢】 huǎnmàn 환만

□ **완벽하다**　　【十全十美】 shíquánshíměi
　　　　　　　　　　　　　스취엔스메이

□ **완비**(하다)　　【完备】 wánbèi 완뻬이

□ **완성**(하다)　　【完成】 wánchéng 완청

□ **완수**(하다)　　【遂行】 suìxíng 쒜이씽

□ **완전하다**　　【完全】 wánquán 완취엔

□ **완제품**　　　【成品】 chéngpǐn 청핀

□ 완행　　　【缓行】huǎnxíng 환씽

□ 완화시키다　【松】sōng 쏭

□ 왈칵하다　　【炸】zhà 자

□ 왕　　　　【王】wáng 왕

□ 왕관　　　【王冠】wángguān 왕꽌

□ 왕국　　　【王国】wángguó 왕구어

□ 왕년　　　【往年】wǎngnián 왕니엔

□ 왕래 (하다)　【往来】wǎnglái 왕라이

□ 왕림 (하다)　【光临】guānglín 광린

□ 왕복 (하다)　【往返】wǎngfǎn 왕판

□ 왕비　　　【王妃】wángfēi 왕페이

□ 왕성하다　　【旺盛】wàngshèng 왕성

□ 왕자　　　【王子】wángzǐ 왕즈

□ 왜　　　　【为什么】wèishénme 웨이션머

□ 왜곡 (하다)　【歪曲】wāiqū 와이취

□ 외계　　　【外界】wàijiè 와이지에

□ 외계인　　　【外星人】wàixīngrén 와이씽런

□ 외과　　　【外科】wàikē 와이커

□ 외관	【外观】	wàiguān 와이관
□ 외교	【外交】	wàijiāo 와이지아오
□ 외국	【外国】	wàiguó 와이구어
□ 외국어	【外语】	wàiyǔ 와이위
□ 외롭다	【孤单】	gūdān 구단
□ 외모	【仪表】	yíbiǎo 이비아오
□ 외박	【外宿】	wàisù 와이쑤
□ 외부	【外部】	wàibù 와뿌
□ 외부업무	【外事】	wàishì 와이스
□ 외삼촌	【舅舅】	jiùjiu 지우지우
□ 외숙모	【舅母】	jiùmu 지우무
□ 외신	【外电】	wàidiàn 와이띠엔
□ 외우다	【背诵】	bèisòng 베이쏭
□ 외유	【外游】	wàiyóu 와이여우
□ 외자	【外资】	wàizī 와이즈
□ 외조	【外助】	wàizhù 와이주
□ 외지	【外地】	wàidì 와이띠
□ 외지다	【偏僻】	piānpì 피엔피

□ 외출(하다)	【出门】 chūmén 추먼	
□ 외치다	【喊叫】 hǎnjiào 한지아오	
□ 외투	【大衣】 dàyī 따이	
□ 외할머니	【外祖母】 wàizǔmǔ 와이주무	
□ 외할아버지	【外祖父】 wàizǔfù 와이주푸	
□ 외향적	【外向型】 wàixiàngxíng 와이시앙씽	
□ 외형	【外形】 wàixíng 와이씽	
□ 외화	【外汇】 wàihuì 와이훼이	
□ 왼손	【左手】 zuǒshǒu 쭈어셔우	
□ 왼손잡이	【左撇子】 zuǒpiězi 쭈어피에즈	
□ 왼쪽	【左边】 zuǒbian 쭈어삐엔	
□ 요가	【瑜伽】 yújiā 위지아	
□ 요괴	【妖怪】 yāoguài 야오꽈이	
□ 요구(하다)	【要求】 yāoqiú 야오치우	
□ 요금	【费】 fèi 페이	
□ 요긴하다	【要紧】 yàojǐn 야오진	
□ 요령	【要领】 yàolǐng 야오링	
□ 요리	【餐】 cān 찬	

□ 요리	【菜】	cài 차이
□ 요리사	【厨师】	chúshī 추스
□ 요리 (하다)	【烹调】	pēngtiáo 펑티아오
□ 요소	【要素】	yàosù 야오쑤
□ 요술	【变戏法儿】	biànxìfǎr 비엔시팔
□ 요약 (하다)	【节】	jié 지에
□ 요양 (하다)	【疗养】	liáoyǎng 리아오양
□ 요염 (하다)	【妖艳】	yāoyàn 야오이엔
□ 요원 (하다)	【遥远】	yáoyuǎn 야오위엔
□ 요일	【星期】	xīngqī 씽치
□ 요점	【要点】	yàodiǎn 야오디엔
□ 요정	【妖精】	yāojing 야오징
□ 요즘	【近来】	jìnlái 진라이
□ 요청 (하다)	【要请】	yāoqǐng 야오칭
□ 요컨대	【总之】	zǒngzhī 중즈
□ 요트	【快艇】	kuàitǐng 콰이팅
□ 욕구	【欲求】	yùqiú 위치우
□ 욕망	【欲望】	yùwàng 위왕

□ 욕설　　　　【骂】 mà 마

□ 욕실　　　　【浴室】 yùshì 위스

□ 욕조　　　　【浴盆】 yùpén 위펀

□ 욕하다　　　【骂】 mà 마

□ 용　　　　　【龙】 lóng 롱

□ 용감하다　　【勇敢】 yǒnggǎn 용간

□ 용건　　　　【事】 shì 스

□ 용구　　　　【用具】 yòngjù 용쮜

□ 용기　　　　【容器】 róngqì 롱치

□ 용기　　　　【勇气】 yǒngqì 용치

□ 용기내다　　【奋勇】 fènyǒng 펀용

□ 용납(하다)　【容纳】 róngnà 롱나

□ 용도　　　　【用途】 yòngtú 용투

□ 용량　　　　【容量】 róngliàng 롱리앙

□ 용모　　　　【品貌】 pǐnmào 핀마오

□ 용법　　　　【用法】 yòngfǎ 용파

□ 용사　　　　【勇士】 yǒngshì 용스

□ 용서하다　　【饶】 ráo 라오

□ **용솟음치다**　　【汹涌】 xiōngyǒng 시옹용

□ **용수철**　　　　【弹簧】 tánhuáng 탄후앙

□ **용액**　　　　　【溶液】 róngyè 롱예

□ **용어**　　　　　【用语】 yòngyǔ 용위

□ **용이하다**　　　【易】 yì 이

□ **용적**　　　　　【容积】 róngjī 롱지

□ **용접**(하다)　　　【焊】 hàn 한

□ **용지**　　　　　【用纸】 yòngzhǐ 용즈

□ **용품**　　　　　【用品】 yòngpǐn 용핀

□ **용해되다**　　　【溶化】 rónghuà 롱화

□ **우거지다**　　　【茂】 mào 마오

□ **우기다**　　　　【执】 zhí 즈

□ **우대하다**　　　【优惠】 yōuhuì 여우훼이

□ **우두머리**　　　【头子】 tóuzi 터우즈

□ **우둔하다**　　　【愚蠢】 yúchǔn 위춘

□ **우뚝서다**　　　【挺立】 tǐnglì 팅리

□ **우라늄**　　　　【铀】 yóu 여우

□ **우량종**　　　　【良种】 liángzhǒng 리앙중

□ 우량하다　　【优良】 yōuliáng 여우리앙

□ 우렁이　　【田螺】 tiánluó 티엔루어

□ 우레　　【雷】 léi 레이

□ 우리　　【我们】 wǒmen 워먼

□ 우매하다　　【愚昧】 yúmèi 위메이

□ 우물　　【井】 jǐng 징

□ 우박　　【雹子】 báozi 바오즈

□ 우산　　【雨伞】 yǔsǎn 위싼

□ 우상　　【偶像】 ǒuxiàng 어우시앙

□ 우선　　【优先】 yōuxiān 여우시엔

□ 우세　　【优势】 yōushì 여우스

□ 우송(하다)　　【邮寄】 yóujì 여우지

□ 우수하다　　【优秀】 yōuxiù 여우시우

□ 우수한 점　　【优点】 yōudiǎn 여우디엔

□ 우수한 품질　　【优质】 yōuzhì 여우즈

□ 우스갯소리　　【玩笑】 wánxiào 완시아오

□ 우습다　　【可笑】 kěxiào 커시아오

□ 우승(하다)　　【优胜】 yōushèng 여우성

□ **우아하다** 【文雅】 wényǎ 원야

□ **우애하다** 【友爱】 yǒu'ài 여우아이

□ **우여곡절** 【周折】 zhōuzhé 저우저

□ **우연하다** 【偶然】 ǒurán 어우란

□ **우울하다** 【忧郁】 yōuyù 여우위

□ **우월하다** 【优越】 yōuyuè 여우위에

□ **우유** 【牛奶】 niúnǎi 니우나이

□ **우의** 【友谊】 yǒuyì 여우이

□ **우정** 【友情】 yǒuqíng 여우칭

□ **우주** 【宇宙】 yǔzhòu 위저우

□ **우주비행** 【航天】 hángtiān 항티엔

□ **우쭐하다** 【扬扬自得】 yángyángzìde 양양즈더

□ **우체국** 【邮局】 yóujú 여우쥐

□ **우편** 【邮件】 yóujiàn 여우지엔

□ **우편소포** 【邮包】 yóubāo 여우바오

□ **우편행정** 【邮政】 yóuzhèng 여우정

□ **우표** 【邮票】 yōupiào 여우피아오

□ **우호적이다** 【友好】 yǒuhǎo 여우하오

363

우화	【寓言】 yùyán 위이엔
우회하다	【绕】 rào 라오
운	【运】 yùn 윈
운동	【运动】 yùndòng 윈똥
운동원	【运动员】 yùndòngyuǎn 윈똥위엔
운동장	【操场】 cāochǎng 차오창
운동(하다)	【运动】 yùndòng 윈똥
운동회	【运动会】 yùndònghuì 윈똥훼이
운명	【命运】 mìngyùn 밍윈
운반(하다)	【搬运】 bānyùn 반윈
운송(하다)	【运送】 yùnsòng 윈쏭
운수(재수)	【运气】 yùnqi 윈치
운임	【运费】 yùnfèi 윈페이
운전(하다)	【开】 kāi 카이
운좋게	【幸而】 xìng'er 씽얼
운좋다	【幸运】 xìngyùn 씽윈
운하	【运河】 yùnhé 윈허
운항(하다)	【行驶】 xíngshǐ 씽스

□ **운행**(하다) 【运行】 yùnxíng 윈씽

□ **울다** 【哭】 kū 쿠

□ **울보** 【哭鬼】 kūguǐ 쿠꿰이

□ **울음소리** 【哭声】 kūshēng 쿠성

□ **울타리** 【篱笆】 líba 리바

□ **움직이다** 【动】 dòng 똥

□ **움츠리다** 【缩】 suō 쑤어

□ **움트다** 【萌芽】 méngyá 멍야

□ **웃기다** 【开玩笑】 kāiwánxiào 카이완시아오

□ **웃다** 【笑】 xiào 시아오

□ **웃옷** 【上衣】 shàngyī 샹이

□ **웃음거리** 【出洋相】 chūyángxiàng 추양시앙

□ **웅대하다** 【宏大】 hóngdà 홍따

□ **웅덩이** 【洼子】 wāzi 와즈

□ **웅변** 【雄辩】 xióngbiàn 시옹비엔

□ **웅장하다** 【雄壮】 xióngzhuàng 시옹주앙

□ **웅크리다** 【卧】 wò 워

□ **원** 【园】 yuán 위엔

365

□ 원가 【成本】 chéngběn 청번

□ 원격조종 【遥控】 yáokòng 야오콩

□ 원경 【远景】 yuǎnjǐng 위엔징

□ 원고 【稿】 gǎo 가오

□ 원고 (재판) 【原告】 yuángào 위엔까오

□ 원고지 【稿纸】 gǎozhǐ 가오즈

□ 원기 【气】 qì 치

□ 원단 【元旦】 yuándàn 위엔딴

□ 원대하다 【远大】 yuǎndà 위엔따

□ 원래 【原来】 yuánlái 위엔라이

□ 원료 【原料】 yuánliào 위엔리아오

□ 원리 【原理】 yuánlǐ 위엔리

□ 원만하다 【圆满】 yuánmǎn 위엔만

□ 원망하다 【埋怨】 máiyuàn 마이위엔

□ 원서 【愿书】 yuànshū 위엔수

□ 원소 【元素】 yuánsù 위엔쑤

□ 원수 (적) 【仇】 chóu 처우

□ 원수 (우두머리) 【元首】 yuánshǒu 위엔서우

□ 원숭이	【猴子】	hóuzi 허우즈
□ 원시	【原始】	yuánshǐ 위엔스
□ 원시림	【原始森林】	yuánshǐsēnlín 위엔스썬린
□ 원예	【园艺】	yuányì 위엔이
□ 원유	【原油】	yuányóu 위엔여우
□ 원인	【猿人】	yuánrén 위엔런
□ 원인	【原因】	yuányīn 위엔인
□ 원자	【原子】	yuánzi 위엔즈
□ 원자력	【原子能】	yuánzǐnéng 위엔즈넝
□ 원자재	【原材料】	yuáncáiliào 위엔차이리아오
□ 원자탄	【原子弹】	yuánzǐdàn 위엔즈딴
□ 원작	【原作】	yuánzuò 위엔쭈어
□ 원장	【院长】	yuànzhǎng 위엔장
□ 원조 (하다)	【援助】	yuánzhù 위엔주
□ 원주민	【土著居民】	tǔzhùjūmín 투주쥐민
□ 원천	【源泉】	yuánquán 위엔취엔
□ 원칙	【原则】	yuánzé 위엔저
□ 원통하다	【冤】	yuān 위엔

□ 원피스	【连衣裙】 liányīqún	리엔이췬
□ 원하다	【愿】 yuàn	위엔
□ 원한	【冤】 yuān	위엔
□ 원형	【圆形】 yuánxíng	위엔씽
□ 월간	【月刊】 yuèkān	위에칸
□ 월경	【月经】 yuèjīng	위에징
□ 월계관	【桂冠】 guìguān	꿰이관
□ 월구	【月球】 yuèqiú	위에치우
□ 월급	【月薪】 yuèxīn	위에씬
□ 월동(하다)	【越冬】 yuèdōng	위에동
□ 월드컵	【世界杯赛】 shìjièbēisài	스지에베이싸이
□ 월등히	【优异】 yōuyì	여우이
□ 월부	【按月】 ànyuè	안위에
□ 월요일	【星期一】 xīngqīyī	씽치이
□ 웨이터	【服务员】 fúwùyuán	푸우위엔
□ 위	【胃】 wèi	웨이
□ 위급하다	【危急】 wēijí	웨이지
□ 위기	【危机】 wēijī	웨이지

□ 위대하다	【伟大】	wěidà	웨이따
□ 위독하다	【凶险】	xiōngxiǎn	시옹시엔
□ 위력	【威力】	wēilì	웨이리
□ 위로(하다)	【告慰】	gàowèi	가오웨이
□ 위문(하다)	【慰问】	wèiwèn	웨이원
□ 위반되다	【犯法】	fànfǎ	판파
□ 위반(하다)	【违反】	wéifǎn	웨이판
□ 위배(하다)	【违背】	wéibèi	웨이뻬이
□ 위법이다	【违法】	wéifǎ	웨이파
□ 위생	【卫生】	wèishēng	웨이셩
□ 위선적이다	【虚伪】	xūwěi	쉬웨이
□ 위성	【卫星】	wèixīng	웨이씽
□ 위세	【权威】	quánwēi	취엔웨이
□ 위스키	【威士忌(酒)】	wēishìjì(jiǔ)	웨이스지(지우)
□ 위신	【威信】	wēixìn	웨이씬
□ 위안(하다)	【安慰】	ānwèi	안웨이
□ 위약(하다)	【失约】	shīyuē	스위에
□ 위원	【委员】	wěiyuán	웨이위엔

□ 위자료	【慰抚金】	wèifǔjīn 웨이푸진
□ 위장	【伪装】	wěizhuāng 웨이주앙
□ 위조(하다)	【伪造】	wěizào 웨이자오
□ 위쪽	【上】	shàng 샹
□ 위치	【位置】	wèizhi 웨이즈
□ 위탁(하다)	【委托】	wěituō 웨이투어
□ 위태롭다	【险恶】	xiǎn'è 시엔어
□ 위풍	【威风】	wēifēng 웨이펑
□ 위험(하다)	【危险】	wēixiǎn 웨이시엔
□ 위협(하다)	【威胁】	wēixié 웨이시에
□ 윙크	【眼色】	yǎnsè 이엔써
□ 유감스럽다	【遗憾】	yíhàn 이한
□ 유격(하다)	【游击】	yóujī 여우지
□ 유골	【遗骨】	yígǔ 이구
□ 유괴(하다)	【拐】	guǎi 과이
□ 유교	【儒教】	Rújiào 루지아오
□ 유구하다	【悠久】	yōujiǔ 여우지우
□ 유능하다	【得力】	délì 더리

□ 유니폼	【制服】	zhìfú	즈푸
□ 유도탄	【导弹】	dǎodàn	다오딴
□ 유독	【惟独】	wéidú	웨이두
□ 유람객	【游客】	yóukè	여우커
□ 유람선	【游船】	yóuchuán	여우추안
□ 유람인	【游人】	yóurén	여우런
□ 유람 (하다)	【游览】	yóulǎn	여우란
□ 유랑 (하다)	【流浪】	liúlàng	리우랑
□ 유래	【由来】	yóulái	여우라이
□ 유럽	【欧】	ōu	어우
□ 유력하다	【有力】	yǒulì	여우리
□ 유령	【鬼】	guǐ	궤이
□ 유료	【收费】	shōufèi	셔우페이
□ 유리	【玻璃】	bōlí	보리
□ 유리하다	【有利】	yǒulì	여우리
□ 유린하다	【糟蹋】	zāotà	자오타
□ 유망	【有为】	yǒuwéi	여우웨이
□ 유머	【幽默】	yōumò	여우모

□ 유머러스하다	【幽默】	yōumò	여우모
□ 유명하다	【有名】	yǒumíng	여우밍
□ 유명해지다	【出名】	chūmíng	추밍
□ 유물	【遗物】	yíwù	이우
□ 유물론	【唯物论】	wéiwùlùn	웨이우룬
□ 유발(하다)	【引起】	yǐnqǐ	인치
□ 유방	【乳房】	rǔfáng	루팡
□ 유배	【流配】	liúpèi	리우페이
□ 유보	【保留】	bǎoliú	바오리우
□ 유부녀	【有夫之妇】	yǒufūzhīfù	여우푸즈푸
□ 유사하다	【类似】	lèisì	레이쓰
□ 유산	【硫酸】	liúsuān	리우쑤안
□ 유산	【遗产】	yíchǎn	이찬
□ 유서	【遗书】	yíshū	이수
□ 유수	【流水】	liúshuǐ	리우쉐이
□ 유심론	【唯心论】	wéixīnlùn	웨이씬룬
□ 유언	【遗嘱】	yízhǔ	이주
□ 유역	【流域】	liúyù	리우위

□ 유연하다	【柔软】	róuruǎn	러우루안
□ 유용하다	【动用】	dòngyòng	똥용
□ 유익하다	【有益】	yǒuyì	여우이
□ 유인 (하다)	【引诱】	yǐnyòu	인여우
□ 유일하다	【惟一】	wéiyī	웨이이
□ 유적지	【遗址】	yízhǐ	이즈
□ 유전	【油田】	yóutián	여우티엔
□ 유전되다	【遗传】	yíchuán	이추안
□ 유전 (하다)	【漂泊】	piāobó	피아오뽀
□ 유지 (하다)	【维持】	wéichí	웨이츠
□ 유창 (하다)	【流利】	liúlì	리우리
□ 유채 (식물)	【油菜】	yóucài	여우차이
□ 유출되다	【外流】	wàiliú	와이리우
□ 유치원	【幼儿园】	yòu'éryuán	여우얼위엔
□ 유치 (하다)	【幼稚】	yòuzhì	여우즈
□ 유쾌하다	【愉快】	yúkuài	위콰이
□ 유통되다	【周转】	zhōuzhuǎn	저우주안
□ 유통 (하다)	【流通】	liútōng	리우통

373

□ 유학	【留学】	liúxué 리우쉬에
□ 유학생	【留学生】	liúxuéshēng 리우쉬에성
□ 유해	【遗体】	yítǐ 이티
□ 유해하다	【有害】	yǒuhài 여우하이
□ 유행복	【时装】	shízhuāng 스주앙
□ 유행(하다)	【流行】	liúxíng 리우씽
□ 유형	【类型】	lèixíng 레이씽
□ 유혹되다	【诱惑】	yòuhuò 여우후어
□ 유화	【油画】	yóuhuà 여우화
□ 유효(하다)	【有效】	yǒuxiào 여우시아오
□ 유희	【游戏】	yóuxì 여우시
□ 육(6)	【六】	liù 리우
□ 육군	【陆军】	lùjūn 루쥔
□ 육상	【陆地】	lùdì 루띠
□ 육상경기	【田径】	tiánjìng 티엔징
□ 육성(음성)	【原声】	yuánshēng 위엔성
□ 육아	【育儿】	yù'ěr 위얼
□ 육안	【肉眼】	ròuyǎn 러우이엔

□ 육중하다	【笨重】	bènzhòng 뻔중
□ 육지	【陆地】	lùdì 루띠
□ 육체	【肉体】	ròutǐ 러우티
□ 윤곽	【轮廓】	lúnkuò 룬쿠어
□ 윤년	【闰年】	rùnnián 룬니엔
□ 윤리	【伦理】	lúnlǐ 룬리
□ 윤회	【轮回】	lúnhuí 룬훼이
□ 융단	【绒毯】	róngtǎn 롱탄
□ 융성하다	【兴盛】	xīngshèng 싱성
□ 융자	【融资】	róngzī 롱즈
□ 융통 (하다)	【融通】	róngtōng 롱통
□ 융합 (하다)	【融合】	rónghé 롱허
□ 으뜸	【头等】	tóuděng 터우떵
□ 으뜸의	【首要】	shǒuyào 셔우야오
□ 으스대다	【做大】	zuòdà 쭈어다
□ 은	【银】	yín 인
□ 은닉 (하다)	【隐匿】	yǐnnì 인니
□ 은사	【恩师】	ēnshī 언스

375

□ 은어	【隐语】	yǐnyǔ	인위
□ 은은 (하다)	【隐约】	yǐnyuē	인위에
□ 은인	【恩人】	ēnrén	언런
□ 은퇴	【隐退】	yǐntuì	인퉤이
□ 은폐 (하다)	【隐蔽】	yǐnbì	인삐
□ 은행	【银行】	yínháng	인항
□ 은행나무	【银杏】	yínxìng	인씽
□ 은혜	【恩惠】	ēnhuì	언훼이
□ 음란하다	【淫乱】	yínluàn	인루안
□ 음료	【饮料】	yǐnliào	인리아오
□ 음모	【阴谋】	yīnmóu	인머우
□ 음미하다	【吟味】	yínwèi	인웨이
□ 음성	【人声】	rénshēng	런성
□ 음식	【饮食】	yǐnshí	인스
□ 음식물	【食物】	shíwù	스우
□ 음식점	【饭馆】	fànguǎn	판관
□ 음악	【音乐】	yīnyuè	인위에
□ 음울 (하다)	【沉闷】	chénmèn	천먼

□ **음향**　　　　【音响】yīnxing 인시앙

□ **응결**(하다)　　【凝结】níngjié 닝지에

□ **응고**(하다)　　【凝固】nínggù 닝꾸

□ **응급실**　　　【急救室】jíjiùshì 지지우스

□ **응달**　　　　【阴地】yīndì 인띠

□ **응답**(하다)　　【应】yīng 잉

□ **응당**　　　　【应当】yīngdāng 잉당

□ **응대**(하다)　　【应酬】yìngchou 잉처우

□ **응부**(하다)　　【应付】yīngfu 잉푸

□ **응시**(하다)　　【凝视】níngshì 닝스

□ **응어리**　　　【疙瘩】gēdā 거다

□ **응용**(하다)　　【应用】yìngyòng 잉용

□ **응원**(하다)　　【应援】yìngyuán 잉위엔

□ **응접실**　　　【客厅】kètīng 커팅

□ **응하다**　　　【应】yìng 잉

□ **의거**(하다)　　【依据】yījù 이지우

□ **의견**　　　　【意见】yìjiàn 이지엔

□ **의기양양하다**　【得意】déyì 더이

□ 의논 (하다)	【议论】	yìlùn 이룬
□ 의도	【意图】	yìtú 이투
□ 의뢰 (하다)	【依赖】	yīlài 이라이
□ 의료	【医疗】	yíliáo 이리아오
□ 의류	【衣服】	yīfu 이푸
□ 의무	【义务】	yìwù 이우
□ 의무실	【医务室】	yīwùshì 이우스
□ 의문	【疑问】	yíwèn 이원
□ 의미	【意思】	yìsi 이쓰
□ 의미 (하다)	【意味着】	yìwèizhe 이웨이저
□ 의복	【衣服】	yīfu 이푸
□ 의사	【大夫】	dàifu 따이푸
□ 의상	【衣裳】	yīshàng 이샹
□ 의석	【席位】	xíwèi 시웨이
□ 의식	【意识】	yìshi 이스
□ 의식 (행사)	【典礼】	diǎnlǐ 디엔리
□ 의심	【嫌疑】	xiányí 시엔이
□ 의심하다	【怀疑】	huáiyí 화이이

□ 의아하다	【纳闷儿】 námènr 나멀	
□ 의안	【议案】 yì'àn 이안	
□ 의약	【医药】 yīyào 이야오	
□ 의외로	【意外】 yìwài 이와이	
□ 의욕	【欲望】 yùwàng 위왕	
□ 의원 (의사)	【医生】 yīshēng 이성	
□ 의원	【议员】 yìyuán 이위엔	
□ 의자	【椅子】 yǐzi 이즈	
□ 의젓하다	【大方】 dàfang 따팡	
□ 의정	【议程】 yìchéng 이청	
□ 의정서	【议定书】 yìdìngshū 이띵수	
□ 의지	【意志】 yìzhì 이즈	
□ 의지하다	【依靠】 yīkào 이카오	
□ 의학	【医学】 yīxué 이쉬에	
□ 의향	【意向】 yìxiàng 이시양	
□ 의혹	【疑惑】 yíhuò 이후어	
□ 의회	【议会】 yìhuì 이훼이	
□ 이 (2)	【二】 èr 얼	

□ 이 (치아)	【牙齿】	yáchǐ 야츠
□ 이것	【这个】	zhège 저거
□ 이겨내다	【承受】	chéngshòu 청셔우
□ 이기다	【赢】	yíng 잉
□ 이기적이다	【自私的】	zìsīde 쯔스더
□ 이끌다	【带领】	dàilǐng 따이링
□ 이끌어내다	【引】	yǐn 인
□ 이끼	【苔】	tái 타이
□ 이내	【以内】	yǐnèi 이네이
□ 이념	【理念】	lǐniàn 리니엔
□ 이다 (머리)	【顶】	dǐng 딩
□ 이동 (하다)	【移动】	yídòng 이똥
□ 이따금	【时而】	shí'ér 스얼
□ 이때	【这会儿】	zhèhuer 저후얼
□ 이래	【以来】	yǐlái 이라이
□ 이렇게	【这样】	zhèyàng 저양
□ 이력서	【履历书】	lǚlìshū 뤼리수
□ 이로움	【利】	lì 리

□ **이론**	【理论】 lǐlùn 리룬	
□ **이루다**	【做成】 zuòchéng 주어청	
□ **이륙**(하다)	【起飞】 qǐfēi 치페이	
□ **이르다**	【达到】 dádào 다따오	
□ **이른 새벽**	【凌晨】 língchén 링천	
□ **이른 아침**	【清早】 qīngzǎo 칭자오	
□ **이른바**	【所谓】 suǒwèi 쑤어웨이	
□ **이름**	【名字】 míngzi 밍즈	
□ **이리**	【狼】 láng 랑	
□ **이마**	【额】 é 어	
□ **이모**	【姨】 yí 이	
□ **이미**	【已经】 yǐjīng 이징	
□ **이미지**	【心像】 xīnxiàng 씬시앙	
□ **이민**	【移民】 yímín 이민	
□ **이발**	【理发】 lǐfà 리파	
□ **이발관**	【发廊】 fàláng 파랑	
□ **이방인**	【异邦人】 yìbāngrén 이방런	
□ **이별**(하다)	【离别】 líbié 리비에	

가
나
다
라
마
바
사
아
자
차
카
타
파
하

381

이불	【被子】 bèizi 뻬이즈
이빨	【牙齿】 yáchǐ 야츠
이사 (직함)	【理事】 lǐshì 리스
이사 (하다)	【搬家】 bānjiā 반지아
이삭	【穗】 suì 쒜이
이산화탄소	【二氧化碳】 èryǎnghuàtàn 얼양화탄
이상	【理想】 lǐxiǎng 리시앙
이상	【以上】 yǐshàng 이샹
이상하다	【可怪】 kěguài 커꽈이
이성	【异性】 yìxìng 이씽
이슬	【露】 lù 뤼
이슬람교	【伊斯兰教】 yīsīlánjiào 이쓰란지아오
이쑤시개	【牙签】 yáqiān 이치엔
이야기	【故事】 gùshi 꾸스
이야기하다	【交谈】 jiāotán 지아오탄
이어지다	【继】 jì 지
이왕	【以往】 yǐwǎng 이왕
이외	【以外】 yǐwài 이와이

□ **이용**(하다)	【利用】	lìyòng 리용
□ **이웃**	【邻居】	línjū 린쥐
□ **이웃나라**	【邻国】	línguó 린구어
□ **이유**	【理由】	lǐyóu 리여우
□ **이윤**	【利润】	lìrùn 리룬
□ **이음새**	【接缝】	jiēfèng 지에펑
□ **이익**	【利益】	lìyì 리이
□ **이자**	【利息】	lìxī 리시
□ **이전**	【以前】	yǐqián 이치엔
□ **이점**	【好处】	hǎochù 하오추
□ **이제**	【眼下】	yǎnxià 이엔시아
□ **이질**	【痢疾】	lìji 리지
□ **이집트**	【埃及】	āijí 아이지
□ **이쪽**	【这边】	zhèbiān 저비엔
□ **이치**	【道理】	dàoli 따오리
□ **이탈**(하다)	【脱离】	tuōlí 투어리
□ **이하**	【以下】	yǐxià 이시아
□ **이해**	【利害】	lìhài 리하이

□ **이해**(하다)	【理解】 lǐjiě	리지에
□ **이행**(하다)	【履行】 lǚxíng	뤼씽
□ **이혼**(하다)	【离婚】 líhūn	리훈
□ **이후**	【以后】 yǐhòu	이허우
□ **익다**	【熟】 shú	수
□ **익명**	【暗名儿】 ànmíngr	안밀
□ **익사**	【淹死】 yānsǐ	이엔쓰
□ **익살**	【滑稽】 huájī	화지
□ **익숙하다**	【熟悉】 shúxì	수시
□ **익히다**	【熟】 shú	수
□ **인가**(하다)	【认可】 rènkě	런커
□ **인간**	【人间】 rénjiān	런지엔
□ **인격**	【人格】 réngé	런거
□ **인계받다**	【接班】 jiēbān	지에반
□ **인공**	【人工】 réngōng	런공
□ **인공적인**	【人造】 rénzào	런자오
□ **인구**	【人口】 rénkǒu	런커우
□ **인권**	【人权】 rénquán	런취엔

384

□ **인기있다**　　【吃香】 chīxiāng 츠시앙

□ **인내력**　　【耐力】 nàilì 나이리

□ **인내** (하다)　　【忍耐】 rěnnài 런나이

□ **인도**　　【便道】 biàndào 삐엔따오

□ **인도주의**　　【人道主义】 réndàozhǔyì 런따오주이

□ **인도** (하다)　　【引导】 yǐndǎo 인다오

□ **인력**　　【人力】 rénlì 런리

□ **인류**　　【人类】 rénlèi 런레이

□ **인물**　　【人物】 rénwù 런우

□ **인민**　　【人民】 rénmín 런민

□ **인민폐**　　【人民币】 rénmínbì 런민삐

□ **인부**　　【壮工】 zhuànggōng 주앙공

□ **인사**　　【人士】 rénshì 런스

□ **인사**　　【人事】 rénshì 런스

□ **인사** (하다)　　【打招呼】 dǎzhāohu 다자오후

□ **인삼**　　【人参】 rénshēn 런션

□ **인상**　　【印象】 yìnxiàng 인시앙

□ **인상하다**　　【提高】 tígāo 티까오

385

□ 인생	【人生】	rénshēng	런성
□ 인성	【人性】	rénxìng	런씽
□ 인솔 (하다)	【率领】	shuàilǐng	수아이링
□ 인쇄	【印刷】	yìnshuā	인수아
□ 인스턴트	【快餐食品】	kuàicānshípǐn	콰이찬스핀
□ 인식 (하다)	【认识】	rènshi	런스
□ 인신	【人身】	rénshēn	런션
□ 인심	【人心】	rénxīn	런씬
□ 인연	【因缘】	yīnyuán	인위엔
□ 인용 (하다)	【引用】	yǐnyòng	인용
□ 인원	【人员】	rényuán	런위엔
□ 인위적인	【人为】	rénwéi	런웨이
□ 인자하다	【仁慈】	réncí	런츠
□ 인재	【人才】	réncái	런차이
□ 인정	【人情】	rénqíng	런칭
□ 인정 (하다)	【认定】	rèndìng	런띵
□ 인종	【人种】	rénzhǒng	렁종
□ 인주	【印泥】	yìnní	인니

□ 인질	【人质】 rénzhì	런즈
□ 인체	【人体】 réntǐ	런티
□ 인출	【取款】 qǔkuǎn	취콴
□ 인터넷	【网】 wǎng	왕
□ 인터뷰	【会见】 huìjiàn	훼이지엔
□ 인테리어	【室内装饰】 shìnèizhuāngshì	스네이주앙스
□ 인하	【低减】 dījiǎn	디지엔
□ 인형	【娃娃】 wáwa	와와
□ 인화(하다)	【洗】 xǐ	시
□ 일(1)	【一】 yī	이
□ 일	【事】 shì	스
□ 일(작업)	【活儿】 huǒr	훨
□ 일거에	【一举】 yìjǔ	이쥐
□ 일과	【日课】 rìkè	르커
□ 일관적이다	【一贯】 yíguàn	이꽌
□ 일광	【日光】 rìguāng	르광
□ 일기	【日期】 rìqī	르치
□ 일깨우다	【提醒】 tíxǐng	티씽

□ 일꾼	【能人】 néngrén	넝런
□ 일념	【一念】 yīniàn	이니엔
□ 일다	【掀起】 xiānqǐ	시엔치
□ 일단	【一旦】 yídàn	이딴
□ 일당	【一党】 yīdǎng	이땅
□ 일대(지역)	【一带】 yídài	이따이
□ 일련번호	【编号】 biānhào	비엔하오
□ 일련의	【一系列】 yíxìliè	이시리에
□ 일류	【一流】 yīliú	이리우
□ 일률적이다	【一律】 yílǜ	이뤼
□ 일몰	【日没】 rìmò	르모
□ 일반적이다	【一般】 yìbān	이반
□ 일방적	【片面】 piànmiàn	피엔미엔
□ 일보	【日报】 rìbào	르빠오
□ 일본	【日本】 Rìběn	르번
□ 일본어	【日语】 rìyǔ	르위
□ 일본인	【日本人】 Rìběnrén	르번런
□ 일부	【有些】 yǒuxiē	여우시에

□ **일부러**	【故意】 gùyì 꾸이	
□ **일상**	【日常】 rìcháng 르창	
□ **일생**	【一生】 yìshēng 이셩	
□ **일손**	【工活】 gōnghuó 꽁후어	
□ **일시**	【一时】 yìshí 이스	
□ **일시에**	【一下子】 yíxiàzi 이시아쯔	
□ **일어**	【日语】 Rìyǔ 르위	
□ **일어나다**	【起来】 qǐlái 치라이	
□ **일요일**	【星期日】 xīngqīrì 씽치르	
□ **일용**	【日用】 rìyòng 르용	
□ **일용품**	【日用品】 rìyòngpǐn 르용핀	
□ **일으키다**	【掀起】 xiānqǐ 시엔치	
□ **일일이**	【一一】 yīyī 이이	
□ **일정**	【日程】 rìchéng 르청	
□ **일제히**	【一齐】 yīqí 이치	
□ **일찌감치**	【及早】 jízǎo 지자오	
□ **일찍부터**	【早】 zǎo 자오	
□ **일찍이**	【早先】 zǎoxiān 자오시엔	

□ 일체	【一切】	yíqiè 이치에
□ 일치 (하다)	【一致】	yīzhì 이즈
□ 일컫다	【称呼】	chēnghu 청후
□ 일터	【岗位】	gǎngwèi 강웨이
□ 일하다	【做活】	zuòhuó 쭈어후어
□ 일행	【一行】	yìháng 이항
□ 읽다	【读】	dú 두
□ 잃다	【失】	shī 스
□ 잃어버리다	【失去】	shīqù 스취
□ 임금	【工资】	gōngzi 공즈
□ 임대료	【租金】	zūjīn 주진
□ 임명 (하다)	【任命】	rènmìng 런밍
□ 임무	【任务】	rènwù 런우
□ 임상	【临床】	línchuáng 린추앙
□ 임시	【临时】	línshí 린스
□ 임신 (하다)	【怀孕】	huáiyùn 화이윈
□ 임업	【林业】	línyè 린예
□ 임용 (하다)	【任用】	rènyòng 런용

390

□ **임의대로**	【任意】 rènyì 런이	
□ **임하다**	【临】 lín 린	나
□ **입**	【嘴】 zuǐ 줴이	
□ **입고** (하다)	【入库】 rùkù 루커	다
□ **입구**	【入口】 rùkǒu 루커우	라
□ **입국**	【入境】 rùjìng 루징	
□ **입금**	【进钱】 jìnqián 진치엔	마
□ **입다**	【受】 shòu 셔우	바
□ **입다**	【穿】 chuān 추안	
□ **입덧**	【孕吐】 yùntù 윈투	아
□ **입력**	【输入】 shūrù 수루	
□ **입맞춤**	【亲嘴】 qīnzuǐ 친줴이	자
□ **입문**	【入门】 rùmén 루먼	차
□ **입방**	【立方】 lìfāng 리팡	
□ **입사**	【加入公司】 jiārùgōngsī 지아루공쓰	카
□ **입상**	【得奖】 déjiǎng 더지앙	타
□ **입술**	【嘴唇】 zuǐchún 줴이춘	파
□ **입쌀**	【大米】 dàmǐ 따미	하

신체 身体

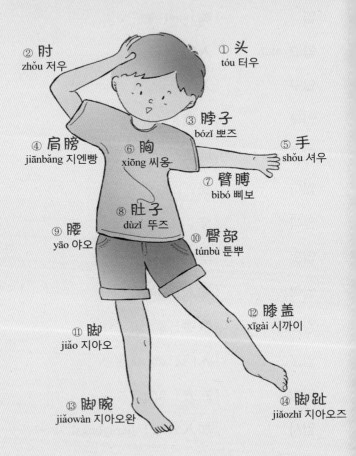

② 肘
zhǒu 저우

① 头
tóu 터우

③ 脖子
bózǐ 뽀즈

④ 肩膀
jiānbǎng 지엔빵

⑥ 胸
xiōng 씨옹

⑤ 手
shǒu 셔우

⑦ 臂膊
bìbó 삐보

⑧ 肚子
dùzǐ 뚜즈

⑨ 腰
yāo 야오

⑩ 臀部
túnbù 툰뿌

⑫ 膝盖
xīgài 시까이

⑪ 脚
jiǎo 지아오

⑬ 脚腕
jiǎowàn 지아오완

⑭ 脚趾
jiǎozhǐ 지아오즈

① 머리 ② 팔꿈치 ③ 목 ④ 어깨 ⑤ 손 ⑥ 가슴 ⑦ 팔 ⑧ 배
⑨ 허리 ⑩ 엉덩이 ⑪ 다리 ⑫ 무릎 ⑬ 발목 ⑭ 발가락

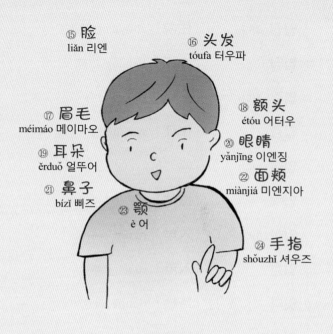

⑮ 脸
liǎn 리엔

⑯ 头发
tóufa 터우파

⑰ 眉毛
méimáo 메이마오

⑱ 额头
étóu 어터우

⑲ 耳朵
ěrduǒ 얼뚜어

⑳ 眼睛
yǎnjīng 이엔징

㉑ 鼻子
bízi 삐즈

㉒ 面颊
miànjiá 미엔지아

㉓ 颚
è 어

㉔ 手指
shǒuzhǐ 셔우즈

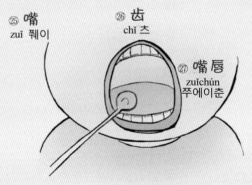

㉕ 嘴
zuǐ 쮀이

㉖ 齿
chǐ 츠

㉗ 嘴唇
zuǐchún 쭈에이춘

⑮ 얼굴 ⑯ 머리카락 ⑰ 눈썹 ⑱ 이마 ⑲ 귀 ⑳ 눈 ㉑ 코
㉒ 볼 ㉓ 턱 ㉔ 손가락 ㉕ 입 ㉖ 치아 ㉗ 입술

□ 입원 (하다)	【住院】	zhùyuàn 주위엔
□ 입장	【立场】	lìchǎng 리창
□ 입주 (하다)	【入境】	rùjìng 루징
□ 입증	【作证】	zuòzhèng 쭈어정
□ 입찰 (하다)	【标】	biāo 비아오
□ 입체	【位体】	lìtǐ 리티
□ 입학 (하다)	【入学】	rùxué 루쉬에
□ 입항	【入港】	rùgǎng 루강
□ 잇다	【连接】	liánjiē 리엔지에
□ 잇따라	【接连】	jiēlián 지에리엔
□ 잇몸	【牙龈】	yáyín 야인
□ 잉어	【鲤】	lǐ 리
□ 잉여	【剩余】	shèngyú 성위
□ 잉크	【墨水】	mòshuǐ 모쉐이
□ 잉태 (하다)	【孕胎】	yùntāi 윈타이
□ 잊다	【忘记】	wàngjì 왕지
□ 잊어버리다	【忘】	wàng 왕
□ 잎	【叶子】	yèzi 예즈

자

- □ **자** 【尺】 chǐ 츠

- □ **자각** (하다) 【自觉】 zìjué 쯔쥐에

- □ **자갈** 【碎石】 suìshí 쒜이스

- □ **자격** 【资格】 zīgé 즈거

- □ **자고로** 【自古】 zìgǔ 쯔구

- □ **자국** 【本国】 běnguó 번구어

- □ **자국** 【印痕】 yìnhén 인헌

- □ **자궁** 【子宫】 zǐgōng 즈공

- □ **자극** (하다) 【刺激】 cìjī 츠지

- □ **자금** 【资金】 zījīn 즈진

- □ **자기** 【自己】 zìjǐ 쯔지

- □ **자기편** 【己方】 jǐfāng 지팡

- □ **자꾸** 【频】 pín 핀

- □ **자다** 【睡觉】 shuìjiào 쉐이지아오

- □ **자동** 【自动】 zìdòng 쯔똥

395

□ **자동차**	【汽车】 qìchē 치처	
□ **자두**	【李子】 lǐzi 리즈	
□ **자라**	【鳖】 biē 비에	
□ **자라다**	【长】 zhǎng 장	
□ **자랑하다**	【炫耀】 xuànyào 쉬엔야오	
□ **자료**	【资料】 zīliào 즈리아오	
□ **자루** (포대)	【袋】 dài 따이	
□ **자루** (손잡이)	【柄】 bǐng 빙	
□ **자르다**	【切】 qiē 치에	
□ **자리**	【座儿】 zuòr 쭈얼	
□ **자막**	【字幕】 zìmù 즈무	
□ **자만하다**	【自满】 zìmǎn 쯔만	
□ **자매**	【姐妹】 jiěmèi 지에메이	
□ **자모**	【字母】 zìmǔ 쯔무	
□ **자문** (하다)	【咨询】 zīxún 즈쉰	
□ **자물쇠**	【锁】 suǒ 쑤어	
□ **자백**	【口供】 kǒugòng 커우공	
□ **자본**	【资本】 zīběn 즈번	

396

□ **자본가**	【资本家】	zīběnjiā 즈번지아
□ **자본주의**	【资本主义】	zīběnzhǔyì 즈번주이
□ **자부**(하다)	【自豪】	zìháo 쯔하오
□ **자비로**	【自费】	zìfèi 쯔페이
□ **자산**	【资产】	zīchǎn 즈찬
□ **자살**(하다)	【自杀】	zìshā 쯔샤
□ **자상하다**	【慈祥】	cíxiáng 츠시앙
□ **자서전**	【自传】	zìzhuàn 즈주안
□ **자석**	【磁铁】	cítiě 츠티에
□ **자세**	【姿势】	zīshì 즈스
□ **자세히**	【仔细】	zǐxì 즈씨
□ **자손**	【子孙】	zǐsūn 즈쑨
□ **자수**	【绣】	xiù 시우
□ **자습**	【自习】	zìxí 즈시
□ **자신**	【信心】	xìnxīn 씬씬
□ **자신**	【自身】	zìshēn 쯔션
□ **자신하다**	【自信】	zìxìn 쯔씬
□ **자애롭다**	【慈爱】	cí'ài 츠아이

397

□ **자연**	【自然】 zìrán 쯔란	
□ **자연히**	【自】 zì 쯔	
□ **자원**	【资源】 zīyuǎn 즈위엔	
□ **자원**(하다)	【自愿】 zìyuàn 쯔위엔	
□ **자위**(하다)	【自卫】 zìwèi 쯔웨이	
□ **자유**	【自由】 zìyóu 쯔여우	
□ **자장가**	【催眠曲】 cuīmiánqǔ 췌이미엔취	
□ **자전**	【字典】 zìdiǎn 쯔디엔	
□ **자전거**	【自行车】 zìxíngchē 쯔씽처	
□ **자제**	【子弟】 zǐdì 즈띠	
□ **자주**	【往往】 wǎngwǎng 왕왕	
□ **자주**	【自主】 zìzhǔ 쯔주	
□ **자질구레하다**	【零碎】 língsuì 링쒜이	
□ **자취**	【迹象】 jìxiàng 지시앙	
□ **자치구**	【自治区】 zìzhìqū 쯔즈취	
□ **자치**(하다)	【自治】 zìzhì 쯔즈	
□ **자태**	【恣态】 zītài 쯔타이	
□ **자퇴**	【自退】 zìtuì 쯔퉤이	

398

□ 자포자기	【自弃】 zìqì 즈치	
□ 작가	【作家】 zuòjiā 쭈어지아	
□ 작곡 (하다)	【谱曲】 pǔqǔ 푸취	
□ 작년	【去年】 qùnián 취니엔	
□ 작다	【小】 xiǎo 시아오	
□ 작렬하다	【爆炸】 bàozhà 빠오자	
□ 작문	【作文】 zuòwén 쭈어원	
□ 작법	【做法】 zuòfǎ 쭈어파	
□ 작사	【作词】 zuòcí 쭈어츠	
□ 작성	【开】 kāi 카이	
□ 작업	【作业】 zuòyè 쭈어예	
□ 작업장	【厂房】 chǎngfang 창팡	
□ 작용	【作用】 zuòyòng 쭈어용	
□ 작전	【作战】 zuòzhàn 쭈어잔	
□ 작품	【作品】 zuòpǐn 쭈어핀	
□ 작풍	【作风】 zuòfēng 쭈어펑	
□ 잔	【杯】 bēi 베이	
□ 잔고	【库存】 kùcún 쿠춘	

□ 잔꾀	【小诡计】 xiǎoguǐjì	시아오꿰이지
□ 잔돈	【零钱】 língqián	링치엔
□ 잔디	【草皮】 cǎopí	차오피
□ 잔소리하다	【絮叨】 xùdao	쉬다오
□ 잔업 (하다)	【加班】 jiābān	지아반
□ 잔여	【残余】 cányú	찬위
□ 잔인하다	【残忍】 cánrěn	찬런
□ 잔혹하다	【残酷】 cánkù	찬쿠
□ 잘못	【不是】 búshì	부스
□ 잘못하다	【误】 wù	우
□ 잘하다	【好好儿】 hǎohǎor	하오하올
□ 잠	【觉】 jiào	지아오
□ 잠그다	【锁】 suǒ	쑤어
□ 잠기다	【淹没】 yānmò	이엔모
□ 잠깐	【一会儿】 yíhuìr	이후얼
□ 잠꼬대	【梦话】 mènghuà	멍화
□ 잠꾸러기	【瞌睡虫】 kēshuìchóng	커쉐이총
□ 잠복 (하다)	【潜伏】 qiánfú	치엔푸

400

한국어	한자	중국어	발음
□ 잠시	【暂时】	zànshí	짠스
□ 잠옷	【睡衣】	shuìyī	쉐이이
□ 잠자다	【睡觉】	shuìjiào	쉐이지아오
□ 잠자리	【蜻蜓】	qīngtíng	칭팅
□ 잠재력	【潜力】	qiánlì	치엔리
□ 잡곡	【粗粮】	cūliáng	추리앙
□ 잡념	【杂念】	zániàn	짜니엔
□ 잡다	【把握】	bǎwò	바워
□ 잡담	【闲话】	xiánhuà	시엔화
□ 잡담하다	【闲聊】	xiánliáo	시엔리아오
□ 잡동사니	【杂物】	záwù	짜우
□ 잡문	【杂文】	záwén	짜원
□ 잡아끌다	【拖】	tuō	투어
□ 잡아당기다	【拽】	zhuài	주아이
□ 잡음	【噪音】	zàoyīn	자오인
□ 잡지	【杂志】	zázhì	짜즈
□ 잡초	【杂草】	zácǎo	짜차오
□ 장	【酱】	jiàng	지앙

□ 장갑	【手套】	shǒutào	셔우타오
□ 장거리	【长途】	chángtú	창투
□ 장관이다	【壮观】	zhuàngguān	주앙관
□ 장구(하다)	【长久】	chángjiǔ	창지우
□ 장군	【将军】	jiāngjūn	지앙쥔
□ 장기(게임)	【象棋】	xiàngqí	시앙치
□ 장기(기간)	【长期】	chángqī	창치
□ 장난하다	【捣乱】	dǎoluàn	따오루안
□ 장난감	【玩具】	wánjù	완쥐
□ 장난치다	【调皮】	tiáopí	티아오피
□ 장남	【长子】	zhǎngzǐ	장즈
□ 장녀	【长女】	zhǎngnǚ	장뉘
□ 장님	【盲人】	mángrén	망런
□ 장단점	【长短】	chángduǎn	창두안
□ 장담	【保证】	bǎozhèng	바오정
□ 장대	【竿】	gān	간
□ 장대하다	【壮大】	zhuàngdà	주앙따
□ 장래	【将来】	jiānglái	지앙라이

402

□ 장래성	【前途】	qiántú 치엔투
□ 장려 (하다)	【奖励】	jiǎnglì 지앙리
□ 장렬하다	【壮烈】	zhuàngliè 주앙리에
□ 장례	【葬礼】	zànglǐ 짱리
□ 장르	【体裁】	tǐcái 티차이
□ 장마	【淫雨】	yínyǔ 인위
□ 장면	【场面】	chǎngmiàn 창미엔
□ 장모	【丈母】	zhàngmu 장무
□ 장미	【玫瑰】	méigui 메이궤이
□ 장벽	【隔阂】	géhé 거허
□ 장부	【账簿】	zhàngbù 장부
□ 장비	【装备】	zhuāngbèi 주앙뻬이
□ 장사	【生意】	shēngyì 성이
□ 장소	【场所】	chǎngsuǒ 창쑤어
□ 장수 (하다)	【长寿】	chángshòu 창셔우
□ 장식 (하다)	【装饰】	zhuāngshì 주앙스
□ 장악 (하다)	【掌握】	zhǎngwò 장워
□ 장애	【障碍】	zhàng'ài 장아이

□ 장어	【鳗鱼】	mányú 만위
□ 장엄 (하다)	【庄严】	zhuāngyán 주앙이엔
□ 장인	【岳父】	yuèfù 위에푸
□ 장점	【长处】	chángchù 창추
□ 장정	【长征】	chángzhēng 창정
□ 장중 (하다)	【庄重】	zhuāngzhòng 주앙중
□ 장차	【将】	jiāng 지앙
□ 장치 (하다)	【装置】	zhuāngzhì 주앙즈
□ 장편	【长篇】	chángpiān 창피엔
□ 장학금	【奖学金】	jiǎngxuéjīn 지앙쉬에진
□ 장해	【障碍】	zhàng'ài 장아이
□ 장화	【靴子】	xuēzi 쉬에즈
□ 재	【灰】	huī 훼이
□ 재간	【才干】	cáigàn 차이깐
□ 재고	【库存】	kùcún 쿠춘
□ 재난	【灾难】	zāinàn 짜이난
□ 재능	【才能】	cáinéng 차이넝
□ 재다	【量】	liàng 리앙

404

□ **재단** (하다)	【裁】 cái	차이
□ **재담**	【相声】 xiàngsheng	시앙성
□ **재떨이**	【灰碟儿】 huīdiér	훼이디얼
□ **재력**	【财力】 cáilì	차이리
□ **재료**	【材料】 cáiliào	차이리아오
□ **재무**	【财务】 cáiwù	차이우
□ **재물**	【财】 cái	차이
□ **재미**	【风趣】 fēngqù	펑취
□ **재미없다**	【没意思】 méiyìsi	메이이쓰
□ **재미있다**	【有意思】 yǒuyìsi	여우이쓰
□ **재배** (하다)	【栽培】 zāipéi	자이페이
□ **재봉** (사)	【裁缝】 cáifeng	차이펑
□ **재봉틀**	【缝衣机】 féngyījī	펑이지
□ **재부**	【财富】 cáifù	차이푸
□ **재빠르다**	【灵捷】 língjié	링지에
□ **재빨리**	【赶紧】 gǎnjǐn	간진
□ **재산**	【财产】 cáichǎn	차이찬
□ **재상**	【宰相】 zǎixiàng	자이시양

가
나
다
라
마
바
사
아
자
차
카
타
파
하

405

□ 재생산	【再生产】	zàishēngchǎn	자이셩찬
□ 재수없다	【倒霉】	dǎoméi	다오메이
□ 재앙	【祸患】	huòhuàn	후어환
□ 재작년	【前年】	qiánnián	치엔니엔
□ 재정	【财政】	cáizhèng	차이정
□ 재조직하다	【改组】	gǎizǔ	가이주
□ 재주	【才】	cái	차이
□ 재즈	【爵士】	juéshì	쥐에스
□ 재차	【重】	chóng	총
□ 재채기	【喷嚏】	pēntì	펀티
□ 재촉하다	【督促】	dūcù	두추
□ 재치	【灵机】	língjī	링지
□ 재킷	【夹克】	jiākè	지아커
□ 재판(하다)	【裁判】	cáipàn	차이판
□ 재해	【灾害】	zāihài	자이하이
□ 재혼	【再婚】	zàihūn	자이훈
□ 잼	【果子酱】	guǒzijiàng	꾸어즈지앙
□ 쟁기	【犁】	lí	리

□ **쟁론** (하다)　　【争论】 zhēnglùn 정룬

□ **쟁반**　　　　　【盘】 pán 판

□ **쟁취** (하다)　　【争取】 zhēngqǔ 정취

□ **저것**　　　　　【那】 nà 나

□ **저고리**　　　　【袄】 ǎo 아오

□ **저금** (하다)　　【存款】 cúnkuǎn 춘콴

□ **저급** (하다)　　【低级】 dījí 디지

□ **저기**　　　　　【那里】 nàlǐ 나리

□ **저녁**　　　　　【晚上】 wǎnshang 완샹

□ **저녁밥**　　　　【晚饭】 wǎnfàn 완판

□ **저당** (하다)　　【抵押】 dǐyā 띠야

□ **저리다**　　　　【酥麻】 sūmá 쑤마

□ **저명하다**　　　【著名】 zhùmíng 주밍

□ **저물다**　　　　【日暮】 rìmù 르무

□ **저버리다**　　　【辜负】 gūfù 구푸

□ **저속**　　　　　【庸俗】 yōngsú 용쑤

□ **저수지**　　　　【水库】 shuǐkù 쉐이쿠

□ **저술** (하다)　　【著】 zhù 주

□ 저습지	【塘】	táng 탕
□ 저승	【黄泉】	huángquán 황취엔
□ 저온	【低温】	dīwēn 디원
□ 저울	【秤】	chèng 청
□ 저작	【著作】	zhùzuò 주쭈어
□ 저장(하다)	【储藏】	chǔcǎng 추창
□ 저절로	【自行】	zìxíng 쯔씽
□ 저주(하다)	【诅咒】	zǔzhòu 쭈저우
□ 저지(하다)	【阻挡】	zǔdǎng 쭈당
□ 저쪽	【那边】	nàbiān 나비엔
□ 저축(하다)	【储蓄】	chǔxù 추쉬
□ 저택	【宅院】	zháiyuàn 자이위엔
□ 저항력	【阻力】	zǔlì 주리
□ 저항(하다)	【抵抗】	dǐkàng 디캉
□ 저해(하다)	【阻碍】	zǔ'ài 주아이
□ 적	【敌】	dí 디
□ 적격이다	【行】	xíng 씽
□ 적국	【敌国】	díguó 디구어

□ 적군	【敌军】 díjūn	디쥔
□ 적극성	【积极性】 jījíxìng	지지씽
□ 적극적이다	【积极】 jījí	지지
□ 적다	【少】 shǎo	샤오
□ 적당 (하다)	【适宜】 shìyí	스이
□ 적당히	【适当】 shìdàng	스땅
□ 적대시하다	【敌视】 díshì	디스
□ 적대하다	【敌对】 díduì	디뚜에이
□ 적도	【赤道】 chídào	츠따오
□ 적립	【积累】 jīlěi	지레이
□ 적발하다	【揭发】 jiēfā	지에파
□ 적성	【性向】 xìngxiàng	씽시앙
□ 적시다	【弄湿】 nòngshī	농스
□ 적신호	【红灯】 hóngdēng	홍떵
□ 적십자	【红十字】 Hóngshízì	홍스즈
□ 적외선	【红外线】 hóngwàixiàn	홍와이시엔
□ 적요	【摘要】 zhāiyào	자이야오
□ 적용 (하다)	【适用】 shìyòng	스용

한국어	중국어	병음	발음
□ 적응 (하다)	【适应】	shìyìng	스잉
□ 적자	【赤字】	chìzì	츠쯔
□ 적절하다	【适宜】	shìyí	스이
□ 적합하다	【适合】	shìhé	스허
□ 전가 (하다)	【嫁】	jià	지아
□ 전갈	【蝎】	xiē	시에
□ 전개 (하다)	【展开】	zhǎnkāi	잔카이
□ 전경	【前景】	qiánjǐng	치엔징
□ 전공 (하다)	【攻读】	gōngdú	공두
□ 전구	【灯泡】	dēngpào	덩파오
□ 전국	【全国】	quánguó	취엔구어
□ 전근	【调迁】	diàoqiān	디아오치엔
□ 전기	【前期】	qiánqī	치엔치
□ 전기	【传记】	zhuànjì	주안지
□ 전기	【电气】	diànqì	띠엔치
□ 전기난로	【电炉】	diànlú	띠엔루
□ 전기제품	【电器】	diànqì	띠엔치
□ 전기회로	【电路】	diànlù	띠엔루

□ 전념	【专精】 zhuānjīng 주안징	
□ 전단지	【传单】 chuándān 추안단	
□ 전달 (하다)	【传达】 chuándá 추안다	
□ 전담자	【专人】 zhuānrén 주안런	
□ 전대미문의	【空前】 kōngqián 콩치엔	
□ 전도	【前途】 qiántú 치엔투	
□ 전도	【前程】 qiánchéng 치엔청	
□ 전도 (하다)	【颠倒】 diāndǎo 디엔다오	
□ 전동기	【电动机】 diàndòngjī 띠엔동지	
□ 전등	【电灯】 diàndēng 띠엔떵	
□ 전라	【全裸】 quánluǒ 취엔루어	
□ 전락	【沦落】 lúnluò 룬루어	
□ 전란	【战乱】 zhànluàn 잔루안	
□ 전람	【展览】 zhǎnlǎn 잔란	
□ 전략	【战略】 zhànlüè 잔뤼에	
□ 전력	【全力】 quánlì 취엔리	
□ 전력	【电力】 diànlì 띠엔리	
□ 전령 (벨)	【电铃】 diànlíng 띠엔링	

□ 전류	【电流】	diànliú	띠엔리우
□ 전망 (하다)	【展望】	zhǎnwàng	잔왕
□ 전매	【专卖】	zhuānmài	주안마이
□ 전면적이다	【全面】	quánmiàn	취엔미엔
□ 전멸	【全歼】	quánjiān	취엔지엔
□ 전문	【专门】	zhuānmén	주안먼
□ 전문가	【专家】	zhuānjiā	주안지아
□ 전문업주	【专业户】	zhuānyèhù	주안예후
□ 전문적이다	【专】	zhuān	주안
□ 전문직	【专门】	zhuānmén	주안먼
□ 전문학과	【专科】	zhuānkē	주안커
□ 전반적이다	【全盘】	quánpán	취엔판
□ 전보	【电报】	diànbào	띠엔빠오
□ 전복 (하다)	【颠覆】	diānfù	디엔푸
□ 전부	【全部】	quánbù	취엔뿌
□ 전사	【战士】	zhànshì	잔스
□ 전선 (전선)	【前线】	qiánxiàn	치엔시엔
□ 전선	【电线】	diànxiàn	띠엔시엔

412

□ 전설	【传说】	chuánshuō 추안슈어
□ 전성기	【全盛期】	quánshèngqī 취엔성치
□ 전세	【租借】	zūjiè 쭈지에
□ 전속	【专属】	zhuānshǔ 주안수
□ 전송 (하다)	【传送】	chuánsòng 추안쏭
□ 전수 (하다)	【传授】	chuánshòu 추안셔우
□ 전술	【战术】	zhànshù 잔수
□ 전승 (하다)	【战胜】	zhànshèng 잔성
□ 전시판매하다	【展销】	zhǎnxiāo 잔시아오
□ 전시 (하다)	【展览】	zhǎnlǎn 잔란
□ 전시회	【展览会】	zhǎnlǎnhuì 잔란훼이
□ 전신주	【电线杆】	diànxiàngān 띠엔시엔간
□ 전압	【电压】	diànyā 띠엔야
□ 전야	【田野】	tiányě 티엔예
□ 전업	【专业】	zhuānyè 주안예
□ 전역	【战役】	zhànyì 잔이
□ 전염되다	【传染】	chuánrǎn 추안란
□ 전용	【专用】	zhuānyòng 주안용

□ 전우	【战友】	zhànyǒu 잔여우
□ 전원	【电源】	diànyuán 띠엔위엔
□ 전율	【战栗】	zhànlì 잔리
□ 전이(하다)	【转移】	zhuǎnyí 주안이
□ 전입(하다)	【转入】	zhuǎnrù 주안루
□ 전자	【电子】	diànzǐ 띠엔즈
□ 전쟁	【战争】	zhànzhēng 잔정
□ 전쟁터	【战线】	zhànxiàn 잔시엔
□ 전쟁(하다)	【打仗】	dǎzhàng 다장
□ 전적으로	【专程】	zhuānchéng 주안청
□ 전지	【电池】	diànchí 띠엔츠
□ 전직	【调职】	diàozhí 띠아오즈
□ 전진(하다)	【前进】	qiánjìn 치엔진
□ 전집	【全集】	quánjí 취엔지
□ 전차	【电车】	diànchē 띠엔처
□ 전체	【全体】	quántǐ 취엔티
□ 전출	【迁移】	qiānyí 치엔이
□ 전치	【治愈】	zhìyù 즈위

□ 전통	【传统】	chuántǒng 추안퉁
□ 전투	【战斗】	zhàndòu 잔떠우
□ 전파 (하다)	【传播】	chuánbō 추안보
□ 전표	【发票】	fāpiào 파피아오
□ 전하다	【传】	chuán 추안
□ 전혀	【全然】	quánrán 취엔란
□ 전형 (적이다)	【典型】	diǎnxíng 디엔씽
□ 전화	【电话】	diànhuà 띠엔화
□ 전화 (하다)	【转化】	zhuǎnhuà 주안화
□ 전환되다	【转折】	zhuǎnzhé 주안저
□ 전환점	【关头】	guāntóu 관터우
□ 전환 (하다)	【转换】	zhuǎnhuàn 주안환
□ 전후	【前后】	qiánhòu 치엔허우
□ 절	【寺】	sì 쓰
□ 절교 (하다)	【绝交】	juéjiāo 쥐에지아오
□ 절다(다리)	【跛】	bǒ 보
□ 절단 (하다)	【切断】	qiēduàn 치에뚜안
□ 절대로(강조)	【绝对】	juéduì 쥐에뚜에이

415

□ 절대로(부정문)	【万万】	wànwàn 완완
□ 절대적	【绝对】	juéduì 쥐에뚜에이
□ 절도(하다)	【盗窃】	dàoqiè 따오치에
□ 절름발이	【跛脚人】	bǒjiǎorén 지아오런
□ 절망하다	【绝望】	juéwàng 쥐에왕
□ 절목	【节目】	jiémù 지에무
□ 절묘하다	【绝妙】	juémiào 쥐에미아오
□ 절박하다	【急切】	jíqiè 지치에
□ 절반	【半】	bàn 빤
□ 절벽	【崖】	yá 야
□ 절실하다	【切实】	qièshí 치에스
□ 절약(하다)	【节省】	jiéshěng 지에성
□ 절연(하다)	【绝缘】	juéyuán 쥐에위엔
□ 절이다	【糟】	zāo 자오
□ 절정	【绝顶】	juédǐng 쥐에딩
□ 절주(하다)	【程序】	chéngxù 청쉬
□ 절차	【步骤】	bùzhòu 뿌저우
□ 절취(하다)	【窃取】	qièqǔ 치에취

절호	【绝好】 juéhǎo 쥐에하오
젊다	【年轻】 niánqīng 니엔칭
젊은이	【年轻人】 niánqīngrén 니엔칭런
점	【点】 diǎn 디엔
점거 (하다)	【占据】 zhànjù 잔쥐
점검수리하다	【检修】 jiǎnxiū 지엔시우
점령 (하다)	【占领】 zhànlǐng 잔링
점성술	【星卜】 xīngbǔ 씽뿌
점수	【分数】 fēnshù 펀수
점심밥	【午饭】 wǔfàn 우판
점원	【店员】 diànyuán 띠엔위엔
점유 (하다)	【占有】 zhànyǒu 잔여우
점잖다	【稳重】 wěnzhòng 원종
점쟁이	【算命的】 suànmìngde 쑤안밍더
점점	【渐渐】 jiànjiàn 지엔지엔
점증 (하다)	【递增】 dìzēng 띠정
점찍다	【点】 diǎn 디엔
점차	【逐渐】 zhújiàn 주지엔

□ 점철하다	【点缀】 diǎnzuì	디엔쮀이
□ 점치다	【占】 zhān	잔
□ 점퍼	【工作服】 gōngzuòfú	공쭈어푸
□ 점포	【铺子】 pùzi	푸즈
□ 점프	【跳】 tiào	티아오
□ 점화 (하다)	【点火】 diǎnhuǒ	디엔후어
□ 접견 (하다)	【接见】 jiējiàn	지에지엔
□ 접근 (하다)	【接近】 jiējìn	지에진
□ 접다(여러 겹)	【叠】 dié	디에
□ 접대 (하다)	【接待】 jiēdài	지에따이
□ 접수 (하다)	【接收】 jiēshōu	지에셔우
□ 접시	【碟子】 diézi	디에즈
□ 접촉 (하다)	【接触】 jiēchù	지에추
□ 젓가락	【筷子】 kuàizi	콰이즈
□ 젓다	【搅】 jiǎo	지아오
□ 정	【情】 qíng	칭
□ 정가	【定价】 dìngjià	띵지아
□ 정각	【整点】 zhěngdiǎn	정디엔

418

□ 정감　　　　【情感】qínggǎn 칭간

□ 정강이　　　【胫】jìng 징

□ 정경　　　　【情景】qíngjǐng 칭징

□ 정계　　　　【政坛】zhèngtán 정탄

□ 정교하다　　【精致】jīngzhì 징즈

□ 정권　　　　【政权】zhèngquán 정취엔

□ 정규적이다　【正规】zhèngguī 정궤이

□ 정글　　　　【密林】mìlín 미린

□ 정기　　　　【定期】dìngqī 띵치

□ 정기　　　　【正气】zhèngqì 정치

□ 정기구독하다【订阅】dìngyuè 띵위에

□ 정나미떨어지다【反感】fǎngǎn 판간

□ 정년　　　　【退休年龄】tuìxiūniánlíng
　　　　　　　　　　　　　　튀이시우니엔링

□ 정답　　　　【正答】zhèngdá 정다

□ 정당　　　　【政党】zhèngdǎng 정당

□ 정당하다　　【正当】zhèngdàng 정당

□ 정도　　　　【程度】chéngdù 청뚜

□ 정돈하다　　【整顿】zhěngdùn 정뚠

419

□ 정량	【定量】	dìngliàng	띵리앙
□ 정력	【精力】	jīnglì	징리
□ 정련 (하다)	【精炼】	jīngliàn	징리엔
□ 정류소	【站】	zhàn	잔
□ 정리	【定理】	dìnglǐ	띵리
□ 정리하다	【整理】	zhěnglǐ	정리
□ 정말로	【真的】	zhēnde	전더
□ 정면	【正面】	zhèngmiàn	정미엔
□ 정밀하다	【精密】	jīngmì	징미
□ 정박 (하다)	【停泊】	tíngbó	팅보
□ 정변	【政变】	zhèngbiàn	정삐엔
□ 정보	【情报】	qíngbào	칭빠오
□ 정복 (하다)	【征服】	zhēngfú	정푸
□ 정부	【政府】	zhèngfǔ	정푸
□ 정비례	【正比】	zhèngbǐ	정비
□ 정상	【顶】	dǐng	딩
□ 정상적이다	【正常】	zhèngcháng	정창
□ 정색	【正色】	zhèngsè	정써

정서	【情绪】 qíngxù 칭쉬
정세	【局势】 júshì 쥐스
정수	【精华】 jīnghuá 징화
정수기	【净水器】 jìngshuǐqì 징쉐이치
정식	【正式】 zhèngshì 정스
정신	【精神】 jīngshén 징션
정신차리다	【清醒】 qīngxǐng 칭씽
정액 (값)	【定额】 dìng'é 띵어
정액	【精液】 jīngyè 징예
정연하다	【整齐】 zhěngqí 정치
정열	【热情】 rèqíng 러칭
정오	【中午】 zhōngwǔ 중우
정욕	【情欲】 qíngyù 칭위
정원	【庭园】 tíngyuán 팅위엔
정월	【正月】 zhēngyuè 정위에
정월대보름	【元宵】 yuánxiāo 위엔시아오
정의 (롭다)	【正义】 zhèngyì 정이
정의	【定义】 dìngyì 띵이

□ 정자	【亭子】	tíngzi 팅즈
□ 정장	【正装】	zhèngzhuāng 정주앙
□ 정점	【顶点】	dǐngdiǎn 딩디엔
□ 정정(하다)	【更正】	gēngzhèng 경정
□ 정제(하다)	【炼】	liàn 리엔
□ 정조	【贞操】	zhēncāo 전차오
□ 정중하다	【郑重】	zhèngzhòng 정중
□ 정지(하다)	【停止】	tíngzhǐ 팅즈
□ 정직하다	【正直】	zhèngzhí 정즈
□ 정차	【停车】	tíngchē 팅처
□ 정착(하다)	【定居】	dìngjū 띵쥐
□ 정찰(하다)	【侦察】	zhēnchá 전차
□ 정책	【政策】	zhèngcè 정처
□ 정체	【整体】	zhěngtǐ 정티
□ 정체(하다)	【停滞】	tíngzhì 팅즈
□ 정치	【政治】	zhèngzhì 정즈
□ 정탐	【侦探】	zhēntàn 전탄
□ 정통(하다)	【精通】	jīngtōng 징통

□ 정풍	【整风】 zhěngfēng 정펑	
□ 정하다	【定】 dìng 띵	
□ 정형	【整形】 zhěngxing 정씽	
□ 정화 (하다)	【净化】 jìnghuà 징화	
□ 정확하다	【正确】 zhèngquè 정취에	
□ 정황	【情况】 qíngkuàng 칭쾅	
□ 젖	【乳】 rǔ 루	
□ 젖다	【湿】 shī 스	
□ 제강	【炼纲】 liàngāng 리엔강	
□ 제거 (하다)	【消除】 xiāochū 시아오추	
□ 제고 (하다)	【提高】 tígāo 티가오	
□ 제공 (하다)	【提供】 tígòng 티꿍	
□ 제국	【帝国】 dìguó 띠구어	
□ 제단	【坛】 tán 탄	
□ 제도	【制度】 zhìdù 즈뚜	
□ 제독	【提督】 tídū 티두	
□ 제때에	【及时】 jíshì 지스	
□ 제련 (하다)	【冶炼】 yěliàn 예리엔	

□ 제멋대로	【任性】 rènxìng 런씽
□ 제명	【开除】 kāichú 카이추
□ 제목	【题目】 tímù 티무
□ 제발	【千万】 qiānwàn 치엔완
□ 제방	【堤防】 dīfáng 디팡
□ 제법	【够】 gòu 거우
□ 제복	【制服】 zhìfú 즈푸
□ 제비	【燕子】 yànzi 이엔즈
□ 제스처	【手势】 shǒushì 셔우스
□ 제시 (하다)	【提示】 tíshì 티스
□ 제안 (하다)	【提案】 tí'àn 티안
□ 제압 (하다)	【压制】 yāzhì 야즈
□ 제약 (하다)	【制约】 zhìyuē 즈위에
□ 제언	【提言】 tíyán 티이엔
□ 제왕	【帝王】 dìwáng 디왕
□ 제외 (하다)	【除外】 chúwài 추와이
□ 제의	【提议】 tíyì 티이
□ 제일의	【第一】 dìyī 띠이

□ **제자**	【徒弟】	túdì 투띠
□ **제작**(하다)	【制作】	zhìzuò 즈쭈어
□ **제재**(하다)	【制裁】	zhìcái 즈차이
□ **제정**(하다)	【制定】	zhìdìng 즈띵
□ **제조비**	【造价】	zàojià 자오지아
□ **제조업자**	【厂商】	chǎngshāng 창상
□ **제조**(하다)	【制造】	zhìzào 즈자오
□ **제지**(하다)	【制止】	zhìzhǐ 즈즈
□ **제창**(하다)	【提倡】	tíchàng 티창
□ **제출**(하다)	【提交】	tíjiāo 티지아오
□ **제품**	【成品】	chéngpǐn 청핀
□ **제품**	【制品】	zhìpǐn 즈핀
□ **제한**(하다)	【限制】	xiànzhì 시엔즈
□ **제휴**(하다)	【提携】	tíxié 티시에
□ **조**	【兆】	zhào 자오
□ **조**	【组】	zǔ 주
□ **조각**	【碎片儿】	suìpiànr 쒜이피알
□ **조각**(하다)	【雕刻】	diāokè 디아오커

가
나
다
라
마
바
사
아
자
차
카
타
파
하

425

□ 조개　　　　【蛤蚌】 gébàng 거방

□ 조개껍질　　【贝壳】 bèiké 뻬이커

□ 조건　　　　【条件】 tiáojiàn 티아오지엔

□ 조국　　　　【祖国】 zǔguó 주구어

□ 조금　　　　【一点儿】 yìdiǎnr 이디알

□ 조기　　　　【早期】 zǎoqī 자오치

□ 조끼　　　　【坎肩儿】 kǎnjiānr 칸지알

□ 조난　　　　【遇险】 yùxiǎn 위시엔

□ 조달　　　　【调拨】 diàobō 디아오보

□ 조례　　　　【条例】 tiáolì 티아오리

□ 조롱박　　　【葫芦】 húlu 후루

□ 조롱하다　　【讥笑】 jīxiào 지시아오

□ 조류　　　　【鸟类】 niǎolèi 니아오레이

□ 조류　　　　【潮流】 cháoliú 차오리우

□ 조르다　　　【卡】 qiǎ 치아

□ 조리　　　　【条理】 tiáolǐ 티아오리

□ 조리사　　　【厨子】 chúzi 추즈

□ 조립 (하다)　【装配】 zhuāngpèi 주앙페이

조만간	【早晚】 zǎowǎn 자오완
조명 (하다)	【照明】 zhàomíng 자오밍
조모	【祖母】 zǔmǔ 주무
조목	【条款】 tiáokuǎn 티아오콴
조밀하다	【稠密】 chóumì 처우미
조바심나다	【急躁】 jízào 지자오
조부	【祖父】 zǔfù 주푸
조사 (하다)	【调查】 diàochá 띠아오차
조석	【早晚】 zǎowǎn 자오완
조소 (하다)	【嘲笑】 cháoxiào 차오시아오
조수	【潮】 cháo 차오
조수	【助手】 zhùshǒu 주셔우
조숙 (하다)	【早熟】 zǎoshú 자오수
조심하다	【留心】 liúxīn 리우씬
조약	【条约】 tiáoyuē 티아오위에
조약돌	【卵石】 luǎnshí 루안스
조언	【指教】 zhǐjiào 즈지아오
조예	【造诣】 zàoyì 자오이

427

□ 조용하다	【宁静】 níngjìng	닝징
□ 조우(하다)	【遭遇】 zāoyù	자오위
□ 조이다	【弄紧】 lòngjǐn	농진
□ 조인(하다)	【签定】 qiāndìng	치엔띵
□ 조작(하다)	【操作】 cāozuò	차오쭈어
□ 조잡(하다)	【粗劣】 cūliè	추리에
□ 조장(조직)	【组长】 zǔzhǎng	쭈장
□ 조장(하다)	【助长】 zhùzhǎng	주장
□ 조절(하다)	【调节】 tiáojié	티아오지에
□ 조정(하다)	【调整】 tiáozhěng	티아오정
□ 조제처방	【配方】 pèifāng	페이팡
□ 조제(하다)	【调剂】 tiáojì	티아오지
□ 조종(하다)	【操纵】 cāozòng	차오종
□ 조직	【组织】 zuzhī	쭈즈
□ 조직체	【组织系统】 zuzhīxìtǒng	쭈즈시통
□ 조직(하다)	【组】 zǔ	쭈
□ 조짐	【迹象】 jìxiàng	지시앙
□ 조치	【措施】 cuòshī	추어스

조카	【侄子】 zhízi 즈즈
조퇴	【早退】 zǎotuì 자오퉤이
조합(하다)	【组合】 zǔhé 주허
조항	【条款】 tiáokuǎn 티아오콴
조형	【造型】 zàoxíng 자오씽
조화롭다	【调和】 tiáohé 티아오허
조회	【照会】 zhàohuì 자오훼이
족자	【画轴】 huàzhóu 화저우
족제비	【鼬鼠】 yòushǔ 여우수
족하다	【足够】 zúgòu 주꺼우
존경하다	【尊敬】 zūnjìng 준징
존립	【存在】 cúnzài 춘자이
존속	【存续】 cúnxù 춘쉬
존엄	【尊严】 zūnyán 쭌이엔
존재(하다)	【存在】 cúnzài 춘자이
존중하다	【尊重】 zūnzhòng 쭌중
존칭	【尊称】 zūnchēng 쭌청
졸렬하다	【拙劣】 zhuōliè 주어리에

□ 졸리다	【困】	kùn	쿤
□ 졸업장	【文凭】	wénping	원핑
□ 졸업 (하다)	【毕业】	bìyè	삐예
□ 졸이다	【煎】	jiān	지엔
□ 좀도둑	【小偷儿】	xiǎotōur	시아오터울
□ 좀처럼	【轻易】	qīngyì	칭이
□ 좁다	【窄】	zhǎi	자이
□ 좁쌀	【小米】	xiǎomǐ	시아오미
□ 종	【钟】	zhōng	중
□ 종교	【宗教】	zōngjiào	종지아오
□ 종기	【疙瘩】	gēdā	거다
□ 종단	【纵断】	zòngduàn	쫑뚜안
□ 종래	【历来】	lìlái	리리아이
□ 종류	【种类】	zhǒnglèi	중레이
□ 종말	【最后】	zuìhòu	쮀이허우
□ 종목	【项目】	xiàngmù	시앙무
□ 종사 (하다)	【从事】	cóngshì	총스
□ 종신	【终身】	zhōngshēn	중션

□ **종양** 　　　　【肿瘤】zhǒngliú 중리우

□ **종업원** 　　　【服务员】fúwùyuán 푸우위엔

□ **종이** 　　　　【纸】zhǐ 즈

□ **종자** 　　　　【种子】zhǒngzi 중즈

□ **종적** 　　　　【踪迹】zōngjì 종지

□ **종전** 　　　　【从前】cóngqián 총치엔

□ **종점** 　　　　【终点】zhōngdiǎn 중디엔

□ **종족** 　　　　【种族】zhǒngzú 중주

□ **종지부** 　　　【休止符】xiūzhǐfú 시우즈푸

□ **종파** 　　　　【宗派】zōngpài 종파이

□ **종합**(하다) 　【综合】zōnghé 종허

□ **좋다** 　　　　【良】liáng 리앙

□ **좋아하다** 　　【喜欢】xǐhuān 시환

□ **좌담**(하다) 　【座谈】zuòtán 쭈어탄

□ **좌석** 　　　　【坐位】zuòwèi 쭈어웨이

□ **좌우** 　　　　【左右】zuǒyòu 쭈어여우

□ **좌우명** 　　　【座右铭】zuòyòumíng 쭈어여우밍

□ **좌우**(하다) 　【左右】zuǒyòu 쭈어여우

□ 좌절	【挫折】	cuòzhé 춰저
□ 죄	【罪】	zuì 쮀이
□ 죄명	【罪名】	zuìmíng 쮀이밍
□ 죄상	【罪状】	zuìzhuàng 쮀이주앙
□ 죄송스럽다	【惭愧】	cánkuì 찬퀘이
□ 죄송하다	【劳驾】	láojià 라오지아
□ 죄수	【罪囚】	zuìqiú 쮀이치우
□ 죄악	【罪恶】	zuìè 쮀이어
□ 죄인	【犯人】	fànrén 판런
□ 죄짓다	【犯罪】	fànzuì 판쮀이
□ 죄형 (범죄행위)	【罪行】	zuìxíng 쮀이씽
□ 주	【州】	zhōu 저우
□ 주간(낮)	【白天】	báitian 바이티엔
□ 주간(요일)	【周刊】	zhōukān 저우칸
□ 주관	【主观】	zhǔguān 주관
□ 주관 (하다)	【主管】	zhǔguǎn 주관
□ 주권	【主权】	zhǔquán 주취엔
□ 주근깨	【雀斑】	quèbān 취에반

432

□ 주기	【周期】	zhōuqī 저우치
□ 주다	【给】	gěi 게이
□ 주도	【主导】	zhǔdǎo 주다오
□ 주도면밀하다	【周到】	zhōudào 저우따오
□ 주도적이다	【主导】	zhǔdǎo 주다오
□ 주동적이다	【主动】	zhǔdòng 주똥
□ 주둔(하다)	【驻扎】	zhùzhā 주자
□ 주둥이	【嘴】	zuǐ 쮀이
□ 주력	【主力】	zhǔlì 주리
□ 주류	【主流】	zhǔliú 주리우
□ 주름	【皱纹】	zhòuwén 저우원
□ 주말	【周末】	zhōumò 저우모
□ 주머니	【兜儿】	dōur 떠울
□ 주먹	【拳头】	quántou 취엔터우
□ 주목(하다)	【注目】	zhùmù 주무
□ 주문(하다)	【预订】	yùdìng 위딩
□ 주민	【居民】	jūmín 쮜민
□ 주방	【厨房】	chúfáng 추팡

□ 주부　　　　【主妇】zhǔfù 주푸

□ 주사　　　　【注射】zhùshè 주셔

□ 주사위　　　【色子】shǎizi 샤이즈

□ 주석　　　　【主席】zhǔxí 주시

□ 주석　　　　【注释】zhùshì 주스

□ 주소　　　　【住所】zhùshuǒ 주슈어

□ 주스　　　　【果汁儿】guǒzhīr 구어절

□ 주시 (하다)　【注视】zhùshì 주스

□ 주식　　　　【主食】zhǔshí 주스

□ 주식　　　　【股票】gǔpiào 구피아오

□ 주식자본　　【股份】gǔfèn 구펀

□ 주야　　　　【昼夜】zhòuyè 저우예

□ 주요하다　　【主要】zhǔyào 주야오

□ 주요한　　　【首要】shǒuyào 셔우야오

□ 주위　　　　【周围】zhōuwéi 저우웨이

□ 주의　　　　【主义】zhǔyì 주이

□ 주의하다　　【注意】zhùyì 주이

□ 주인　　　　【主人】zhǔrén 주런

□ 주인장	【主人翁】 zhǔrénwēng 주런웡	
□ 주임	【主任】 zhǔrèn 주런	
□ 주장(하다)	【主张】 zhǔzhāng 주장	
□ 주재(하다)	【主持】 zhǔchí 주츠	
□ 주저앉다	【蹲】 dūn 둔	
□ 주저하다	【踌躇】 chóuchú 처우추	
□ 주전자	【壶】 hú 후	
□ 주점	【酒店】 jiǔdiàn 지우띠엔	
□ 주정(하다)	【酗酒】 xùjiǔ 쉬지우	
□ 주제	【主题】 zhǔtí 주티	
□ 주조(하다)	【铸造】 zhùzào 주자오	
□ 주주	【股东】 gǔdōng 구동	
□ 주차장	【停车场】 tíngchēchǎng 팅처창	
□ 주체	【主体】 zhǔtǐ 주티	
□ 주최(하다)	【主办】 zhǔbàn 주빤	
□ 주택	【住房】 zhùfang 주팡	
□ 주파수	【频率】 pínlǜ 핀뤼	
□ 주판	【算盘】 suànpán 쑤안판	

가
나
다
라
마
바
사
아
자
차
카
타
파
하

435

□ 주필 (하다)	【主编】 zhǔbiān 주비엔
□ 주해	【注解】 zhùjiě 주지에
□ 죽	【粥】 zhōu 저우
□ 죽다	【死】 sǐ 쓰
□ 죽순	【笋】 sǔn 쑨
□ 죽이다	【杀】 shā 샤
□ 준비 (하다)	【准备】 zhǔnbèi 준뻬이
□ 준수 (하다)	【遵守】 zūnshǒu 준셔우
□ 준엄 (하다)	【严厉】 yánlì 이엔리
□ 준우승	【亚军】 yàjūn 야쥔
□ 준칙	【准则】 zhǔnzé 준저
□ 준칙	【须知】 xūzhī 쉬즈
□ 줄	【绳子】 shéngzi 셩즈
□ 줄거리	【情节】 qíngjié 칭지에
□ 줄곧	【向来】 xiànglái 시앙라이
□ 줄기	【茎】 jīng 징
□ 줄다	【减】 jiǎn 지엔
□ 줄무늬	【线纹】 xiànwén 시엔원

□ **줄서다**　　【排队】 páiduì 파이뚜에이

□ **줄어들다**　　【缩】 suō 쑤어

□ **줄이다**　　【紧缩】 jǐnsuō 진쑤어

□ **줄자**　　【卷尺】 juǎnchǐ 쥐엔츠

□ **줍다**　　【拾】 shí 스

□ **중**　　【和尚】 héshàng 허샹

□ **중간**　　【当中】 dāngzhōng 당중

□ **중간상태**　　【中游】 zhōngyóu 중여우

□ **중개판매하다**　　【经销】 jīngxiāo 징시아오

□ **중계**　　【中继】 zhōngjì 중지

□ **중계방송하다**　　【转播】 zhuǎnbō 주안보

□ **중고**　　【半旧】 bànjiù 반지우

□ **중공업**　　【重工业】 zhònggōngyè 중공예

□ **중국음식**　　【中餐】 zhōngcān 중찬

□ **중국인**　　【华人】 huárén 화런

□ **중년**　　【中年】 zhōngnián 중니엔

□ **중단**(하다)　　【中断】 zhōngduàn 중뚜안

□ **중대**(하다)　　【重大】 zhòngdà 중따

437

□ 중도	【中途】	zhōngtú 중투
□ 중독 (되다)	【中毒】	zhòngdú 중뚜
□ 중등	【中等】	zhōngděng 중덩
□ 중량	【重量】	zhòngliàng 중리앙
□ 중립 (하다)	【中立】	zhōnglì 중리
□ 중매 (하다)	【做媒】	zuòméi 쭈어메이
□ 중문	【中文】	zhōngwén 중원
□ 중병	【重病】	zhòngbìng 중빙
□ 중복 (하다)	【重复】	chóngfù 총푸
□ 중부	【中部】	zhōngbù 중뿌
□ 중상	【重伤】	zhòngshāng 중샹
□ 중생	【众生】	zhòngshēng 중성
□ 중성	【中性】	zhōngxìng 중씽
□ 중세	【中世】	zhōngshì 중스
□ 중순	【中旬】	zhōngxún 중쉰
□ 중시하다	【重视】	zhòngshì 중스
□ 중심	【中心】	zhōngxīn 중씬
□ 중앙	【中央】	zhōngyāng 중양

□ **중약**(한방약)	【中药】	zhōngyào 중야오
□ **중얼거리다**	【叨唠】	dāolao 다오라오
□ **중역**	【董事】	dǒngshì 동스
□ **중요하다**	【重要】	zhòngyào 중야오
□ **중재**(하다)	【调解】	tiáojiě 티아오지에
□ **중점**	【重点】	zhòngdiǎn 중디엔
□ **중지되다**	【停顿】	tíngdùn 팅뚠
□ **중첩**(하다)	【重叠】	chóngdié 총디에
□ **중풍**	【中风】	zhòngfēng 중펑
□ **중학**	【中学】	zhōngxué 중쉬에
□ **중형**	【中型】	zhōngxíng 중씽
□ **쥐**	【老鼠】	lǎoshǔ 라오수
□ **쥐다**	【抓】	zhuā 주아
□ **쥐어짜다**	【拧】	níng 닝
□ **즉시**	【立即】	lìjì 리지
□ **즉위**	【即位】	jíwèi 지웨이
□ **즉흥**	【即兴】	jíxìng 지씽
□ **즐거움**	【乐趣】	lèqù 러취

가
나
다
라
마
바
사
아
자
차
카
타
파
하

□ 즐겁다　　　【快乐】kuàilè 콰이러

□ 즐기다　　　【喜爱】xǐ'ài 시아이

□ 즙 (과일)　　【汁】zhī 즈

□ 증가(하다)　　【增加】zēngjiā 쩡지아

□ 증강(하다)　　【增强】zēngqiáng 쩡치앙

□ 증거　　　　【证据】zhèngjù 정쮜

□ 증권　　　　【证券】zhèngquàn 정취엔

□ 증기　　　　【蒸气】zhēngqì 정치

□ 증명(하다)　　【证明】zhèngmíng 정밍

□ 증발(하다)　　【蒸发】zhēngfā 정파

□ 증산(하다)　　【增产】zēngchǎn 정찬

□ 증상　　　　【症状】zhèngzhuàng 정주앙

□ 증서　　　　【证书】zhèngshū 정수

□ 증설(하다)　　【增设】zēngshè 정서

□ 증언　　　　【证言】zhèngyán 정이엔

□ 증오하다　　【憎恶】zēngwù 쩡우

□ 증원(하다)　　【增援】zhēngyuán 정위엔

□ 증인　　　　【证人】zhèngrén 정런

□ **증정**(하다)	【捐赠】	juānzhèng 쥐엔정
□ **증진**(하다)	【增进】	zēngjìn 쩡진
□ **증표**	【象征】	xiàngzhēng 시앙정
□ **지각**	【知觉】	zhījué 즈쥐에
□ **지각**(하다)	【迟到】	chídào 츠따오
□ **지갑**	【夹子】	jiāzi 지아즈
□ **지구**	【地球】	dìqiú 띠치우
□ **지구**	【地区】	dìqū 띠취
□ **지구력**	【耐力】	nàilì 나이리
□ **지그재그**	【锯齿形】	jūchǐxíng 쥐츠씽
□ **지극히**	【极其】	jíqí 지치
□ **지금**	【现在】	xiànzài 시엔자이
□ **지금까지**	【从来】	cónglái 총라이
□ **지껄이다**	【叨唠】	dāolao 따오라오
□ **지나가다**	【过去】	guòqù 꾸어취
□ **지나치게**	【过于】	guòyú 꾸어위
□ **지난날**	【往日】	wǎngrì 왕르
□ **지네**	【蜈蚣】	wúgōng 우공

가
나
다
라
마
바
사
아
자
차
카
타
파
하

□ 지느러미	【鰭】	qí	치
□ 지능	【智能】	zhìnéng	즈넝
□ 지니다	【带】	dài	따이
□ 지다 (패하다)	【败】	bài	바이
□ 지다 (짊어지다)	【背】	bèi	뻬이
□ 지대	【地带】	dìdài	띠따이
□ 지도	【地图】	dìtú	띠투
□ 지도 (하다)	【指导】	zhǐdǎo	즈다오
□ 지독 (하다)	【毒】	dú	두
□ 지렁이	【蟮】	shàn	샨
□ 지레	【杠杆】	gànggǎn	깡간
□ 지력	【智力】	zhìlì	즈리
□ 지령	【指令】	zhǐlìng	즈링
□ 지루 (하다)	【漫长】	màncháng	만창
□ 지름길	【便道】	biàndào	삐엔따오
□ 지리	【地理】	dìlǐ	띠리
□ 지면	【地面】	dìmiàn	띠미엔
□ 지명	【地名】	dìmíng	띠밍

□ **지명** (하다)　　【提名】 tímíng 티밍

□ **지문**　　　　　【指纹】 zhǐwén 즈원

□ **지방**　　　　　【地方】 dìfang 띠팡

□ **지방**　　　　　【脂肪】 zhīfang 즈팡

□ **지배인**　　　　【经理】 jīnglǐ 징리

□ **지배** (하다)　　【支配】 zhīpèi 즈페이

□ **지부**　　　　　【支部】 zhībù 즈뿌

□ **지불** (하다)　　【支付】 zhīfù 즈푸

□ **지붕**　　　　　【屋顶】 wūdǐng 우딩

□ **지상**　　　　　【地上】 dìshàng 띠샹

□ **지성**　　　　　【知性】 zhīxìng 즈씽

□ **지세**　　　　　【地势】 dìshì 띠스

□ **지속** (하다)　　【持续】 chíxù 츠쉬

□ **지시** (하다)　　【指示】 zhǐshì 즈스

□ **지식**　　　　　【知识】 zhīshi 즈스

□ **지연** (하다)　　【拖延】 tuōyán 투어이엔

□ **지옥**　　　　　【地狱】 dìyù 띠위

□ **지우개**　　　　【橡皮】 xiàngpí 시앙피

□ 지우다	【抹】 mǒ 모
□ 지원 (하다)	【支援】 zhīyuán 즈위엔
□ 지위	【地位】 dìwèi 띠웨이
□ 지저귀다	【鸣】 míng 밍
□ 지적 (하다)	【指点】 zhǐdiǎn 즈디엔
□ 지점	【地点】 dìdiǎn 띠디엔
□ 지정 (하다)	【指定】 zhǐdìng 즈띵
□ 지주	【地主】 dìzhǔ 띠주
□ 지주	【支柱】 zhīzhù 즈주
□ 지지 (하다)	【支持】 zhīchí 즈츠
□ 지진	【地震】 dìzhèn 띠전
□ 지질	【地质】 dìzhì 띠즈
□ 지체 (하다)	【耽误】 dānwu 단우
□ 지출 (하다)	【支出】 zhīchū 즈추
□ 지치다	【疲备】 píbèi 피뻬이
□ 지침	【指针】 zhǐzhēn 즈전
□ 지키다	【保护】 bǎohù 바오후
□ 지팡이	【杖】 zhàng 장

□ **지퍼**	【拉链】 lāliàn	라리엔
□ **지평선**	【地平线】 dìpíngxiàn	디핑시엔
□ **지폐**	【钞票】 chāopiào	차오피아오
□ **지표**	【支票】 zhīpiào	즈피아오
□ **지하**	【地下】 dìxià	띠시아
□ **지하자원**	【矿藏】 kuàngcáng	쾅창
□ **지하철**	【地铁】 dìtiě	띠티에
□ **지향**(하다)	【向往】 xiàngwǎng	시앙왕
□ **지혈**(하다)	【止血】 zhǐxuè	즈쉬에
□ **지형**	【地形】 dìxíng	띠씽
□ **지혜**	【智慧】 zhìhuì	즈훼이
□ **지휘**	【指挥】 zhǐhuī	즈훼이
□ **직경**	【直径】 zhíjìng	즈징
□ **직공**	【职工】 zhígōng	즈공
□ **직권**	【职权】 zhíquán	즈취엔
□ **직능**	【职能】 zhínéng	즈넝
□ **직면**(하다)	【面临】 miànlín	미엔린
□ **직무**	【职务】 zhíwù	즈우

가
나
다
라
마
바
사
아
자
차
카
타
파
하

445

□ 직선	【直线】	zhíxiàn 즈시엔
□ 직업	【职业】	zhíyè 즈예
□ 직원	【职员】	zhíyuán 즈위엔
□ 직장	【岗位】	gǎngwèi 강웨이
□ 직장	【车间】	chējiān 처지엔
□ 직접적	【直接】	zhíjiē 즈지에
□ 직종	【行业】	hángyè 항예
□ 직통	【直达】	zhídá 즈다
□ 직할시	【直辖市】	zhíxiáshì 즈시아스
□ 직함	【职称】	zhíchēng 즈청
□ 직행	【直到】	zhídào 즈다오
□ 진공 (하다)	【进攻】	jìngōng 진공
□ 진귀하다	【珍贵】	zhēnguì 전꿰이
□ 진급 (하다)	【升级】	shēngjí 셩지
□ 진눈깨비	【雨雪】	yǔxuě 위쉬에
□ 진단 (하다)	【诊断】	zhěnduàn 전뚜안
□ 진달래	【映山红】	yìngshānhóng 잉샨홍
□ 진동 (하다)	【震动】	zhèndòng 전똥

□ 진드기	【蜱】 pí 피	
□ 진로	【进路】 jìnlù 진루	
□ 진리	【真理】 zhēnlǐ 전리	
□ 진보 (하다)	【进步】 jìnbù 진뿌	
□ 진상	【真相】 zhēnxiàng 전시앙	
□ 진수	【真髓】 zhēnsuǐ 전쉐이	
□ 진술 (하다)	【陈述】 chénshù 천수	
□ 진실하다	【真实】 zhēnshí 전스	
□ 진심	【真心】 zhēnxīn 전씬	
□ 진압 (하다)	【镇压】 zhènyā 전야	
□ 진열 (하다)	【陈列】 chénliè 천리에	
□ 진영	【阵营】 zhènyíng 전잉	
□ 진일보	【进一步】 jìnyíbù 진이뿌	
□ 진입 (하다)	【进入】 jìnrù 진루	
□ 진전	【进程】 jìnchéng 진청	
□ 진전되다	【进展】 jìnzhǎn 진잔	
□ 진정 (하다)	【镇静】 zhènjìng 전징	
□ 진주	【珍珠】 zhēnzhū 전주	

가
나
다
라
마
바
사
아
자
차
카
타
파
하

447

□ 진지	【阵地】 zhèndì 전띠	
□ 진지하다	【恳切】 kěnqiè 컨치에	
□ 진짜	【地道】 dìdào 띠따오	
□ 진찰	【门诊】 ménzhěn 먼전	
□ 진출	【进入】 jìnrù 진루	
□ 진통	【镇痛】 zhèntòng 전통	
□ 진학(하다)	【升学】 shēngxué 성쉬에	
□ 진행(하다)	【进行】 jìnxíng 진씽	
□ 진화	【进化】 jìnhuà 진화	
□ 진흙	【泥】 ní 니	
□ 진흥시키다	【振兴】 zhènxīng 전씽	
□ 질	【质】 zhì 즈	
□ 질기다	【结实】 jiēshi 지에스	
□ 질량	【质量】 zhìliàng 즈리앙	
□ 질리다	【苍白】 cāngbái 창빠이	
□ 질문(하다)	【提问】 tíwèn 티원	
□ 질박(하다)	【质朴】 zhìpǔ 즈푸	
□ 질병	【疾病】 jíbìng 지삥	

□ 질색	【讨厌】 tǎoyàn	타오이엔
□ 질서	【秩序】 zhìxù	즈쉬
□ 질서정연하다	【齐】 qí	치
□ 질소	【氮】 dàn	딴
□ 질주하다	【疾走】 jízǒu	지쩌우
□ 질투하다	【嫉妒】 jídù	지뚜
□ 짊어지다	【负肩】 fùjiān	푸지엔
□ 짐	【行李】 xíngli	씽리
□ 짐승	【牲口】 shēngkou	셩커우
□ 짐작하다	【斟酌】 zhēnzhuó	전주어
□ 짐짓	【故】 gù	꾸
□ 집	【房子】 fángzi	팡즈
□ 집게	【夹子】 jiāzi	지아즈
□ 집계	【总计】 zǒngjì	종지
□ 집념	【执拗】 zhíniù	즈니우
□ 집다	【夹】 jiā	지아
□ 집단	【团】 tuán	투안
□ 집세	【房租】 fángzū	팡주

가
나
다
라
마
바
사
아
자
차
카
타
파
하

□ 집안	【房屋】	fángwū 팡우
□ 집어넣다	【放进】	fàngjìn 팡진
□ 집정 (하다)	【执政】	zhízhèng 즈정
□ 집주인	【房东】	fángdōng 팡동
□ 집중 (하다)	【集中】	jízhōng 지중
□ 집체	【集体】	jítǐ 지티
□ 집필	【编写】	biānxiě 비엔시에
□ 집합 (하다)	【集合】	jíhé 지허
□ 집행 (하다)	【执行】	zhíxíng 즈씽
□ 집회 (하다)	【集会】	jíhuì 지훼이
□ 짓누르다	【积压】	jīyā 지야
□ 짓다	【建】	jiàn 지엔
□ 짓무르다	【烂】	làn 란
□ 짓밟다	【践踏】	jiàntà 지엔타
□ 징	【锣】	luó 루어
□ 징계 (하다)	【惩戒】	chéngjiè 청지에
□ 징벌 (하다)	【惩罚】	chéngfá 청파
□ 징수 (하다)	【征收】	zhēngshōu 정셔우

450

□ 징역	【徒刑】	túxíng 투씽
□ 징집 (하다)	【征丁】	zhēngdīng 정띵
□ 짖다 (개)	【叫】	jiào 지아오
□ 짙다	【浓】	nóng 농
□ 짚다 (지팡이)	【拄】	zhǔ 주
□ 짜다 (맛)	【咸】	xián 시엔
□ 짜다 (눌러서)	【挤】	jǐ 지
□ 짜맞추다	【组合】	zǔhé 주허
□ 짜임새	【格局】	géjú 거쥐
□ 짜증	【肝火】	gānhuǒ 간후어
□ 짝	【对】	duì 뚜에이
□ 짝꿍	【同桌】	tóngzhuō 통주어
□ 짝사랑	【单相思】	dānxiāngsī 딴시앙쓰
□ 짝수	【偶数】	ǒushù 어우수
□ 짧다	【短】	duǎn 두안
□ 짬	【空】	kòng 콩
□ 째다 (찢다)	【撕】	sī 쓰
□ 쪼개다	【劈】	pī 피

가
나
다
라
마
바
사
아
자
차
카
타
파
하

451

날씨 天气

① 太阳
tàiyang 타이양

② 云
yún 윈

③ 雪
xuě 쉬에

④ 风
fēng 펑

① 태양　② 구름　③ 눈　④ 바람

⑤ 虹
hóng 홍

⑥ 雷
léi 레이

⑦ 雨
yǔ 위

⑧ 靴子
xuēzi 쉬에즈

⑨ 伞
sǎn 싼

⑩ 雨衣
yǔyī 위이

⑤ 무지개　⑥ 천둥　⑦ 비　⑧ 장화　⑨ 우산　⑩ 비옷

□ 쪼그리다	【窝缩】	wōsuō 우쑤어
□ 쪽지	【条子】	tiáozi 티아오즈
□ 쫓아가다	【追赶】	zuīgǎn 줴이간
□ 쫓아내다	【撵】	niǎn 니엔
□ 찌꺼기	【渣】	zhā 자
□ 찌다	【蒸】	zhēng 정
□ 찌르다	【刺】	cì 츠
□ 찌푸리다	【紧蹙】	jǐncù 진추
□ 찍다	【印】	yìn 인
□ 찐빵	【馒头】	mǎntou 만터우
□ 찜질	【敷】	fū 푸
□ 찜찜하다	【犹豫不决】	yóuyùbùjué 여우위부줴에
□ 찡그리다	【皱】	zhòu 저우
□ 찢어발기다	【撕碎】	sīsuì 쓰쉐이
□ 찧다	【捣】	dǎo 다오

차

□ **차**　　　　【茶】chá 차

□ **차**　　　　【车】chē 처

□ **차고**　　　【车库】chēkù 처쿠

□ **차관**　　　【借款】jièkuǎn 지에콴

□ **차기**　　　【下期】xiàqī 시아치

□ **차남**　　　【次男】cìnán 츠난

□ **차녀**　　　【次女】cìnǚ 츠뉘

□ **차다**　　　【冷】lěng 렁

□ **차다**　　　【踢】tī 티

□ **차단**(하다)　【抵】dǐ 디

□ **차도**　　　【车道】chēdào 처따오

□ **차라리**　　【干脆】gāncuì 간췌이

□ **차량**　　　【车辆】chēliàng 처리앙

□ **차례**　　　【次序】cìxù 츠쉬

□ **차마**　　　【忍心】rěnxīn 런씬

455

한국어	중국어	병음	발음
□ **차별**	【差别】	chābié	차비에
□ **차분하다**	【沉静】	chénjìng	천징
□ **차비**	【车费】	chēfèi	처페이
□ **차선**	【车道线】	chēdàoxiàn	처따오시엔
□ **차액**	【差额】	chā'é	차어
□ **차양**	【遮阳】	zhēyáng	저양
□ **차용**	【借用】	jièyòng	지에용
□ **차이**	【差异】	chāyì	차이
□ **차이나다**	【相差】	xiāngchà	시앙차
□ **차지하다**	【占】	zhàn	잔
□ **차창**	【车窗】	chēchuāng	처추앙
□ **차체**	【车架子】	chējiàzi	처지아즈
□ **차츰**	【逐渐】	zhújiàn	주지엔
□ **차트**	【一览表】	yīlǎnbiǎo	이란비아오
□ **차표**	【车票】	chēpiào	처피아오
□ **착각**	【错觉】	cuòjué	추어쥐에
□ **착공**(하다)	【开工】	kāigōng	카이공
□ **착륙**(하다)	【着陆】	zhuólù	주어루

456

□ **착상**	【设想】	shèxiǎng	셔시앙
□ **착색**	【套色】	tàoshǎi	타오샤이
□ **착수**(하다)	【入手】	rùshǒu	루셔우
□ **착실**(하다)	【扎实】	zhāshi	자스
□ **착안**	【着眼】	zhuóyǎn	주어이엔
□ **착오**	【错误】	cuòwù	추어우
□ **착취**	【剥削】	bōxuē	보쉬에
□ **착하다**	【善良】	shànliáng	샨리앙
□ **찬동**(하다)	【赞同】	zàntóng	짠퉁
□ **찬란하다**	【灿烂】	cànlàn	찬란
□ **찬물**	【凉水】	liángshuǐ	리앙쉐이
□ **찬미하다**	【赞美】	zànměi	짠메이
□ **찬성**(하다)	【赞成】	zànchéng	짠청
□ **찬스**	【机会】	jīhuì	지훼이
□ **찬양**(하다)	【赞扬】	zànyang	짠양
□ **찬조**	【赞助】	zànzhù	짠주
□ **찬탄하다**	【赞叹】	zàntàn	짠탄
□ **찰나**	【刹那】	chànà	차나

□ **찰흙**	【粘土】	niántǔ	니엔투
□ **참가**(하다)	【参加】	cānjiā	찬지아
□ **참견**(하다)	【干预】	gānyù	간위
□ **참고**(하다)	【参考】	cānkǎo	찬카오
□ **참관**(하다)	【参观】	cānguān	찬관
□ **참극**	【惨剧】	cǎnjù	찬쥐
□ **참깨**	【芝麻】	zhīma	즈마
□ **참다**(대소변)	【憋】	biē	비에
□ **참다**	【耐烦】	nàifán	나이판
□ **참담하다**	【悲惨】	bēicǎn	베이찬
□ **참대**	【竹子】	zúzi	쭈즈
□ **참모**(하다)	【参谋】	cānmóu	찬머우
□ **참배**(하다)	【参拜】	cānbài	찬빠이
□ **참새**	【麻雀】	máquè	마취에
□ **참신하다**	【崭新】	zhǎnxīn	잔씬
□ **참아내다**	【刻苦】	kèkǔ	커쿠
□ **참언**	【谗言】	chányán	찬이엔
□ **참여**(하다)	【参与】	cānyù	찬위

458

□ **참외** 【甜瓜】 tiánguā 티엔꽈

□ **참의원** 【参议院】 cānyìyuàn 찬이위엔

□ **참작**(하다) 【酌情】 zhuóqíng 주어칭

□ **참조**(하다) 【参照】 cānzhào 찬자오

□ **참치** 【金枪鱼】 jīnqiāngyú 진치앙위

□ **참혹하다** 【残酷】 cánkù 찬쿠

□ **참회**(하다) 【忏悔】 chànhuǐ 찬훼이

□ **찻잔** 【茶杯】 chábēi 차베이

□ **찻집** 【茶馆】 cháguǎn 차관

□ **창**(문) 【窗】 chuāng 추앙

□ **창** 【戈】 gē 거

□ **창가** 【窗口】 chuāngkǒu 추앙커우

□ **창건**(하다) 【创建】 chuàngjiàn 추앙지엔

□ **창고** 【仓库】 chāngkù 창쿠

□ **창립**(하다) 【创立】 chuànglì 추앙리

□ **창문** 【窗户】 chuānghu 추앙후

□ **창문턱** 【窗台】 chuāngtái 추앙타이

□ **창백**(하다) 【苍白】 cāngbái 창바이

459

창설(하다)	【创办】 chuàngbàn 추앙빤
창시(하다)	【首创】 shǒuchuàng 셔우추앙
창안	【制订】 zhìdìng 즈딩
창업(하다)	【创业】 chuàngyè 추앙예
창자	【肠子】 chángzi 창즈
창작	【创作】 chuàngzuò 추앙쭈어
창조	【创造】 chuàngzào 추앙자오
창조(하다)	【创】 chuàng 추앙
창피하다	【丢脸】 diūliǎn 띠우리엔
찾다	【找】 zhǎo 자오
찾아보다	【查】 chá 차
채굴(하다)	【开采】 kāicǎi 카이차이
채권	【债券】 zhàiquàn 자이취엔
채납(하다)	【采纳】 cǎinà 차이나
채널	【频道】 píndào 핀따오
채무	【债务】 zhàiwù 자이우
채비(하다)	【准备】 zhǔnbèi 준베이
채색(하다)	【色彩】 sècǎI 써차이

460

□ 채소　　　　【蔬菜】shūcài 수차이

□ 채식　　　　【蔬食】shūshí 수스

□ 채용(하다)　【采用】cǎiyòng 차이용

□ 채우다　　　【填】tián 티엔

□ 채집(하다)　【采集】cǎijí 차이지

□ 채찍　　　　【鞭子】biānzi 비엔즈

□ 채취(하다)　【采】cǎi 차이

□ 책　　　　　【书】shū 수

□ 책가방　　　【书包】shūbāo 수바오

□ 책략　　　　【策略】cèlüè 처뤼에

□ 책망(하다)　【责备】zébèi 쩌베이

□ 책방　　　　【书铺】shūpù 수푸

□ 책상　　　　【书桌儿】shūzhuōr 수주얼

□ 책임　　　　【责任】zérèn 저런

□ 책임제　　　【责任制】zérènzhì 저런즈

□ 책임지다　　【承当】chéngdāng 청당

□ 처　　　　　【妻子】qīzi 치즈

□ 처녀　　　　【姑娘】gūniang 꾸니앙

한국어	중국어	병음	발음
□ 처단(하다)	【处断】	chǔduàn	추뚜안
□ 처량하다	【凄凉】	qīliáng	치리앙
□ 처리(하다)	【处理】	chùlǐ	추리
□ 처방	【处方】	chǔfāng	추팡
□ 처방	【药方】	yàofāng	야오팡
□ 처벌(하다)	【处罪】	chǔfá	추파
□ 처분(하다)	【处分】	chǔfen	추펀
□ 처사	【办事】	bànshì	반스
□ 처세	【做人】	zuòrén	쭈어런
□ 처음	【始初】	shǐchū	스추
□ 처음부터	【从头】	cóngtóu	총터우
□ 처지	【处境】	chǔjìng	추징
□ 처참하다	【凄惨】	qīcǎn	치찬
□ 처치(하다)	【处置】	chǔzhì	추즈
□ 처형	【处刑】	chǔxíng	추씽
□ 척도	【尺度】	chǐdù	츠뚜
□ 척추	【脊椎】	jǐzhuī	지줴이
□ 천	【布】	bù	뿌

□ **천거** (하다)   【推荐】 tuījiàn 퉤이지엔

□ **천당**   【天堂】 tiāntáng 티엔탕

□ **천둥**   【雷】 léi 레이

□ **천막**   【帐幕】 zhàngmù 장무

□ **천명** (하다)   【阐明】 chǎnmíng 찬밍

□ **천문**   【天文】 tiānwén 티엔원

□ **천사**   【天使】 tiānshǐ 티엔스

□ **천생**   【天生】 tiānshēng 티엔성

□ **천연**   【天然】 tiānrán 티엔란

□ **천연가스**   【天然气】 tiānránqì 티엔란치

□ **천장**   【仰板】 yǎngbǎn 양반

□ **천재**   【天才】 tiāncái 티엔차이

□ **천주교**   【天主教】 tiānzhǔjiào 티엔주지아오

□ **천지**   【天地】 tiāndì 티엔띠

□ **천지개벽**   【开天辟地】 kāitiānpìdì 카이티엔피띠

□ **천직**   【天职】 tiānzhí 티엔즈

□ **천진하다**   【天真】 tiānzhēn 티엔전

□ **천천히**   【徐徐】 xúxú 쉬쉬

□ 천체	【天体】	tiāntǐ 티엔티
□ 천하	【天下】	tiānxià 티엔시아
□ 천하다	【下流】	xiàliú 시아리우
□ 철	【铁】	tiě 티에
□ 철강	【铁钢】	tiěgāng 티에강
□ 철교	【铁桥】	tiěqiáo 티에치아오
□ 철근	【铁筋】	tiějīn 티에진
□ 철도	【铁道】	tiědào 티에따오
□ 철들다	【懂事】	dǒngshì 동스
□ 철로	【铁路】	tiělù 티에루
□ 철면피	【牛皮脸】	niúpíliǎn 니우피리엔
□ 철봉	【铁棍】	tiěgùn 티에군
□ 철사	【铁丝】	tiěsī 티에쓰
□ 철새	【候鸟】	hòuniǎo 허우니아오
□ 철수(하다)	【撤退】	chètuì 처퉤이
□ 철야	【彻夜】	chèyè 처예
□ 철저하다	【十足】	shízú 스주
□ 철저히	【彻底】	chèdǐ 처디

□ **철퇴**(하다)	【撤退】	chètuì	처퉤이
□ **철학**	【哲学】	zhéxué	저쉬에
□ **철회**(하다)	【退】	tuì	퉤이
□ **첨가**(하다)	【添】	tiān	티엔
□ **첨단**	【尖端】	jiānduān	지엔두안
□ **첨부**(하다)	【附添】	fùtiān	푸티엔
□ **첩**	【浑头儿】	húntóur	훈터울
□ **첫눈**	【初雪】	chūxuě	추쉬에
□ **첫사랑**	【初恋】	chūliàn	추리엔
□ **첫째**	【甲】	jiǎ	지아
□ **청각**	【听觉】	tīngjué	팅쥐에
□ **청개구리**	【青蛙】	qīngwā	칭와
□ **청결하다**	【清洁】	qīngjié	칭지에
□ **청구서**	【取条儿】	qǔtiáor	취티아올
□ **청년**	【青年】	qīngnián	칭니엔
□ **청렴결백하다**	【廉洁】	liánjié	리엔지에
□ **청부맡다**	【承办】	chéngbàn	청빤
□ **청산**(하다)	【清算】	qīngsuàn	칭쑤안

□ 청색	【青色】	qīngsè 칭써
□ 청소(하다)	【打扫】	dǎsǎo 다싸오
□ 청순하다	【清纯】	qīngchún 칭춘
□ 청중	【听众】	tīngzhòng 팅중
□ 청첩	【请帖】	qǐngtiě 칭티에
□ 청첩장	【请柬】	qǐngjin 칭지엔
□ 청춘	【青春】	qīngchūn 칭춘
□ 청취(하다)	【听取】	tīngqǔ 팅취
□ 청하다	【请】	qǐng 칭
□ 체	【筛子】	shāizi 샤이즈
□ 체감	【体感】	tǐgǎn 티간
□ 체격	【身材】	shēncái 션차이
□ 체결(하다)	【缔结】	dìjié 띠지에
□ 체계	【体系】	tǐxì 티씨
□ 체납	【拖欠】	tuōqiàn 투어치엔
□ 체념(하다)	【死心】	sǐxīn 쓰씬
□ 체력	【体力】	tǐlì 티리
□ 체류(하다)	【滞留】	zhìliú 즈리우

□ 체면	【体面】 tǐmiàn	티미엔
□ 체신	【邮电】 yóudiàn	여우띠엔
□ 체온	【体温】 tǐwēn	티원
□ 체육	【体育】 tǐyù	티위
□ 체육관	【体育馆】 tǐyùguǎn	티위관
□ 체적	【体积】 tǐjī	티지
□ 체제	【体制】 tǐzhì	티즈
□ 체조	【体操】 tǐcāo	티차오
□ 체중	【体重】 tǐzhòng	티중
□ 체질	【体质】 tǐzhì	티즈
□ 체크	【查对】 cháduì	차뚜에이
□ 체크무늬	【方格儿】 fānggér	팡걸
□ 체포 (하다)	【逮捕】 dàibǔ	따이부
□ 체험 (하다)	【体验】 tǐyàn	티이엔
□ 쳐들다	【举】 jǔ	쥐
□ 쳐부수다	【破】 pò	포
□ 초	【秒】 miǎo	미아오
□ 초가을	【初秋】 chūqiū	추치우

□ 초과(하다)	【超过】	chāoguò	차오꾸어
□ 초급	【初级】	chūjí	추지
□ 초기	【初期】	chūqī	추치
□ 초대(하다)	【招待】	zhāodài	자오따이
□ 초래(하다)	【引】	yǐn	인
□ 초록색	【草绿】	cǎolù	차오뤼
□ 초면	【初见】	chūjiàn	추지엔
□ 초목	【草木】	cǎomù	차오무
□ 초병	【哨兵】	shàobīng	샤오빙
□ 초보적이다	【初步】	chūbù	추뿌
□ 초빙(하다)	【招聘】	zhāopìn	자오핀
□ 초상	【肖像】	xiàoxiàng	시아오시앙
□ 초상화	【画像】	huàxiàng	화시앙
□ 초석	【础石】	chǔshí	추스
□ 초순	【初旬】	chūxún	추쉰
□ 초승달	【新月】	xīnyuè	씬위에
□ 초안	【草案】	cǎo'àn	차오안
□ 초원	【草原】	cǎoyuán	차오위엔

□ 초월 (하다)	【超越】 chāoyuè 차오위에
□ 초인종	【呼铃】 hūlíng 후링
□ 초점	【焦点】 jiāodiǎn 지아오디엔
□ 초조하다	【烦躁】 fánzào 판자오
□ 초조해하다	【焦急】 jiāojí 지아오지
□ 초지	【草地】 cǎodì 차오띠
□ 초청 (하다)	【请】 qǐng 칭
□ 초췌하다	【憔悴】 qiáocuì 치아오췌이
□ 초콜릿	【巧克力】 qiǎokèlì 치아오커리
□ 초혼	【初婚】 chūhūn 추훈
□ 촉각	【触觉】 chùjué 추쥐에
□ 촉감	【触感】 chùgǎn 추간
□ 촉구 (하다)	【催】 cuī 췌이
□ 촉망	【期望】 qīwàng 치왕
□ 촉박하다	【短促】 duǎncù 두안추
□ 촉진 (하다)	【促进】 cùjìn 추진
□ 촌락	【村庄】 cūnzhuāng 춘주앙
□ 촌스럽다	【土气的】 tǔqìde 투치더

469

□ 촘촘하다	【细密】	xìmì 시미
□ 총	【枪】	qiāng 치앙
□ 총각	【小伙子】	xiǎohuǒzi 시아오후어즈
□ 총계	【合计】	héjì 허지
□ 총괄(하다)	【统筹】	tǒngchóu 통처우
□ 총독	【总督】	zǒngdū 쫑두
□ 총력	【全力】	quánlì 취엔리
□ 총리	【总理】	zǒnglǐ 쫑리
□ 총명하다	【聪明】	cōngming 총밍
□ 총무	【总务】	zǒngwù 쫑우
□ 총사령	【总司令】	zǒngsīlìng 쫑스링
□ 총살(하다)	【枪毙】	qiāngbì 치앙삐
□ 총성	【枪声】	qiāngshēng 치앙성
□ 총수	【总数】	zǒngshù 쫑수
□ 총액	【总额】	zǒng'é 쫑어
□ 총통	【总统】	zǒngtǒng 쫑통
□ 총화	【总和】	zǒnghé 쫑허
□ 총회	【全会】	quánhuì 취엔훼이

□ **촬영**(하다)	【摄影】	shèyǐng 셔잉
□ **최고로**	【最】	zuì 쮀이
□ **최근**	【最近】	zuìjìn 쮀이진
□ **최대한**	【至多】	zhìduō 즈뚜어
□ **최면**	【催眠】	cuīmián 췌이미엔
□ **최상의**	【上等】	shàngděng 샹덩
□ **최선**	【最善】	zuìshàn 쮀이샨
□ **최소한**	【至少】	zhìshǎo 즈샤오
□ **최신의**	【最新】	zuìxīn 쮀이씬
□ **최악**	【最坏】	zuìhuài 쮀이화이
□ **최저**	【最低】	zuìdī 쮀이디
□ **최종**	【最终】	zuìzhōng 쮀이중
□ **최초**	【最初】	zuìchū 쮀이추
□ **최후**	【最后】	zuìhòu 쮀이허우
□ **추가**(하다)	【追加】	zhuījiā 쮀이지아
□ **추구**(하다)	【追求】	zhuīqiú 쮀이치우
□ **추궁**(하다)	【追究】	zhuījiū 쮀이지우
□ **추대**(하다)	【爱戴】	àidài 아이따이

가
나
다
라
마
바
사
아
자
차
카
타
파
하

471

□ 추도 (하다)	【追悼】	zuīdào 쮀이따오
□ 추돌 (하다)	【追尾】	zhuīwěi 쮀이웨이
□ 추락 (하다)	【坠落】	zhuìluò 쮀이루어
□ 추량 (하다)	【猜想】	cāixiǎng 차이시앙
□ 추론 (하다)	【推论】	tuīlùn 퉤이룬
□ 추리	【推理】	tuīlǐ 퉤이리
□ 추모 (하다)	【悼念】	diàoniàn 띠아오니엔
□ 추방 (하다)	【开除】	kāichú 카이추
□ 추산 (하다)	【推算】	tuīsuàn 퉤이쑤안
□ 추상적이다	【抽象】	chōuxiàng 처우시앙
□ 추석	【中秋】	zhōngqiū 중치우
□ 추세	【趋势】	qūshì 취스
□ 추수 (하다)	【秋收】	qiūshōu 치우셔우
□ 추악하다	【丑恶】	chǒu'è 처우어
□ 추억	【回忆】	huíyì 훼이이
□ 추월	【超越】	chāoyuè 차오위에
□ 추위	【寒气】	hánqì 한치
□ 추적조사하다	【追查】	zhuīchá 쮀이차

□ 추적 (하다)	【跟踪】 gēnzōng 건종	
□ 추정 (하다)	【推定】 tuīdìng 퉤이딩	
□ 추진 (하다)	【推进】 tuījìn 퉤이진	
□ 추천 (하다)	【推荐】 tuījiàn 퉤이지엔	
□ 추측 (하다)	【推测】 tuīcè 퉤이처	
□ 추태	【出洋相】 chūyángxiàng 추양시앙	
□ 추파	【秋波】 qiūbō 치우보	
□ 추하다	【丑】 chǒu 처우	
□ 축구	【足球】 zúqiú 쭈치우	
□ 축구장	【球场】 qiúchǎng 치우창	
□ 축배	【祝酒】 zhùjiǔ 주지우	
□ 축복 (하다)	【祝福】 zhùfú 주푸	
□ 축사	【贺词】 hècí 허츠	
□ 축산품	【畜产品】 xùchǎnpǐn 쉬찬핀	
□ 축소 (하다)	【收缩】 shōusuō 셔우쑤어	
□ 축소 (하다)	【缩】 suō 쑤어	
□ 축원 (하다)	【祝愿】 zhùyuàn 주위엔	
□ 축재 (하다)	【蓄财】 xùcái 쉬차이	

가
나
다
라
마
바
사
아
자
차
카
타
파
하

473

□ 축적(하다)	【积累】	jīlěi 지레이
□ 축전지	【蓄电池】	xùdiànchí 쒸디엔츠
□ 축제	【庆祝会】	qìngzhùhuì 칭주훼이
□ 축축하다	【泽】	zé 저
□ 축하(하다)	【祝贺】	zhùhè 주허
□ 춘추	【春秋】	chūnqiū 춘치우
□ 출가	【出嫁】	chūjià 추지아
□ 출고(하다)	【出货】	chūhuò 추허우
□ 출구	【出口】	chūkǒu 추커우
□ 출국(하다)	【出国】	chūguó 추꾸어
□ 출근(하다)	【上班】	shàngbān 샹반
□ 출납(하다)	【出纳】	chūnà 추나
□ 출동(하다)	【出动】	chūdòng 추뚱
□ 출두(하다)	【报到】	bàodào 바오따오
□ 출렁이다	【荡漾】	dàngyàng 땅양
□ 출력	【功率】	gōnglǜ 공뤼
□ 출로	【出路】	chūlù 추루
□ 출마	【参加】	cānjiā 찬지아

□ 출몰	【出没】	chūmò 추모
□ 출발점	【出发点】	chūfādiǎn 추파디엔
□ 출발(하다)	【出发】	chūfā 추파
□ 출범(하다)	【开船】	kāichuán 카이추안
□ 출산	【分娩】	fēnmiǎn 펀미엔
□ 출생	【出生】	chūshēng 추성
□ 출석(하다)	【出席】	chūxí 추시
□ 출세(하다)	【出世】	chūshì 추스
□ 출신	【出身】	chūshēn 추선
□ 출연(하다)	【扮演】	bànyǎn 빤이엔
□ 출옥(하다)	【出狱】	chūyù 추위
□ 출원(하다)	【出院】	chūyuàn 추위엔
□ 출입(하다)	【出入】	chūrù 추루
□ 출장가다	【出差】	chūchai 추차이
□ 출제(하다)	【出题】	chūtí 추티
□ 출중(하다)	【高超】	gāochāo 가오차오
□ 출처	【出处】	chūchǔ 추추
□ 출판(하다)	【出版】	chūbǎn 추반

□ 출품	【出品】	chūpǐn	추핀
□ 출하(하다)	【发货】	fāhuò	파후어
□ 출항	【起航】	qǐháng	치항
□ 출현	【出现】	chūxiàn	추시엔
□ 출혈(하다)	【出血】	chūxuè	추쉬에
□ 춤	【舞】	wǔ	우
□ 춤추다	【跳舞】	tiàowǔ	티아오우
□ 춥다	【冷】	lěng	렁
□ 충격	【冲击】	chōngjī	총지
□ 충고(하다)	【忠告】	zhōnggào	중까오
□ 충당(하다)	【充当】	chōngdāng	총당
□ 충돌(하다)	【冲突】	chōngtū	총투
□ 충동	【冲动】	chōngdòng	총동
□ 충만하다	【充满】	chōngmǎn	총만
□ 충분하다	【充分】	chōngfèn	총펀
□ 충성하다	【忠诚】	zhōngchéng	중청
□ 충실하다	【忠实】	zhōngshí	중스
□ 충전(하다)	【充电】	chōngdiàn	총띠엔

□ 충족하다	【充足】	chōngzú 총주
□ 충치	【龋齿】	qǔchǐ 취츠
□ 취급 (하다)	【看待】	kàndài 칸따이
□ 취득 (하다)	【取得】	qǔdé 취더
□ 취미	【爱好】	àihào 아이하오
□ 취소 (하다)	【取消】	qǔxiāo 취시아오
□ 취약 (하다)	【脆弱】	cuìruò 췌이루어
□ 취업	【就业】	jiùyè 지우예
□ 취임 (하다)	【上任】	shàngrèn 샹런
□ 취재 (하다)	【采访】	cǎifǎng 차이팡
□ 취직 (하다)	【就职】	jiùzhí 지우즈
□ 취하다 (태도)	【采取】	cǎiqǔ 차이취
□ 취하다 (술)	【醉】	zuì 쮀이
□ 측근	【身旁】	shēnpáng 셩팡
□ 측량 (하다)	【测量】	cèliáng 처리앙
□ 측면	【侧面】	cèmiàn 처미엔
□ 측백나무	【柏树】	bǎishù 바이수
□ 측정 (하다)	【测定】	cèdìng 처띵

가
나
다
라
마
바
사
아
자
차
카
타
파
하

477

□ 층	【楼】 lóu 러우	
□ 층계	【台阶】 táijiē 타이지에	
□ 층집	【楼房】 lóufáng 러우팡	
□ 치다	【打】 dǎ 다	
□ 치료 (하다)	【医治】 yīzhì 이즈	
□ 치르다	【付出】 fùchū 푸추	
□ 치마	【裙】 qún 췬	
□ 치매	【痴呆】 chīdāi 츠따이	
□ 치명적	【致命的】 zhìmìngde 즈밍더	
□ 치밀하다	【细致】 xìzhì 시즈	
□ 치사 (하다)	【下流】 xiàliú 시아리우	
□ 치솟다	【耸】 sǒng 쏭	
□ 치수	【尺寸】 chǐcùn 츠춘	
□ 치아	【牙齿】 yáchǐ 야츠	
□ 치안	【治安】 zhì'ān 즈안	
□ 치약	【牙膏】 yágāo 야가오	
□ 치우다	【收拾】 shōushi 셔우스	
□ 치우치다	【偏】 piān 피엔	

478

□ **치유** (하다)　　【治愈】 zhìyù 즈위

□ **치장** (하다)　　【妆修】 zhuāngxiū 주앙시우

□ **치즈**　　　　　【干酪】 gānlào 간라오

□ **치켜세우다**　　【竖起来】 shùqǐlái 수치라이

□ **치킨** (튀긴 닭)　【炸鸡】 zhájī 자지

□ **치한**　　　　　【痴汉】 chīhàn 츠한

□ **친구**　　　　　【朋友】 péngyou 펑여우

□ **친밀하다**　　　【亲密】 qīnmì 친미

□ **친선**　　　　　【友好】 yǒuhǎo 여우하오

□ **친애하다**　　　【亲爱】 qīn'ài 친아이

□ **친우**　　　　　【亲友】 qīnyǒu 친여우

□ **친절하다**　　　【亲切】 qīnqiè 친치에

□ **친척**　　　　　【亲戚】 qīnqi 친치

□ **친필**　　　　　【亲笔】 qīnbǐ 친비

□ **친하다**　　　　【亲】 qīn 친

□ **친히**　　　　　【亲身】 qīnshēn 친션

□ **칠** (7)　　　　【七】 qī 치

□ **칠면조**　　　　【火鸡】 huǒjī 후어지

□ 칠판	【黑板】 hēibǎn	헤이반
□ 칠하다	【涂】 tú	투
□ 칠흑같다	【漆黑】 qīhēi	치헤이
□ 침	【唾沫】 tuòmo	투어모
□ 침	【针】 zhēn	전
□ 침대	【床】 chuáng	추앙
□ 침대시트	【床单】 chuángdān	추앙단
□ 침대자리	【床位】 chuángwèi	추앙웨이
□ 침략(하다)	【侵略】 qīnlüè	친뤼에
□ 침몰(하다)	【沉没】 chénmò	천모
□ 침묵(하다)	【沉默】 chénmò	천모
□ 침범(하다)	【侵犯】 qīnfàn	친판
□ 침상	【床铺】 chuángpù	추앙푸
□ 침실	【卧室】 wòshì	워스
□ 침울하다	【沉闷】 chénmèn	천먼
□ 침입(하다)	【侵入】 qīnrù	친루
□ 침전(하다)	【沉淀】 chéndiàn	천띠엔
□ 침착하다	【镇静】 zhènjìng	전징

□ **침투** (하다)　　【渗透】 shèntòu 션터우

□ **침해** (하다)　　【侵害】 qīnhài 친하이

□ **칫솔**　　　　　【牙刷】 yáshuā 야수아

□ **칭찬** (하다)　　【称赞】 chēngzàn 청짠

□ **칭하다**　　　　【称】 chēng 청

□ **칭호**　　　　　【称号】 chēnghào 청하오

과일·야채 水果·菜

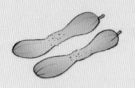

① 西红柿
xīhóngshì 시홍스

② 黄瓜
huángguā 후앙꾸아

③ 胡萝卜
húluóbo 후루어보

④ 洋葱
yángcōng 양총

⑤ 卷心菜
juǎnxīncài 쥐엔씬차이

⑥ 菠菜
bōcài 보차이

⑦ 土豆
tǔdòu 투떠우

---

① 토마토　② 오이　③ 당근　④ 양파　⑤ 양배추　⑥ 시금치
⑦ 감자

⑧ 柠檬
níngméng 닝멍

⑨ 樱
yīng 잉

⑩ 西瓜
xīguā 시과

⑪ 香蕉
xiāngjiāo 시앙지아오

⑫ 扬莓
yángméi 양메이

⑬ 葡萄
pútáo 푸타오

⑭ 桃
táo 타오

⑮ 栗子
lìzi 리즈

⑯ 苹果
píngguǒ 핑꾸어

⑰ 橙子
chéngzi 청즈

⑧ 레몬　⑨ 체리　⑩ 수박　⑪ 바나나　⑫ 딸기　⑬ 포도
⑭ 복숭아　⑮ 밤　⑯ 사과　⑰ 오렌지

□ **카네이션**　　【康乃馨】kāngnǎixīn 캉나이씬

□ **카드**　　　　【卡片】kǎpiàn 카피엔

□ **카레**　　　　【咖喱】gālí 가리

□ **카메라**　　　【照相机】zhàoxiàngjī 자오시앙지

□ **카세트테이프**　【卡带】kǎdài 카다이

□ **카운터**　　　【柜台】guìtái 꿰이타이

□ **카탈로그**　　【样本】yàngběn 양번

□ **카페 (커피숍)**　【咖啡厅】kāfēitīng 카페이팅

□ **카펫**　　　　【地毯】dìtǎn 띠탄

□ **카피**　　　　【复印】fùyìn 푸인

□ **칵테일**　　　【鸡尾酒】jīwěijiǔ 지웨이지우

□ **칸**　　　　　【间】jiān 지엔

□ **칸막이**　　　【屏障】píngzhàng 핑장

□ **칼**　　　　　【刀】dāo 다오

□ **칼날**　　　　【刀刃】dāorèn 다오런

□ 칼라	【领子】 lǐngzi	링즈
□ 칼로리	【卡】 kǎ	카
□ 칼슘	【钙】 gài	까이
□ 캄캄하다	【漆黑】 qīhēi	치헤이
□ 캐내다	【采】 cǎi	차이
□ 캐럿	【克拉】 kèlā	거라
□ 캐묻다	【追问】 zhuīwèn	쭤이원
□ 캐비닛	【文件柜】 wénjiànguì	원지엔꿰이
□ 캐주얼	【便装】 biànzhuāng	비엔주앙
□ 캔디	【糖果】 tángguǒ	탕구어
□ 캔버스	【画布】 huàbù	화뿌
□ 캠퍼스	【校园】 xiàoyuán	시아오위엔
□ 캠페인	【战役】 zhànyì	잔이
□ 캠프	【营】 yíng	잉
□ 캡슐	【胶囊】 jiāonáng	지아오낭
□ 캥거루	【大袋鼠】 dàdàishǔ	따다이수
□ 커닝	【抄小抄】 chāoxiǎochāo	차오시아오차오
□ 커다랗다	【大】 dà	따

485

□ 커버	【外皮】	wàipí 와이피
□ 커브	【曲线】	qūxiàn 취시엔
□ 커서	【光标】	guāngbiāo 광비아오
□ 커트	【剪】	jiǎn 지엔
□ 커튼	【帘】	lián 리엔
□ 커플	【一对】	yīduì 이뚜에이
□ 커피	【咖啡】	kāfēi 카페이
□ 컨디션	【状态】	zhuàngtài 주앙타이
□ 컨테이너	【集装箱】	jízhuāngxiāng 지주앙시앙
□ 컬러	【彩色】	cǎisè 차이써
□ 컴백	【回归】	huíguī 훼이꿰이
□ 컴퍼스	【圆规】	yuánguī 위엔꿰이
□ 컴퓨터	【电脑】	diànnǎo 띠엔나오
□ 컵	【杯】	bēi 베이
□ 컵	【杯子】	bēizi 베이즈
□ 케이블카	【电缆车】	diànlǎnchē 디엔란처
□ 케이스	【盒子】	hézi 허즈
□ 케이크	【蛋糕】	dàngāo 딴까오

□ 케첩	【番茄】 fānqié 판치에
□ 케케묵다	【陈旧】 chénjiù 천지우
□ 켜다	【打开】 dǎkāi 다카이
□ 켤레	【双】 shuāng 수앙
□ 코	【鼻子】 bǐzi 비즈
□ 코끼리	【大象】 dàxiàng 따시앙
□ 코너	【角】 jiǎo 지아오
□ 코드	【软线】 ruǎnxiàn 루안시엔
□ 코미디	【喜剧】 xǐjù 시쮜
□ 코브라	【眼镜蛇】 yǎnjìngshé 이엔지앙셔
□ 코뿔소	【犀牛】 xīniú 시니우
□ 코스	【进程】 jìnchéng 진청
□ 코스모스	【波斯菊】 bōsījú 보쓰쮜
□ 코알라	【树袋熊】 shùdàixióng 수따이시옹
□ 코치	【教练】 jiàoliàn 지아오리엔
□ 코코넛	【椰子果】 yēziguǒ 예즈꾸어
□ 코코아	【蔻蔻】 kòukòu 커우커우
□ 코트	【大衣】 dàyī 따이

□ 코팅	【贴胶】 tiējiāo	티에지아오
□ 코피	【鼻血】 bíxuè	비쉬에
□ 콘돔	【保险套】 bǎoxiǎntào	바오씨엔타오
□ 콘서트	【音乐会】 yīnyuèhuì	인위에훼이
□ 콘센트	【插口】 chākǒu	차커우
□ 콘크리트	【混凝土】 hùnníngtǔ	훈닝투
□ 콘택트렌즈	【接触透镜】 jiēchùtòujìng	지에추터우징
□ 콘테스트	【竞赛会】 jìngsàihuì	징싸이훼이
□ 콜레라	【子午痧】 zǐwǔshā	즈우샤
□ 콤비	【配角儿】 pèijuér	페이쮜얼
□ 콤팩트	【粉盒儿】 fěnhér	펀헐
□ 콤플렉스	【情结】 qíngjié	칭지에
□ 콧구멍	【鼻孔】 bíkǒng	비콩
□ 콧대	【鼻梁】 bíliáng	비리앙
□ 콧물	【鼻涕】 bítì	비티
□ 콩	【豆子】 dòuzi	떠우즈
□ 콩나물	【豆芽】 dòuyá	떠우야
□ 콩트	【微型小说】 wēixíngxiǎoshuō	웨이씽시아오셔우

□ 쾌감	【快感】	kuàigǎn	콰이간
□ 쾌락	【快乐】	kuàilè	콰이러
□ 쾌속	【快速】	kuàisù	콰이쑤
□ 쾌적하다	【畅快】	chàngkuài	창콰이
□ 쾌청하다	【晴朗】	qínglng	칭랑
□ 쾌활하다	【快活】	kuàihuo	콰이후어
□ 쿠션	【靠垫】	kàodiàn	카오디엔
□ 쿠폰	【联券】	liánquàn	리엔취엔
□ 퀴즈	【竞猜】	jìngcāi	징차이
□ 크기	【大小】	dàxiǎo	따시아오
□ 크다	【大】	dà	따
□ 크레용	【蜡笔】	làbǐ	라비
□ 크레인	【起重机】	qǐzhòngjī	치종지
□ 크레파스	【粉蜡笔】	fěnlàbǐ	펀라비
□ 크림	【奶油】	nǎiyóu	나이여우
□ 큰거리	【大街】	dàjiē	따지에
□ 큰길	【大道】	dàdào	따따오
□ 큰소리	【大声】	dàshēng	따성

□ 큰아버지	【伯父】	bófù 보푸
□ 큰어머니	【伯母】	bómǔ 보무
□ 큰어머님	【老大妈】	lǎodàmā 라오따마
□ 큰형	【大哥】	dàgē 따거
□ 클래식	【古典】	gǔdiǎn 구디엔
□ 클럽	【俱乐部】	jùlèbù 쥐러부
□ 클레임	【索赔】	suǒpéi 쑤어페이
□ 클로버	【三叶草】	sānyècǎo 싼예차오
□ 클릭 (하다)	【点取】	diǎnqǔ 디엔취
□ 클립	【万字夹】	wànzìjiā 완즈지아
□ 키 (높이)	【个儿】	gèr 껄
□ 키다리	【大高个子】	dàgāogèzi 따가오거즈
□ 키보드	【键盘】	jiànpán 지엔판
□ 키스	【吻】	wěn 원
□ 키우다	【养活】	yǎnghuo 양후어
□ 키작다	【矮】	ǎi 아이
□ 킬로그램	【公斤】	gōngjīn 공진
□ 킬로미터	【公里】	gōnglǐ 공리

- □ **타개** (하다) 　【打开】dǎkāi 다카이

- □ **타격** (하다) 　【打击】dǎjī 다지

- □ **타결되다** 　【调解】tiáojiě 티아오지에

- □ **타계** 　【去世】qùshì 취스

- □ **타고나다** 　【天生】tiānshēng 티엔셩

- □ **타국** 　【异国】yìguó 이구어

- □ **타다** (승차) 　【乘】chéng 청

- □ **타다** (연소) 　【燃烧】ránshāo 란샤오

- □ **타당** (하다) 　【稳妥】wěntuǒ 원투어

- □ **타도** (하다) 　【打倒】dǎdǎo 다다오

- □ **타락** (하다) 　【堕落】duòluò 뚜어루어

- □ **타산** (하다) 　【打算】dǎsuàn 다쑤안

- □ **타살** (하다) 　【他杀】tāshā 타샤

- □ **타성** 　【惰性】duòxìng 뚜어씽

- □ **타악기** 　【打击乐器】dǎjīyuèqì 따지위에치

□ 타액	【唾液】	tuòyè 투어예
□ 타오르다	【燃烧】	ránshāo 란샤오
□ 타워	【塔】	tǎ 타
□ 타원형	【椭圆】	tuǒyuán 투어위엔
□ 타월	【毛巾】	máojīn 마오진
□ 타율	【击球率】	jīqiúlǜ 지치우뤼
□ 타이르다	【训】	xùn 쉰
□ 타이밍	【时机】	shíjī 스지
□ 타이어	【轮胎】	lúntāi 룬타이
□ 타이틀	【标题】	biāotí 비아오티
□ 타인	【他人】	tārén 타런
□ 타입	【型】	xíng 씽
□ 타자	【打字】	dǎzì 다즈
□ 타전	【打电】	dǎdiàn 다디엔
□ 타조	【鸵鸟】	tuóniǎo 투어니아오
□ 타파 (하다)	【打破】	dǎpò 다포
□ 타협 (하다)	【妥协】	tuǒxié 투어시에
□ 탁구공	【乒乓球】	pīngpāngqiú 핑팡치우

□ 탁류	【浊流】 zhuóliú 주어리우	
□ 탁아소	【托儿所】 tuō'érsuǒ 투어얼쑤어	
□ 탁월하다	【卓越】 zhuóyuè 주어위에	
□ 탁자	【桌子】 zhuōzi 주어즈	
□ 탄력	【弹力】 tánlì 탄리	
□ 탄로	【露马脚】 lòumǎjiǎo 러우마지아오	
□ 탄복 (하다)	【佩服】 pèifú 페이푸	
□ 탄생 (하다)	【诞生】 dànshēng 딴셩	
□ 탄성	【叹息声】 tànxīshēng 탄시셩	
□ 탄식	【叹气】 tànqì 탄치	
□ 탄신	【诞辰】 dànchén 딴천	
□ 탄알	【弹丸】 dànwán 딴완	
□ 탄약	【弹药】 dànyào 딴야오	
□ 탄환	【弹丸】 dànwán 딴완	
□ 탈	【面具】 miànjù 미엔쥐	
□ 탈곡	【打稻】 dǎdào 다따오	
□ 탈당 (하다)	【脱党】 tuōdǎng 투어당	
□ 탈락 (하다)	【脱落】 tuōluò 투어뤄	

기
ㄴ
ㄷ
라
ㅁ
바
사
아
자
차
카
타
파
하

493

□ **탈모**	【脱发】	tuōfà 투어파
□ **탈선**(하다)	【越轨】	yuèguǐ 위에꿰이
□ **탈세**(하다)	【偷税】	tōushuì 터우쉐이
□ **탈수**(하다)	【脱水】	tuōshuǐ 투어쉐이
□ **탈옥**(하다)	【越狱】	yuèyù 위예위
□ **탈의실**	【更衣室】	gēngyīshì 겅이스
□ **탈주**	【脱逃】	tuōtáo 투어타오
□ **탈지면**	【脱脂棉】	tuōzhīmián 투어즈미엔
□ **탈출**	【假面舞】	jiǎmiànwǔ 지아미엔우
□ **탈취**(하다)	【夺取】	duóqǔ 뚜어취
□ **탈퇴**	【脱离】	tuōlí 투어리
□ **탈피**(하다)	【脱皮】	tuōpí 투어피
□ **탈환**	【克复】	kèfù 커푸
□ **탐구**(하다)	【探究】	tànjiū 탄지우
□ **탐내다**	【眼热】	yǎnrè 이엔러
□ **탐닉**	【着迷】	zháomí 자오미
□ **탐문**	【寻问】	xúnwèn 쉬원
□ **탐미**(하다)	【耽迷】	dānmí 단미

□ **탐방** (하다) 【采访】 cǎifǎng 차이팡

□ **탐사** (하다) 【勘探】 kāntàn 칸탄

□ **탐색** (하다) 【探索】 tànsuǒ 탄쑤어

□ **탐욕** 【贪欲】 tānyù 탄위

□ **탐지** 【探测】 tàncè 탄처

□ **탐하다** 【牟】 móu 머우

□ **탐험** (하다) 【探险】 tànxiǎn 탄시엔

□ **탑** 【塔】 tǎ 타

□ **탑승** 【乘坐】 chéngzuò 청쭈어

□ **탑재** 【运载】 yùnzài 윈짜이

□ **탓하다** 【责备】 zébèi 저뻬이

□ **탕** (목욕) 【塘】 táng 탕

□ **태고** 【太古】 tàigǔ 타이구

□ **태공** 【太空】 tàikōng 타이콩

□ **태도** 【态度】 tàidu 타이뚜

□ **태만하다** 【怠慢】 dàimàn 따이만

□ **태몽** 【胎梦】 tāimèng 타이멍

□ **태생** 【出生】 chūshēng 추성

□ 태세	【态势】 tàishì 타이스
□ 태아	【胎儿】 tāi'ér 타이얼
□ 태양	【太阳】 tàiyang 타이양
□ 태양에너지	【太阳能】 tàiyángnéng 타이양넝
□ 태어나다	【诞生】 dànshēng 딴성
□ 태업 (하다)	【怠工】 dàigōng 따이공
□ 태연자약하다	【从容不迫】 cóngróngbùpò 총롱부퍼
□ 태연하다	【泰然】 tàirán 타이란
□ 태우다	【烧】 shǎo 샤오
□ 태평스럽다	【太平】 tàipíng 타이핑
□ 태평양	【太平洋】 Tàipíngyáng 타이핑양
□ 태풍	【台风】 táifēng 타이펑
□ 택시	【出租汽车】 chūzūqìchē 추주치처
□ 택하다	【选择】 xuǎnzé 쉬엔저
□ 탤런트	【电视演员】 diànshìyǎnyuán 띠엔스이엔위엔
□ 탱크	【坦克】 tǎnkè 탄커
□ 터널	【隧道】 suìdào 쒜이따오
□ 터득	【体会】 tǐhuì 티훼이

□ 터미널	【终端站】	zhōngduānzhàn	중뚜안잔
□ 터지다	【炸】	zhà	자
□ 턱	【下巴】	xiàba	시아바
□ 털	【毛】	mǎo	마오
□ 털다	【抖】	dǒu	떠우
□ 털실	【毛线】	máoxiàn	마오시엔
□ 털어놓다	【吐诉】	tǔsù	투쑤
□ 텅비다	【干】	gān	간
□ 테니스	【网球】	wǎngqiú	왕치우
□ 테두리	【轮廓】	lúnkuò	룬쿠어
□ 테이블	【桌子】	zhuōzi	주어즈
□ 테이프 (카세트)	【磁带】	cídài	츠따이
□ 텐트	【帐篷】	zhàngpéng	장펑
□ 텔레비전	【电视】	diànshì	띠엔스
□ 템포	【节奏】	jiézòu	지에쩌우
□ 토끼	【兔子】	tùzi	투즈
□ 토대	【地盘】	dìpán	띠판
□ 토라지다	【别忸】	bièniu	비에니우

타

497

□ 토론 (하다)　　【讨论】 tǎolùn 타오룬

□ 토마토　　【西红柿】 xīhóngshì 시훙스

□ 토막　　【段】 duàn 뚜안

□ 토목　　【土木】 tǔmù 투무

□ 토박이　　【土生土长】 tǔshēngtǔzhǎng
　　　　　　　　　　　투셩투장

□ 토벌 (하다)　　【讨伐】 tǎofá 타오파

□ 토산물　　【土物儿】 tǔwùr 투울

□ 토속　　【土俗】 tǔsú 투쑤

□ 토양　　【土壤】 tǔrǎng 투랑

□ 토요일　　【星期六】 xīngqīliù 씽치리우

□ 토의 (하다)　　【商讨】 shāngtǎo 샹타오

□ 토지　　【土地】 tǔdì 투띠

□ 토착　　【土著】 tǔzhù 투주

□ 토하다　　【吐】 tù 투

□ 톤　　【吨】 dūn 뚠

□ 톱　　【锯】 jù 쥐

□ 톱니바퀴　　【齿轮】 chǐlún 츠룬

□ 통　　【桶】 tǒng 통

□ 통계	【统计】	tǒngjì	퉁지
□ 통고 (하다)	【通告】	tōnggào	퉁까오
□ 통곡	【痛哭】	tòngkū	퉁쿠
□ 통과 (하다)	【通过】	tōngguò	퉁꾸어
□ 통근 (하다)	【通勤】	tōngqín	퉁친
□ 통나무	【圆木】	yuánmù	위엔무
□ 통로	【通道】	tōngdào	퉁따오
□ 통보 (하다)	【通报】	tōngbào	퉁빠오
□ 통상	【通常】	tōngcháng	퉁창
□ 통상하다	【通商】	tōngshāng	퉁상
□ 통속적이다	【通俗】	tōngsú	퉁수
□ 통솔 (하다)	【统率】	tǒngshuài	퉁수아이
□ 통신	【通讯】	tōngxùn	퉁쉰
□ 통신사	【通讯社】	tōngxùnshè	퉁쉰서
□ 통신 (하다)	【通信】	tōngxìn	퉁씬
□ 통역 (하다)	【翻译】	fānyi	판이
□ 통역원	【译员】	yìyuán	이위엔
□ 통용 (하다)	【通用】	tōngyòng	퉁용

가
나
다
라
마
바
사
아
자
차
카
타
파
하

499

□ **통일**(하다)	【统一】 tǒngyī 통이	
□ **통장**	【折子】 zhézi 저즈	
□ **통제**(하다)	【调度】 diàodù 띠아오뚜	
□ **통조림**	【罐头】 guàntou 관터우	
□ **통지**(하다)	【通知】 tōngzhī 통즈	
□ **통찰**	【洞察】 dòngchá 동차	
□ **통치**	【统治】 tǒngzhì 통즈	
□ **통쾌**(하다)	【痛快】 tòngkuai 통콰이	
□ **통풍**(하다)	【通风】 tōngfēng 통펑	
□ **통하다**	【通】 tōng 통	
□ **통학**(하다)	【通学】 tōngxué 통쉬에	
□ **통합**(하다)	【合并】 hébìng 허삥	
□ **통행**(하다)	【通行】 tōngxíng 통씽	
□ **통화**(하다)	【通话】 tōnghuà 통화	
□ **퇴근**(하다)	【下班】 xiàbān 시아반	
□ **퇴보**(하다)	【退步】 tuìbù 퉤이뿌	
□ **퇴사**(하다)	【下班】 xiàbān 시아반	
□ **퇴색**(하다)	【褪色】 tuìsè 퉤이써	

□ **퇴원** (하다)	【出院】	chūyuàn	추위엔
□ **퇴장** (하다)	【退场】	tuìchǎng	퉤이창
□ **퇴직** (하다)	【退休】	tuìxiū	퉤이시우
□ **퇴짜**	【退回】	tuìhuí	퉤이훼이
□ **퇴출** (하다)	【退出】	tuìchū	퉤이추
□ **퇴치** (하다)	【扫除】	sǎochú	싸오추
□ **퇴폐**	【衰颓】	shuāituí	수아이퉤이
□ **퇴학** (하다)	【退学】	tuìxué	퉤이쉬에
□ **투고** (하다)	【投稿】	tóugǎo	터우가오
□ **투기** (하다)	【投机】	tóujī	터우지
□ **투기꾼**	【倒爷】	dǎoyé	다오예
□ **투기** (하다)	【投机】	tóujī	터우지
□ **투명도**	【透明度】	tòumíngdù	터우밍뚜
□ **투명** (하다)	【透明】	tòumíng	터우밍
□ **투사**	【斗士】	dòushì	더우스
□ **투서**	【举报】	jǔbào	쥐빠오
□ **투석**	【投石】	tóushí	터우스
□ **투수**	【投手】	tóushǒu	터우셔우

가
나
다
라
마
바
사
아
자
차
카
타
파
하

□ **투숙**(하다)　　【投宿】 tóusù 터우쑤

□ **투시**(하다)　　【透視】 tòushì 터우스

□ **투신**(하다)　　【投身】 tóushēn 터우션

□ **투옥**(하다)　　【下獄】 xiàyù 시아위

□ **투입**(하다)　　【投入】 tóurù 터우루

□ **투자**(하다)　　【投资】 tóuzī 터우즈

□ **투쟁**(하다)　　【斗争】 dòuzhēng 떠우정

□ **투지**　　　　【斗志】 dòuzhì 떠우즈

□ **투척**(하다)　　【投掷】 tóuzhì 터우즈

□ **투철하다**　　【透彻】 tòuchè 터우처

□ **투표**(하다)　　【投票】 tóupiào 터우피아오

□ **투하**(하다)　　【投入】 tóurù 터우루

□ **투항**(하다)　　【投降】 tóuxiáng 터우시앙

□ **튀기다**　　　【炸】 zhá 자

□ **튀김**　　　　【油炸食物】 yóuzháshíwù
　　　　　　　　　　　　　　여우자스우

□ **튀다**(물방울)　【溅】 jiàn 지엔

□ **튜브**　　　　【管子】 guǎnzi 관즈

□ **튤립**　　　　【郁金香】 yùjīnxiāng 위진시앙

□ 트랙	【跑道】 pǎodào 파오따오	
□ 트랙터	【拖拉机】 tuōlājī 투어라지	
□ 트럭	【卡车】 kǎchē 카처	
□ 트럼프	【扑克牌】 pūkèpái 푸커파이	
□ 트렁크	【皮箱】 píxiāng 피시앙	
□ 트레일러	【拖车】 tuōchē 투어처	
□ 트로피	【奖杯】 jiǎngbēi 지앙베이	
□ 트림	【响嗝】 xiǎnggé 씨앙꺼	
□ 트집	【找茬】 zhǎochá 자오차	
□ 특강	【专题课】 zhuāntíkè 주안티커	
□ 특구	【特区】 tèqū 터취	
□ 특권	【特权】 tèquán 터취엔	
□ 특근(하다)	【加班】 jiābān 지아반	
□ 특급	【特级】 tèjí 터지	
□ 특기	【专长】 zhuāncháng 주안창	
□ 특별(하다)	【特别】 tèbié 터비에	
□ 특별히	【特】 tè 터	
□ 특사	【特使】 tèshǐ 터스	

가
나
다
라
마
바
사
아
자
차
카
타
파
하

503

□ 특산	【特产】	tèchǎn 터찬
□ 특색	【特色】	tèsè 터써
□ 특선	【特选】	tèxuǎn 터쉬엔
□ 특성	【特性】	tèxìng 터씽
□ 특수	【特殊】	tèshū 터수
□ 특유	【特有】	tèyǒu 터여우
□ 특전	【特展】	tèzhǎn 터잔
□ 특점	【特点】	tèdiǎn 터디엔
□ 특정의	【特定】	tèdìng 터띵
□ 특종	【特种】	tèzhǒng 터종
□ 특집	【特辑】	tèjí 터지
□ 특징	【特征】	tèzhēng 터정
□ 특출하다	【奇特】	qítè 치터
□ 특허	【专利】	zhuānlì 주안리
□ 특히	【特地】	tèdì 터디
□ 튼튼하다	【扎实】	zhāshi 자스
□ 틀	【架】	jià 지아
□ 틀니	【假牙】	jiǎyá 지아야

504

□ **틀리다**	【不对】	búduì 부뚜에이
□ **틀림없다**	【没错】	méicuò 메이추어
□ **틀어막다**	【堵塞】	dǔsè 두써
□ **틈**	【空隙】	kòngxì 콩시
□ **티끌**	【尘】	chén 천
□ **티눈**	【鸡眼】	jīyǎn 지이엔
□ **티셔츠**	【T恤衫】	Txùshān 티쉬샨
□ **티켓**	【票】	piào 피아오
□ **팀**	【队】	duì 뚜에이
□ **팁**	【小费】	xiǎofèi 시아오페이

다

라

마

바

사

아

자

차

카

타

파

하

동물원 动物园

① 猴
hóu 허우

② 象
xiàng 시앙

③ 熊猫
xióngmāo 시옹마오

④ 鹿
lù 루

⑤ 蛇
shé 셔

① 원숭이 ② 코끼리 ③ 판다 ④ 사슴 ⑤ 뱀

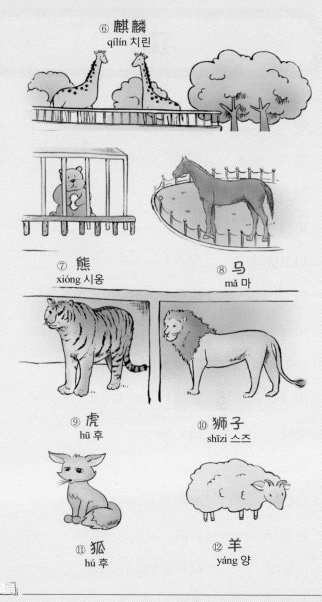

⑥ 麒麟
qílín 치린

⑦ 熊
xióng 시옹

⑧ 马
mǎ 마

⑨ 虎
hū 후

⑩ 狮子
shīzi 스즈

⑪ 狐
hú 후

⑫ 羊
yáng 양

⑥ 기린 ⑦ 곰 ⑧ 말 ⑨ 호랑이 ⑩ 사자 ⑪ 여우 ⑫ 양

파

□ **파**　　　　　【葱】 cōng 총

□ **파격**(적이다)　　【破格】 pògé 포거

□ **파견**(하다)　　【派】 pài 파이

□ **파경**　　　　【破镜】 pòjìng 포징

□ **파고들다**　　【深入】 shēnrù 선루

□ **파괴**(하다)　　【破坏】 pòhuài 포화이

□ **파급**　　　　【波及】 bōjí 뽀지

□ **파기**(하다)　　【废除】 fèichú 페이추

□ **파내다**　　　【发掘】 fājué 파쥐에

□ **파다**　　　　【掘】 jué 쥐에

□ **파도**　　　　【波涛】 bōtāo 뽀타오

□ **파라솔**　　　【遮阳伞】 zhēyángsǎn 저양산

□ **파랑**　　　　【波浪】 bōlàng 뽀랑

□ **파랗다**　　　【绿】 lǜ 뤼

□ **파리**　　　　【苍蝇】 cāngying 창잉

508

□ **파마**	【烫发】	tàngfà	탄파
□ **파멸**(하다)	【破灭】	pòmiè	포미에
□ **파문**	【波纹】	bōwén	뽀원
□ **파묻다**	【埋藏】	máicáng	마이창
□ **파벌**	【派别】	pàibié	파이삐에
□ **파산**(하다)	【破产】	pòchǎn	포찬
□ **파생**(하다)	【派生】	pàishēng	파이성
□ **파손시키다**	【损坏】	sǔnhuài	순화이
□ **파악**(하다)	【把握】	bǎwò	바워
□ **파업**(하다)	【罢工】	bàgōng	빠공
□ **파열하다**	【破裂】	pòliè	포리에
□ **파운드**	【英镑】	yīngbang	잉빵
□ **파이팅!**	【加油】	jiāyóu	지아여우
□ **파이프**	【管子】	guǎnzi	관즈
□ **파인애플**	【菠萝】	bōluó	보루어
□ **파일**	【文件】	wénjiàn	원지엔
□ **파종**(하다)	【播种】	bōzhòng	보중
□ **파출소**	【派出所】	pàichūsuǒ	파이추쑤어

□ 파충류	【爬虫】	páchóng	파총
□ 파트	【一部分】	yībùfēn	이부펀
□ 파트너	【伙伴】	huǒbàn	후어빤
□ 파티	【酒会】	jiǔhuì	지우훼이
□ 파편	【碎片儿】	suìpiànr	쒜이피알
□ 파행(하다)	【跛行】	bǒxíng	보씽
□ 파헤치다	【挖开】	wākāi	와카이
□ 파혼(하다)	【退婚】	tuìhūn	퉤이훈
□ 판결	【裁决】	cáijué	차이쮀에
□ 판결(하다)	【判诀】	pànjué	판쮀에
□ 판단	【判断】	pànduàn	판뚜안
□ 판례	【例案】	lì'àn	리안
□ 판로	【销路】	xiāolù	시아오루
□ 판매(하다)	【销售】	xiāoshòu	시아오셔우
□ 판명(하다)	【判明】	pànmíng	판밍
□ 판별(하다)	【判别】	pànbié	판비에
□ 판사	【审判员】	shěnpànyuán	션판위엔
□ 판자	【板子】	bǎnzi	반즈

510

□ 판정 (하다)	【判定】 pàndìng	판띵
□ 판촉	【促销】 cùxiāo	추시아오
□ 팔 (8)	【八】 bā	바
□ 팔	【臂】 bì	삐
□ 팔꿈치	【胳膊】 gēbo	꺼보
□ 팔다	【卖】 mài	마이
□ 팔뚝	【胳膊】 gēbo	거보
□ 팔목	【手腕】 shǒuwàn	셔우완
□ 팔찌	【手镯】 shǒuzhuó	셔우주어
□ 팥	【红小豆】 hóngxiǎodòu	홍시아떠우
□ 패권	【霸权】 bàquán	빠취엔
□ 패기	【气魄】 qìpò	치퍼
□ 패다	【劈】 pī	피
□ 패망 (하다)	【败亡】 bàiwáng	바이왕
□ 패배시키다	【功克】 gōngkè	공커
□ 패배 (하다)	【败北】 bàiběi	빠이뻬이
□ 패션	【时装】 shízhuāng	스주앙
□ 패자	【失败者】 shībàizhě	스바이저

511

□ 패전	【战败】 zhànbài	잔바이
□ 패하다	【败】 bài	바이
□ 팩스	【传真】 chuánzhēn	추안전
□ 팬	【迷】 mí	미
□ 팬츠	【短裤】 duǎnkù	취우미
□ 팬티	【裤衩】 kùchǎ	쿠차
□ 팸플릿	【副册】 fùcè	푸처
□ 팽개치다	【甩】 shuǎi	수아이
□ 팽이	【陀螺】 tuóluó	투어루어
□ 팽창(하다)	【膨胀】 péngzhàng	펑장
□ 팽팽하다	【紧】 jǐn	진
□ 퍼뜨리다	【散布】 sànbù	싼뿌
□ 퍼레이드	【行列】 hángliè	항리에
□ 퍼센트	【百分】 bǎifēn	바이펀
□ 퍼즐	【迷】 mí	미
□ 펄럭이다	【飘】 piāo	피아오
□ 펌프	【泵】 bèng	벙
□ 펑크	【放炮】 fàngpào	팡파오

512

□ 페달	【脚板】 jiǎobǎn 지아오반
□ 페이지	【页】 yè 예
□ 페인트	【油漆】 yóuqī 여우치
□ 펜	【钢笔】 gāngbǐ 강삐
□ 펴다	【打开】 dǎkāi 따카이
□ 편견	【偏见】 piānjiàn 피엔지엔
□ 편도	【单程】 dānchéng 단청
□ 편들다	【偏向】 piānxiàng 피엔시앙
□ 편리하다	【便】 biàn 삐엔
□ 편면	【片面】 piànmiàn 피엔미엔
□ 편성(하다)	【编制】 biānzhì 비엔즈
□ 편식	【偏食】 piānshí 피엔스
□ 편안(하다)	【舒适】 shūshì 수스
□ 편애	【偏爱】 piān'ài 피엔아이
□ 편입(하다)	【编入】 biānrù 비엔루
□ 편제	【编制】 biānzhì 비엔즈
□ 편중(하다)	【偏重】 piānzhòng 피엔중
□ 편지	【信】 xìn 씬

가 나 다 라 마 바 사 아 자 차 카 타 파 하

□ 편지봉투	【信封】 xìnfēng 씬펑
□ 편지지	【信纸】 xìnzhǐ 씬즈
□ 편집 (하다)	【编辑】 biānjí 비엔지
□ 편차	【偏差】 piānchā 피엔차
□ 편찬	【编纂】 biānzuǎn 비엔쭈안
□ 편하다	【舒服】 shūfu 수푸
□ 편향	【偏向】 piānxiàng 피엔시앙
□ 편협 (하다)	【狭窄】 xiázhǎi 시아자이
□ 펼쳐보이다	【展现】 zhǎnxiàn 잔시엔
□ 펼치다	【施展】 shīzhǎn 스잔
□ 평가 (하다)	【评价】 píngjià 핑지아
□ 평가	【鉴定】 jiàndìng 지엔띵
□ 평가절하하다	【贬值】 biǎnzhí 비엔즈
□ 평균	【平均】 píngjūn 핑쥔
□ 평년	【平年】 píngnián 핑니엔
□ 평등 (하다)	【平等】 píngděng 핑덩
□ 평론 (하다)	【评论】 pínglùn 핑룬
□ 평면	【平面】 píngmiàn 핑미엔

□ 평민　　　【平民】píngmín 핑민

□ 평방　　　【平方】píngfāng 핑팡

□ 평범(하다)　【平凡】píngfán 핑판

□ 평상시　　【往常】wǎngshì 왕스

□ 평생　　　【一生】yīshēng 이성

□ 평생직장　【铁饭碗】tiěfànwǎn 티에판완

□ 평소　　　【往常】wǎngshì 왕스

□ 평시　　　【平时】píngshí 핑스

□ 평안(하다)　【平安】píng'ān 핑안

□ 평야　　　【平野】píngyě 핑예

□ 평온하다　【平稳】píngwěn 핑원

□ 평원　　　【平原】píngyuán 핑위엔

□ 평일　　　【平日】píngrì 핑르

□ 평정(하다)　【评定】píngdìng 핑띵

□ 평지　　　【平地】píngdì 핑디

□ 평탄(하다)　【平坦】píngtǎn 핑탄

□ 평판　　　【名声】míngshēng 밍성

□ 평평하다　【平】píng 핑

□ 평행　　　【平行】 píngxíng 핑씽

□ 평형　　　【平衡】 pínghéng 핑헝

□ 평화　　　【和平】 hépíng 허핑

□ 폐　　　　【肺】 fèi 페이

□ 폐간　　　【停刊】 tíngkān 팅칸

□ 폐기(하다)　【废气】 fèiqì 페이치

□ 폐 끼치다　【打饶】 dǎrǎo 다라오

□ 폐단　　　【弊端】 bìduān 삐두안

□ 폐렴　　　【肺炎】 fèiyán 페이이엔

□ 폐막　　　【闭幕】 bìmù 삐무

□ 폐막식　　【闭幕式】 bìmùshì 삐무스

□ 폐물　　　【礼物】 lǐwù 리우

□ 폐쇄　　　【闭锁】 bìsuǒ 비쑤어

□ 폐수　　　【废水】 fèishuǐ 페이쉐이

□ 폐암　　　【肺癌】 fèi'ái 페이아이

□ 폐업(하다)　【关闭】 guānbì 관삐

□ 폐지(하다)　【作废】 zuòfèi 쭈어페이

□ 폐차　　　【死车】 sǐchē 쓰처

516

폐품	【废品】 fèipǐn 페이핀
폐해	【弊病】 bìbìng 삐삥
폐허	【废墟】 fèixū 페이쉬
폐회 (하다)	【闭会】 bìhuì 비훼이
포개다	【堆摞】 duīluò 뚜에이루어
포경	【包皮】 bāopí 바오피
포고	【布告】 bùgào 뿌까오
포괄 (하다)	【包括】 bāokuò 바오쿠어
포기 (하다)	【放弃】 fàngqì 팡치
포도	【葡萄】 pútao 푸타오
포도당	【葡萄糖】 pútaotáng 푸타오탕
포로	【俘虏】 fúlǔ 푸루
포만 (하다)	【饱满】 bǎomǎn 바오만
포부	【抱负】 bàofù 빠오푸
포상	【褒赏】 bāoshǎng 바오샹
포스터	【招贴】 zhāotiē 자오티에
포옹 (하다)	【拥抱】 yōngbào 용바오
포위 (하다)	【包围】 bāowéi 바오웨이

□ 포장(하다)	【包裝】	bāozhuāng	바오주앙
□ 포즈	【架子】	jiàzi	지아즈
□ 포착(하다)	【捕捉】	bǔzhuō	부주어
□ 포커	【扑克】	púkè	푸커
□ 포크	【叉子】	chāzi	차즈
□ 포함(하다)	【包含】	bāohán	바오한
□ 포화	【炮火】	pàohuǒ	파오후어
□ 포획(하다)	【捕获】	bǔhuò	부후어
□ 폭	【幅】	fú	푸
□ 폭격(하다)	【轰炸】	hōngzhà	홍자
□ 폭도	【暴徒】	bàotú	빠오투
□ 폭동	【暴动】	bàodòng	빠오똥
□ 폭락(하다)	【暴落】	bàoluò	빠오루어
□ 폭력	【暴力】	bàolì	빠오리
□ 폭로(하다)	【暴露】	bàolù	빠오루
□ 폭리	【暴利】	bàolì	빠오리
□ 폭발(하다)	【爆发】	bàofā	빠오파
□ 폭소	【大笑】	dàxiào	따시아오

518

□ 폭약	【炸药】	zhàyào	자야오
□ 폭염	【酷热】	kùrè	쿠러
□ 폭우	【暴雨】	bàoyǔ	빠오위
□ 폭음	【暴饮】	bàoyǐn	빠오인
□ 폭죽	【爆竹】	bàozhú	빠오주
□ 폭탄	【炮弹】	pàodàn	파오딴
□ 폭파 (하다)	【爆破】	bàopò	빠오퍼
□ 폭포	【瀑布】	pùbù	푸뿌
□ 폭풍	【风暴】	fēngbào	펑빠오
□ 폭행	【暴行】	bàoxíng	빠오씽
□ 표	【票】	piào	피아오
□ 표결 (하다)	【表决】	biǎojué	비아오쥐에
□ 표기	【记录】	jìlù	지리
□ 표류 (하다)	【漂流】	piāoliú	피아오리우
□ 표면	【表面】	biǎomiàn	비아오미엔
□ 표백하다	【漂】	piāo	피아오
□ 표범	【豹】	bào	바오
□ 표본	【标本】	biāoběn	비아오번

□ 표시 (하다) 【表示】 biǎoshì 비아오스

□ 표어 【标语】 biāoyǔ 비아오위

□ 표적 【标的】 biāodì 비아오디

□ 표절 【剽窃】 piāoqiè 피아오치에

□ 표정 【表情】 biǎoqíng 비아오칭

□ 표제 【标题】 biāotí 비아오티

□ 표준 【标准】 biāozhǔn 비아오준

□ 표준어 (중국어) 【普通话】 pǔtōnghuà 푸통화

□ 표지 【标】 biāo 비아오

□ 표창 (하다) 【表彰】 biǎozhāng 비아오장

□ 표출 【表示】 biǎoshì 비아오스

□ 표현 【表现】 biǎoxiàn 비아오시엔

□ 푸념 【牢骚】 láosāo 라오싸오

□ 푸대접 【冷遇】 lěngyù 렁위

□ 푸르다 【绿】 lǜ 뤼

□ 풀 【草】 cǎo 차오

□ 풀 【糨糊】 jiànghu 지앙후

□ 풀다 【解】 jiě 지에

□ 풀어주다	【放】	fàng 팡
□ 풀이 죽다	【泄气】	xièqì 씨에치
□ 풀잎	【草叶】	cǎoyè 차오예
□ 품다	【含】	hán 한
□ 품목	【品种】	pǐnzhǒng 핑종
□ 품삯	【工钱】	gōngqian 공치엔
□ 품절	【短货】	duǎnhuò 두안후어
□ 품종	【品种】	pǐnzhǒng 핀중
□ 품질	【品质】	pǐnzhì 핀즈
□ 품행	【品行】	pǐnxíng 핀씽
□ 풋내기	【外行】	wàiháng 와이항
□ 풍격	【风格】	fēnggé 펑거
□ 풍경	【景物】	jǐngwù 징우
□ 풍년	【丰收年】	fēngshōunián 펑셔우니엔
□ 풍랑	【风浪】	fēnglàng 펑랑
□ 풍력	【风力】	fēnglì 펑리
□ 풍만하다	【丰满】	fēngmǎn 펑만
□ 풍부하다	【丰富】	fēngfù 펑푸

ㄱ
ㄴ
ㄷ
ㄹ
ㅁ
ㅂ
ㅅ
ㅇ
ㅈ
ㅊ
ㅋ
ㅌ
파
ㅎ

521

□ 풍선	【气球】	qìqiú	치치우
□ 풍속	【风俗】	fēngsú	펑쑤
□ 풍습	【风习】	fēngxí	펑시
□ 풍자 (하다)	【讽刺】	fēngcì	펑츠
□ 풍작	【丰产】	fēngchǎn	펑찬
□ 풍조	【风尚】	fēngshàng	펑샹
□ 풍족하다	【富裕】	fùyù	푸위
□ 풍차	【风车】	fēngchē	펑처
□ 풍취	【风趣】	fēngqù	펑취
□ 풍토	【风土】	fēngtǔ	펑투
□ 프랑스	【法国】	Fǎguó	파구어
□ 프랑스어	【法语】	fǎyǔ	파위
□ 프러포즈	【提议】	tíyì	티이
□ 프로 (전문가)	【职业】	zhíyè	즈예
□ 프로그램	【程序】	chéngxù	청쉬
□ 프린트	【印刷】	yìnshuā	인수아
□ 플라스틱	【塑料】	sùliào	쑤리아오
□ 플래시	【闪光灯】	shǎnguāngdēng	산광덩

□ 플래카드	【横幅标语】	héngfúbiāoyǔ 헝푸비아오위
□ 플랫폼	【站台】	zhàntái 잔타이
□ 플러스	【加法】	jiāfǎ 지아파
□ 피	【血】	xuè 쉬에
□ 피고	【被告】	bèigào 뻬이까오
□ 피곤하다	【累】	lèi 레이
□ 피난(하다)	【避难】	bìnàn 비난
□ 피다	【绽放】	zhànfàng 잔팡
□ 피동적이다	【被动】	bèidòng 뻬이똥
□ 피땀	【血汗】	xuèhàn 쉬에한
□ 피로하다	【疲劳】	píláo 피라오
□ 피리	【笛子】	dízi 디즈
□ 피부	【皮肤】	pífū 피푸
□ 피서	【避暑】	bìshǔ 비수
□ 피아노	【钢琴】	gāngqín 강친
□ 피우다	【点燃】	diǎnrán 띠엔란
□ 피임	【避孕】	bìyùn 비윈
□ 피자	【彼杂】	bǐzá 비자

523

□ 피차	【彼萨饼】 bǐsàbǐng	비사뼁
□ 피하다	【避】 bì	삐미엔
□ 피해자	【被害人】 bèihàirén	베이하이런
□ 픽션	【虚构】 xūgòu	쉬거우
□ 핀	【大头针】 dàtóuzhēn	다터우전
□ 필경	【终究】 zhōngjiū	중지우
□ 필기	【笔记】 bǐjì	비지
□ 필기시험	【笔试】 bǐshì	비스
□ 필기 (하다)	【记录】 jìlù	지루
□ 필름	【胶卷】 jiāojuǎn	지아오쥐엔
□ 필명	【笔名】 bǐmíng	비밍
□ 필사적으로	【拼命】 pīnmìng	핀밍
□ 필수	【必须】 bìxū	삐쉬
□ 필수품	【必需品】 bìxūpǐn	삐쉬핀
□ 필연적이다	【必然】 bìrán	삐란
□ 필요없다	【用不着】 yòngbuzháo	용부자오
□ 필요 (하다)	【必要】 bìyào	삐야오
□ 필자	【作者】 zuòzhě	쭈어저

□ 필적	【笔迹】	bǐjì 비지
□ 필터	【过滤器】	lǜguānqì 뤼광치
□ 필통	【笔筒】	bǐtǒng 비통
□ 핍박 (하다)	【逼迫】	bīpò 비퍼
□ 핏줄	【血统】	xuètǒng 쉬에통
□ 핑계	【借口】	jièkǒu 지에커우
□ 핑크	【粉红】	fěnhóng 펀홍
□ 핑퐁 (하다)	【乒乓球】	pīngpāngqiú 핑팡치우

직업 职业

① 裁剪师
cáijiǎnshī 차이지엔쓰

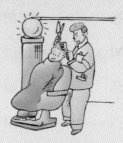

② 理发师
lǐfàshī 리파쓰

③ 司机
sījī 스지

④ 绿衣使者
lùyīshǐzhě 뤼이스쩌

⑤ 消防人员
xiāofángrényuán
씨아오팡런위엔

⑥ 木匠
mùjiang 무지앙

① 재단사 ② 이발사 ③ 운전사 ④ 우체부 ⑤ 소방관 ⑥ 목수

⑦ **女服务员**
nǚfúwùyuán 뉘푸위위엔

⑧ **厨师**
chúshī 추스

⑨ **男服务员**
nánfúwùyuán
난푸위위엔

⑩ **警察**
jǐngchá 징차

⑪ **美容师**
měiróngshī 메이롱쓰

⑫ **大夫**
dàifu 따이푸

⑬ **护士**
hùshi 후쓰

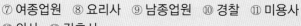

⑦ 여종업원 ⑧ 요리사 ⑨ 남종업원 ⑩ 경찰 ⑪ 미용사
⑫ 의사 ⑬ 간호사

□ **하강**(하다) 【下降】 xiàjiàng 시아지앙

□ **하계** 【夏天】 xiàtiān 시아티엔

□ **하급** 【下级】 xiàjí 시아지

□ **하느님** 【老天爷】 lǎotiānyé 라오티엔예

□ **하늘** 【天】 tiān 티엔

□ **하늘색** 【天蓝色】 tiānlánsè 티엔란써

□ **하다** 【作】 zuò 쭈어

□ **하달**(하다) 【下达】 xiàdá 시아다

□ **하드웨어** 【硬件】 yìngjiàn 잉지엔

□ **하락** 【下跌】 xiàdiē 시아디에

□ **하루** 【一天】 yītiān 이티엔

□ **하루빨리** 【早日】 zǎorì 자오르

□ **하룻밤** 【一夜】 yīyè 이예

□ **하류** 【下游】 xiàyóu 시아여우

□ **하마** 【河马】 hémǎ 허마

528

□ 하마터면	【差点儿】 chàdiǎnr 차띠알	
□ 하모니카	【口琴】 kǒuqín 커우친	
□ 하물며	【况且】 kuàngqiě 쾅치에	
□ 하반신	【下半身】 xiàbànshēn 시아반션	
□ 하수도	【下水道】 xiàshuǐdào 시아쉐이다오	
□ 하순	【下旬】 xiàxún 시아쉰	
□ 하얗다	【白】 bái 바이	
□ 하이힐	【高跟鞋】 gāogēnxié 가오건시에	
□ 하인	【仆人】 púrén 푸런	
□ 하지만	【但】 dàn 딴	
□ 하차	【下车】 xiàchē 시아처	
□ 하찮다	【细小】 xìxiǎo 시시아오	
□ 하천	【河川】 hechuān 허추안	
□ 하청	【转包】 zhuǎnbāo 주안바오	
□ 하체	【下身】 xiàshēn 시아션	
□ 하트	【心】 xīn 씬	
□ 하품	【哈欠】 hāqian 하치엔	
□ 하필	【何必】 hébì 허삐	

하향(하다)	【下乡】	xiàxiāng 시아시앙
학과	【学科】	xuékē 쉬에커
학교	【学校】	xuéxiào 쉬에시아오
학급	【班级】	bānjí 반지
학기	【学期】	xuéqī 쉬에치
학년	【学年】	xuénián 쉬에니엔
학대	【虐待】	nüèdài 뉘에다이
학력	【学历】	xuélì 쉬에리
학문	【学问】	xuéwen 쉬에원
학부	【系】	xì 시
학비	【学费】	xuéfèi 쉬에페이
학살	【屠杀】	túshā 투샤
학생	【学生】	xuéshēng 쉬에셩
학설	【学说】	xuéshūo 쉬에슈어
학술	【学术】	xuéshù 쉬에수
학습	【学习】	xuéxí 쉬에시
학용품	【文具】	wénjù 원쮜
학원	【学院】	xuéyuàn 쉬에위엔

□ **학위**	【学位】	xuéwèi 쉬에웨이
□ **학자**	【学者】	xuézhě 쉬에저
□ **학제**	【学制】	xuézhì 쉬에즈
□ **학칙**	【校规】	xiàoguī 시아오궤이
□ **학파**	【学派】	xuépài 쉬에파이
□ **학회**	【学会】	xuéhuì 쉬에훼이
□ **한가하다**	【闲】	xián 시엔
□ **한결같다**	【一定】	yīdìng 이띵
□ **한계**	【界限】	jièxiàn 지에시엔
□ **한국**	【韩国】	Hánguó 한구어
□ **한국어**	【韩语】	Hányǔ 한위
□ **한국인**	【韩人】	Hánrén 한런
□ **한나절**	【半天】	bàntiān 빤티엔
□ **한낮**	【中午】	zhōngwǔ 중우
□ **한도**	【限度】	xiàndù 시엔뚜
□ **한동안**	【一阵】	yízhèn 이전
□ **한랭**(하다)	【寒冷】	hánlěng 한렁
□ **한마음**	【一心】	yìxīn 이씬

하

531

□ 한문	【汉文】	Hànwén 한원
□ 한바탕	【一阵】	yízhèn 이전
□ 한번	【一度】	yídù 이뚜
□ 한솥밥	【大锅饭】	dàguōfàn 따구어판
□ 한숨쉬다	【叹气】	tànqì 탄치
□ 한심하다	【寒心】	hánxīn 한씬
□ 한어	【汉语】	hànyǔ 한위
□ 한의사	【中医】	zhōngyī 중이
□ 한자	【汉字】	Hànzì 한쯔
□ 한정	【限定】	xiàndìng 시엔띵
□ 한쪽	【一旁】	yìpáng 이팡
□ 한탄하다	【叹息】	tànxī 탄시
□ 한파	【寒流】	hánliú 한리우
□ 한평생	【一辈子】	yíbèizi 이뻬이즈
□ 한하다	【限于】	xiànyú 시엔위
□ 한학	【汉学】	Hànxué 한쉬에
□ 할당 (하다)	【分配】	fēnpèi 펀페이
□ 할머니	【奶奶】	nǎinai 나이나이

□ **할아버지**	【爷爷】	yéye	예예
□ **할인**	【折扣】	zhékòu	저커우
□ **할퀴다**	【抓】	zhuā	주아
□ **핥다**	【舔】	tiǎn	티엔
□ **함**	【盒】	hé	허
□ **함께**	【一起】	yìqǐ	이치
□ **함께하다**	【同步】	tóngbù	통뿌
□ **함대**	【舰队】	jiànduì	지엔뚜에이
□ **함락당하다**	【陷落】	xiànluò	시엔루어
□ **함량**	【含量】	hánliàng	한리앙
□ **함부로**	【胡乱】	húluàn	후루안
□ **함수**	【函数】	hánshù	한수
□ **함유**(하다)	【含有】	hányǒu	한여우
□ **함정**	【陷阱】	xiànjǐng	시엔징
□ **함축**(하다)	【含蓄】	hánxù	한쉬
□ **합격**(하다)	【合格】	hégé	허거
□ **합계**	【一共】	yīgòng	이공
□ **합금**	【合金】	héjīn	허진

□ 합동	【合同】	hétong	허퉁
□ 합리적	【合理】	hélǐ	허리
□ 합법적	【合法】	héfǎ	허파
□ 합병 (하다)	【合并】	hébìng	허삥
□ 합산	【合计】	héjì	허지
□ 합석	【同席】	tóngxí	퉁시
□ 합성 (하다)	【合成】	héchéng	허청
□ 합숙	【集宿】	jísù	지쑤
□ 합승	【同乘】	tóngchéng	퉁청
□ 합의 (하다)	【接洽】	jiēqià	지에치아
□ 합자	【合资】	hézī	허즈
□ 합작 (하다)	【合作】	hézuò	허쭈어
□ 합창	【合唱】	héchàng	허창
□ 합하다	【合】	hé	허
□ 항공	【航空】	hángkōng	항콩
□ 항구	【港口】	gǎngkǒu	강커우
□ 항렬	【行列】	hángliè	항리에
□ 항로	【航线】	hángxiàn	항시엔

□ 항만	【港湾】 gǎngwān 강완	
□ 항목	【项目】 xiàngmù 시앙무	
□ 항문	【肛门】 gāngmén 강먼	
□ 항복(하다)	【降伏】 xiángfú 시앙푸	
□ 항상	【常常】 chángcháng 창창	
□ 항성	【恒星】 héngxīng 헝씽	
□ 항아리	【缸】 gāng 강	
□ 항운	【航运】 hángyùn 항윈	
□ 항의(하다)	【抗议】 kàngyì 캉이	
□ 항전	【抗战】 kàngzhàn 캉잔	
□ 항체	【抗体】 kàngtǐ 캉티	
□ 항해(하다)	【航海】 hánghǎi 항하이	
□ 항행(하다)	【航行】 hángxíng 항씽	
□ 해	【太阳】 tàiyáng 타이양	
□ 해결(하다)	【解决】 jiějué 지에쮀에	
□ 해고(하다)	【解雇】 jiěgù 지에꾸	
□ 해골	【骸骨】 háigǔ 하이꾸	
□ 해군	【海军】 hǎijūn 하이쮠	

□ 해끼치다	【危害】	wēihài 웨이하이
□ 해녀	【渔女】	yúnǚ 위뉘
□ 해답	【解答】	jiědá 지에다
□ 해독	【解毒】	jiědú 지에두
□ 해동 (하다)	【解冻】	jiědòng 지에동
□ 해롭다	【害】	hài 하이
□ 해류	【海流】	hǎiliú 하이리우
□ 해마다	【连年】	liánnián 리엔니엔
□ 해면	【海面】	hǎimiàn 하이미엔
□ 해명 (하다)	【弄清楚】	nòngqīngchǔ 농청추
□ 해바라기	【葵花】	kuíhuā 퀘이화
□ 해발	【海拔】	hǎibá 하이바
□ 해방	【解放】	jiěfàng 지에팡
□ 해변	【海滨】	hǎibīn 하이빈
□ 해부 (하다)	【解剖】	jiěpōu 지에퍼우
□ 해빙	【解冻】	jiědòng 지에동
□ 해산물	【海产】	hǎichǎn 하이찬
□ 해산 (하다)	【解散】	jiěsàn 지에싼

536

□ 해삼	【海参】	hǎishēn 하이션
□ 해상	【海上】	hǎishàng 하이샹
□ 해석 (하다)	【解释】	jiěshì 지에스
□ 해설	【解说】	jiěshuō 지에슈어
□ 해소 (하다)	【消除】	xiāochū 시아오추
□ 해수욕	【海浴】	hǎiyù 하이위
□ 해안	【海岸】	hǎi'àn 하이안
□ 해약	【解约】	jiěyuē 지에위에
□ 해양	【海洋】	háiyáng 하이양
□ 해외	【海外】	hǎiwài 하이와이
□ 해임 (하다)	【解任】	jiěrèn 지에런
□ 해적	【海盗】	hǎidào 하이따오
□ 해제	【解除】	jiěchú 지에추
□ 해체 (하다)	【解体】	jiětǐ 지에티
□ 해초	【海藻】	hǎizǎo 하이자오
□ 해충	【害虫】	hàichóng 하이총
□ 해치다	【害】	hài 하이
□ 해파리	【海蜇】	hǎizhé 하이저

□ 해프닝	【事件】	shìjiàn	스지엔
□ 해학	【诙谐】	huīxié	훼이시에
□ 해협	【海峡】	hǎixiá	하이시아
□ 핵무기	【核武器】	héwǔqì	허우치
□ 핵심	【核心】	héxīn	허씬
□ 핸드백	【手提包】	shǒutíbāo	셔우티바오
□ 핸드폰	【手机】	shǒujī	셔우지
□ 핸들	【手柄】	shǒubǐng	셔우빙
□ 햄	【火腿】	huǒtuǐ	후어퉤이
□ 햇빛	【阳光】	yángguāng	양광
□ 햇수	【年头】	niántóu	니엔터우
□ 행군(하다)	【行军】	xíngjūn	씽쥔
□ 행동(하다)	【行动】	xíngdòng	씽똥
□ 행렬	【队伍】	duìwǔ	뚜에이우
□ 행로	【大路】	dàlù	따루
□ 행방	【下落】	xiàluò	시아루어
□ 행복(하다)	【幸福】	xìngfú	씽푸
□ 행사(하다)	【行使】	xíngshǐ	씽스

538

□ 행상	【行商】	xíngshāng	싱샹
□ 행선지	【去处】	qùchù	취추
□ 행성	【行星】	xíngxīng	씽씽
□ 행실	【行径】	xíngjìng	씽징
□ 행운	【福气】	fúqi	푸치
□ 행위	【行为】	xíngwéi	씽웨이
□ 행인	【行人】	xíngrén	씽런
□ 행정	【行政】	xíngzhèng	씽정
□ 행주	【抹布】	móbù	모뿌
□ 행진	【行进】	xíngjìn	씽진
□ 행패	【撒野】	sāyě	싸예
□ 행하다	【施行】	shīxíng	스씽
□ 향기	【香味】	xiāngwèi	시앙웨이
□ 향기롭다	【芬芳】	fēnfāng	펀팡
□ 향년	【终年】	zhōngnián	중니엔
□ 향락 (하다)	【享乐】	xiǎnglè	시앙러
□ 향상	【向上】	xiàngshàng	시앙샹
□ 향수	【香水】	xiāngshuǐ	시앙쉐이

가
나
다
라
마
바
사
아
자
차
카
타
파
하

□ 향수 (하다)　　【享受】 xiǎngshòu 시앙셔우

□ 향유 (하다)　　【享有】 xiǎngyǒu 시앙여우

□ 향촌　　　　　【乡村】 xiāngcūn 시앙춘

□ 향하다　　　　【向】 xiàng 시앙

□ 허가증　　　　【执照】 zhízhào 즈자오

□ 허가 (하다)　　【许可】 xǔkě 쉬커

□ 허공　　　　　【虚空】 xūkōng 쉬콩

□ 허구　　　　　【虚构】 xūgòu 쉬꺼우

□ 허둥대다　　　【慌】 huāng 후앙

□ 허락 (하다)　　【允许】 yǔnxǔ 윈쉬

□ 허리　　　　　【腰】 yāo 야오

□ 허무하다　　　【虚无】 xūwú 쉬우

□ 허물　　　　　【失误】 shīwù 스우

□ 허물다　　　　【拆除】 chāichú 차이추

□ 허비 (하다)　　【耗费】 hàofèi 하오페이

□ 허세　　　　　【架子】 jiàzi 지아즈

□ 허수아비　　　【稻草人】 dàocǎorén 다오차오런

□ 허술하다　　　【潦草】 liáocǎo 리아오차오

□ 허약하다	【虚】	xū	쉬
□ 허영	【虚荣】	xūróng	쉬롱
□ 허위	【虚伪】	xūwěi	쉬웨이
□ 허튼소리	【废话】	fèihuà	페이화
□ 허풍떨다	【吹牛】	chuīniú	췌이니우
□ 헌법	【宪法】	xiànfǎ	시엔파
□ 헌신 (하다)	【献身】	xiànshēn	시엔션
□ 헌옷	【估衣】	gùyi	구이
□ 헐값	【低价】	dījià	디지아
□ 헐겁다	【松】	sōng	쏭
□ 헐다	【旧】	jiù	지우
□ 헐떡거리다	【喘】	chun	추안
□ 헐떡이다	【气喘】	qìchun	치추안
□ 헐뜯다	【中伤】	zhòngshāng	중상
□ 험담	【诽谤】	fěibàng	페이방
□ 험하다	【险峻】	xiǎnjùn	시엔쥔
□ 헛걸음	【白跑】	báipǎo	바이파오
□ 헛되다	【徒劳】	túláo	투라오

□ 헛되이　　【白】bái 바이

□ 헛소리　　【谵语】zhānyǔ 잔위

□ 헝겊　　　【布】bù 뿌

□ 헤매다　　【流落】liúluò 리우루어

□ 헤아리다　【计】jì 지

□ 헤어지다　【分手】fēnshǒu 펀셔우

□ 헤엄치다　【游】yóu 여우

□ 헤집다　　【扒】bā 바

□ 헬리콥터　【直升(飞)机】zhíshēng(fēi)jī
　　　　　　　　　　　　즈성(페이)지

□ 헹구다　　【涮】shuàn 수안

□ 혀　　　　【舌头】shétou 셔터우

□ 혁명　　　【革命】gémìng 거밍

□ 혁신　　　【革新】géxīn 거씬

□ 현관　　　【门口】ménkǒu 먼커우

□ 현금　　　【现钱】xiànqián 시엔치엔

□ 현금화하다　【兑现】duìxiàn 뚜에이시엔

□ 현대　　　【现代】xiàndài 시엔따이

□ 현명하다　【贤亮】xiánliàng 시엔리앙

542

□ 현미	【黑米】	hēimǐ	헤이미
□ 현미경	【显微镜】	xinwēijìng	시엔웨이징
□ 현상	【现象】	xiànxiàng	시엔시앙
□ 현수막	【横幅】	héngfú	헝푸
□ 현실	【现实】	xiànshí	시엔스
□ 현안	【悬案】	xuán'àn	쉬엔안
□ 현역	【现役】	xiànyì	시엔이
□ 현장	【现场】	xiànchǎng	시엔창
□ 현재	【现在】	xiànzài	시엔자이
□ 현저 (하다)	【显著】	xiǎnzhù	시엔주
□ 현지	【现地】	xiàndì	시엔디
□ 현행	【现行】	xiànxíng	시엔씽
□ 혈관	【血管】	xuèguǎn	쉬에관
□ 혈기	【气血】	qìxuè	치쉬에
□ 혈당	【血糖】	xuètáng	쉬에탕
□ 혈맥	【血脉】	xuèmài	쉬에마이
□ 혈맹	【血盟】	xuèméng	쉬에멍
□ 혈색	【血色】	xuèsè	쉬에써

□ 혈서	【血书】	xuèshū 쉬에수
□ 혈안	【眼红】	yǎnhóng 이엔훙
□ 혈압	【血压】	xuèyā 쉬에야
□ 혈액	【血液】	xuěyè 쉬에예
□ 혈액형	【血型】	xuèxíng 쉬에씽
□ 혈연	【血缘】	xuèyuán 쉬에위엔
□ 혈족	【血族】	xuèzú 쉬에쭈
□ 혈통	【血统】	xuètǒng 쉬에통
□ 혐오	【嫌恶】	xiánwù 시엔우
□ 혐의	【嫌疑】	xiányí 시엔이
□ 협곡	【峡谷】	xiágǔ 시아구
□ 협동	【协同】	xiétóng 시에통
□ 협력 (하다)	【协作】	xiézuò 시에쭈어
□ 협박 (하다)	【恐吓】	kǒnghè 콩허
□ 협상 (하다)	【协商】	xiéshāng 시에상
□ 협의 (하다)	【协议】	xiéyì 시에이
□ 협정	【协定】	xiédìng 시에띵
□ 협조 (하다)	【协助】	xiezhù 시에주

544

□ 협회	【协会】	xiéhuì 시에훼이
□ 형	【兄】	xiōng 시옹
□ 형광등	【日光灯】	rìguāngdēng 르광덩
□ 형님	【哥哥】	gēge 거거
□ 형벌	【刑】	xíng 씽
□ 형법	【刑法】	xíngfǎ 씽파
□ 형사	【刑事】	xíngshì 씽스
□ 형상	【形象】	xíngxiàng 씽시앙
□ 형성 (하다)	【形成】	xíngchéng 씽청
□ 형세	【形势】	xíngshì 씽스
□ 형수	【嫂子】	sǎozi 싸오즈
□ 형식	【形式】	xíngshì 씽스
□ 형용 (하다)	【形容】	xíngróng 씽롱
□ 형제	【兄弟】	xiōngdì 시옹띠
□ 형태	【形态】	xíngtài 씽타이
□ 형편	【情况】	qíngkuàng 칭쾅
□ 호감	【好感】	hǎogǎn 하오간
□ 호기심	【好奇心】	hàoqíxīn 하오치신

□ 호되다	【严厉】	yánlì 이엔리
□ 호두	【核桃】	hétāo 허타오
□ 호랑이	【老虎】	lǎohǔ 라오후
□ 호령	【发号】	fāhào 파하오
□ 호루라기	【哨子】	shàozi 샤오즈
□ 호르몬	【激素】	jīsù 지쑤
□ 호미	【锄】	chú 추
□ 호박	【冬瓜】	dōngguā 동과
□ 호소 (하다)	【号召】	hàozhào 하오자오
□ 호송 (하다)	【押送】	yāsòng 야쏭
□ 호수	【湖泊】	húpō 후포
□ 호스	【软管】	ruǎnguǎn 루안관
□ 호응 (하다)	【响应】	xiǎngyìng 시앙잉
□ 호의	【恩】	ēn 언
□ 호전되다	【好转】	hǎozhuǎn 하오주안
□ 호조	【顺利】	shùnlì 순리
□ 호주	【澳洲】	Àozhōu 아오저우
□ 호출	【叫出】	jiàochū 지아오추

□ 호칭	【号称】	hàochēng 하오청
□ 호텔	【饭店】	fàndiàn 판디엔
□ 호평	【好评】	hǎopíng 하오핑
□ 호화롭다	【豪华】	háohuá 하오화
□ 호황	【旺市】	wàngshì 왕스
□ 호흡(하다)	【呼吸】	hūxī 후시
□ 혹	【肿瘤】	zhǒngliú 중리우
□ 혹사	【驱使】	qūshǐ 취스
□ 혹시	【或】	huò 후어
□ 혼동	【混同】	hùntóng 훈퉁
□ 혼란스럽다	【迷】	mí 미
□ 혼란하다	【混乱】	hùnluàn 훈루안
□ 혼미하다	【昏迷】	hūnmí 훈미
□ 혼방	【混纺】	hùnfǎng 훈팡
□ 혼선	【串线】	chuànxiàn 추안시엔
□ 혼용	【混用】	hùnyòng 훈용
□ 혼인	【婚姻】	hūnyīn 훈인
□ 혼자	【独自】	dúzì 두쯔

□ 혼자서	【单独】	dāndú 단두
□ 혼잡하다	【拥挤】	yōngjǐ 용지
□ 혼탁하다	【混浊】	hùnzhuó 훈주어
□ 혼합물	【混合物】	hùnhéwù 훈허우
□ 혼합(하다)	【混合】	hùnhé 훈허
□ 혼혈아	【混血儿】	hùnxuè'ér 훈쉬에얼
□ 홀	【厅】	tīng 팅
□ 홀가분하다	【轻松】	qīngsōng 칭쏭
□ 홀로	【单独】	dāndú 단뚜
□ 홀수	【单数】	dānshù 단수
□ 홀아버지	【光棍儿】	guānggunr 광꿀
□ 홀쭉하다	【细瘦】	xìshòu 시셔우
□ 홈	【沟】	gōu 거우
□ 홍기	【红旗】	hǒngqí 홍치
□ 홍수	【洪水】	hóngshuǐ 홍쉐이
□ 홍역	【麻疹】	mázhěn 마전
□ 홍차	【红茶】	hóngchá 홍차
□ 화가	【画家】	huàjiā 화지아

548

☐ 화교	【华侨】	huáqiáo 화치아오
☐ 화내다	【生气】	shēngqì 셩치
☐ 화려하다	【华丽】	huálì 화리
☐ 화력	【火力】	huǒlì 후어리
☐ 화면	【画面】	huàmiàn 화미엔
☐ 화목하다	【和睦】	hémù 허무
☐ 화물	【货物】	huòwù 후어우
☐ 화보	【画报】	huàbào 화빠오
☐ 화산	【火山】	huǒshān 후어샨
☐ 화살	【箭】	jiàn 지엔
☐ 화석	【化石】	huàshí 화스
☐ 화약	【火药】	huǒyào 후어야오
☐ 화염	【火焰】	huǒyàn 후어이엔
☐ 화원	【花园】	huāyuán 화위엔
☐ 화장실	【厕所】	cèsuǒ 처쑤어
☐ 화장(하다)	【化妆】	huàzhuāng 화주앙
☐ 화재	【火灾】	huǒzāi 후어자이
☐ 화제	【话题】	huàtí 화티

가
나
다
라
마
바
사
아
자
차
카
타
파
하

□ 화폐	【货币】 huòbì 후어삐
□ 화학	【化学】 huàxué 화쉬에
□ 화합(하다)	【化合】 huàhé 화허
□ 화해(하다)	【和解】 héjiě 허지에
□ 확고(하다)	【确凿】 quèzáo 취에자오
□ 확대(하다)	【扩大】 kuòdà 쿠어따
□ 확립(하다)	【确立】 quèlì 취에리
□ 확보(하다)	【确保】 quèbǎo 취에바오
□ 확산(하다)	【扩散】 kuòsàn 쿠어싼
□ 확신	【坚信】 jiānxìn 진엔신
□ 확실하다	【确切】 quèqiè 취에치에
□ 확실히	【的确】 díquè 디취에
□ 확인(하다)	【确认】 quèrèn 취에런
□ 확장(하다)	【扩张】 kuòzhāng 쿠어장
□ 확정(하다)	【确定】 quèdìng 취에띵
□ 확충(하다)	【推广】 tuīguǎng 퉤이광
□ 환각	【幻觉】 huànjué 후안쮜에
□ 환경	【环境】 huánjìng 환징

550

□ **환대**	【款待】	kuǎndài	콴따이
□ **환멸**	【幻灭】	huànmiè	환미에
□ **환불**	【还钱】	huánqián	환치엔
□ **환산**(하다)	【换算】	huànsuàn	환쑤안
□ **환상**	【幻想】	huànxiǎng	환시앙
□ **환송**(하다)	【欢送】	huānsòng	환쏭
□ **환승**(하다)	【换乘】	huànchéng	환청
□ **환영**(하다)	【欢迎】	huānyíng	환잉
□ **환원**(하다)	【还原】	huányuán	환위엔
□ **환율**	【汇率】	huìlǜ	훼이뤼
□ **환자**	【患者】	huànzhě	환저
□ **환전**	【兑领】	duìlǐng	뚜에이링
□ **환절**	【环节】	huánjié	환지에
□ **환호**(하다)	【欢呼】	huānhū	환후
□ **활**	【弓】	gōng	공
□ **활기넘치다**	【热闹】	rènao	러나오
□ **활동**(하다)	【活动】	huódòng	후어똥
□ **활력**	【活力】	huólì	후어리

□ 활발(하다)	【活泼】	huópo 후어포
□ 활성화하다	【搞活】	gǎohuó 가오후어
□ 활시위	【弓弦】	gōngxián 꽁시엔
□ 활약(하다)	【活跃】	huóyuè 후어위에
□ 활용(하다)	【活用】	huóyòng 후어용
□ 활자	【活字】	huózì 후어즈
□ 활주로	【跑道】	pǎodào 파오따오
□ 활짝피다	【盛开】	shèngkāi 셩카이
□ 황금	【黄金】	huángjīn 후앙진
□ 황당하다	【荒唐】	huāngtáng 후앙탕
□ 황량하다	【荒凉】	huāngliáng 후앙리앙
□ 황야	【荒野】	huāngyě 후앙예
□ 황제	【皇帝】	huángdì 후앙띠
□ 황토	【黄土】	huángtǔ 후앙투
□ 황폐하다	【荒废】	huāngfèi 후앙페이
□ 황혼	【黄昏】	huánghūn 후앙훈
□ 황홀하다	【恍惚】	huǎnghū 후앙후
□ 황후	【皇后】	huánghòu 후앙허우

□ **회개** (하다)　　【悔改】huǐgǎi 훼이가이

□ **회견** (하다)　　【会见】huìjiàn 훼이지엔

□ **회계**　　　　　【会计】huìjì 훼이지

□ **회고** (하다)　　【回顾】huígù 훼이꾸

□ **회담**　　　　　【会谈】huìtán 훼이탄

□ **회답**　　　　　【回答】huídá 훼이다

□ **회동** (하다)　　【会同】huìtóng 훼이통

□ **회복** (하다)　　【收复】shōufù 셔우푸

□ **회비**　　　　　【会费】huìfèi 훼이페이

□ **회사**　　　　　【公司】gōngsī 공쓰

□ **회상** (하다)　　【回想】huíxiǎng 훼이시앙

□ **회색의**　　　　【灰】huī 훼이

□ **회수** (하다)　　【回收】huíshōu 훼이셔우

□ **회신**　　　　　【回信】huíxìn 훼이씬

□ **회원**　　　　　【会员】huìyuán 훼이위엔

□ **회의**　　　　　【会议】huìyì 훼이이

□ **회의장**　　　　【会场】huìchǎng 훼이창

□ **회의** (하다)　　【开会】kāihuì 카이훼이

□ 회전 (하다)	【回转】	huízhuǎn	훼이주안
□ 회춘 (하다)	【回春】	huíchūn	훼이춘
□ 회충	【蛔虫】	huíchóng	훼이총
□ 회피 (하다)	【回避】	huíbì	훼이삐
□ 회화	【会话】	huìhuà	훼이화
□ 회화 (그림)	【绘画】	huìhuà	훼이화
□ 획득 (하다)	【获得】	huòdé	후어더
□ 획책 (하다)	【策划】	cèhuà	처화
□ 횡단 (하다)	【横断】	héngduàn	헝뚜안
□ 횡령 (하다)	【贪污】	tānwū	탄우
□ 횡포 (하다)	【横暴】	hèngbào	헝빠오
□ 효과	【效果】	xiàoguǒ	시아오구어
□ 효능	【功能】	gōngnéng	공넝
□ 효도	【孝】	xiào	시아오
□ 효력	【效力】	xiàolì	시아오리
□ 효소	【酶】	méi	메이
□ 효용	【效用】	xiàoyòng	시아오용
□ 효율	【效率】	xiàolǜ	시아오뤼

□ 후계자	【继承人】 jìchéngrén 지청런	
□ 후기	【后期】 hòuqī 허우치	
□ 후대	【后代】 hòudài 허우따이	
□ 후방	【后方】 hòufāng 허우팡	
□ 후배	【晚辈】 wǎnbèi 완뻬이	
□ 후보	【候补】 hòubǔ 허우뿌	
□ 후비다	【抠】 kōu 커우	
□ 후세	【后世】 hòushì 허우스	
□ 후속	【后续】 hòuxù 허우쉬	
□ 후임	【后任】 hòurèn 허우런	
□ 후주	【胡椒】 hújiāo 후지아오	
□ 후퇴 (하다)	【后退】 hòutuì 허우퉤이	
□ 후회하다	【后悔】 hòuhuǐ 허우훼이	
□ 훈계 (하다)	【告诫】 gàojiè 까오지에	
□ 훈련 (하다)	【训练】 xùnliàn 쉰리엔	
□ 훈장	【勋章】 xūnzhāng 쉰장	
□ 훌륭하다	【了不得】 liǎobudé 리아오뿌더	
□ 훌쩍이다	【呜咽】 wūyè 위예	

□ 훑어보다	【打量】	dǎliang	다리앙
□ 훔치다	【偷】	tōu	터우
□ 훼방놓다	【阻挠】	zǔnáo	주나오
□ 훼손하다	【毁坏】	huǐhuài	훼이화이
□ 휘감다	【绕】	rào	라오
□ 휘날리다	【飘扬】	piāoyang	피아오양
□ 휘두르다	【抡动】	lūndòng	룬동
□ 휘발유	【汽油】	qìyóu	치여우
□ 휘장	【帐】	zhàng	장
□ 휘젓다	【搅】	jiǎo	지아오
□ 휘파람	【口哨】	kǒushào	커우샤오
□ 휘황찬란하다	【辉煌】	huīhuáng	훼이후앙
□ 휩쓸다	【卷】	juǎn	쥐엔
□ 휴가	【假】	jiǎ	지아
□ 휴게소	【过路店】	guòlùdiàn	구어루디엔
□ 휴대전화	【手机】	shǒujī	셔우지
□ 휴대 (하다)	【携带】	xiédài	시에따이
□ 휴무	【公休】	gōngxiū	공시우

556

□ **휴식** (하다)	【休息】	xiūxi 시우시
□ **휴양** (하다)	【休养】	xiūyǎng 시우양
□ **휴전**	【休战】	xiūzhàn 시우잔
□ **휴지** (중지)	【休止】	xiūzhǐ 시우즈
□ **휴지** (화장실용)	【手纸】	shǒuzhǐ 셔우즈
□ **휴학** (하다)	【休学】	xiūxué 시우쉬에
□ **흉가**	【凶房】	xiōngfáng 시옹팡
□ **흉계**	【阴谋】	yīnmóu 인머우
□ **흉내**	【学】	xué 쉬에
□ **흉년**	【凶年】	xiōngnián 시옹니엔
□ **흉부**	【胸膛】	xiōngtang 시옹탕
□ **흉악하다**	【凶恶】	xiōng'è 시옹어
□ **흉작**	【歉收】	qiànshōu 치엔셔우
□ **흉터**	【伤痕】	shānghén 샹헌
□ **흉하다**	【凶】	xiōng 시옹
□ **흐르다**	【流】	liú 리우
□ **흐리다**	【浑浊】	húnzhuó 훈주어
□ **흑백**	【黑白】	hēibái 헤이바이

가
나
다
라
마
바
사
아
자
차
카
타
파
하

557

□ 흑설탕	【黑砂糖】	hēishātáng	헤이샤탕
□ 흑인	【黑人】	hēirén	헤이런
□ 흔들거리다	【摆动】	bǎidòng	바이똥
□ 흔들다	【摇晃】	yáohuàng	야오후앙
□ 흔적	【痕迹】	hénjì	헌지
□ 흔하다	【常见】	chángjiàn	창지엔
□ 흙	【土】	tǔ	투
□ 흠	【缺口】	quēkǒu	취에커우
□ 흡수 (하다)	【吸收】	xīshōu	시셔우
□ 흡연	【吸烟】	xīyān	시이엔
□ 흡인 (하다)	【吸引】	xīyǐn	시인
□ 흡입 (하다)	【吸入】	xīrù	시루
□ 흥망	【兴亡】	xīngwáng	씽왕
□ 흥미진지하다	【津津有味】	jīnjīnyǒuwèi	진진여우웨이
□ 흥분되다	【兴奋】	xìngfèn	씽펀
□ 흥성하다	【兴盛】	xīngshèng	씽성
□ 흥정	【交易】	jiāoyì	지아오이
□ 흥취	【兴趣】	xìngqù	씽취

□ 흥행	【卖艺】màiyì 마이이	
□ 흩어지다	【散】sàn 싼	
□ 희곡	【戏剧】xìjù 시쮜	
□ 희귀하다	【名贵】míngguì 밍꿰이	
□ 희극	【戏剧】xìjù 시쮜	
□ 희다	【白】bái 바이	
□ 희로애락	【喜怒哀乐】xǐnùāilè 시누아이러	
□ 희롱 (하다)	【玩弄】wánnòng 완농	
□ 희망 (하다)	【希望】xīwàng 시왕	
□ 희미하다	【模糊】móhu 모후	
□ 희박하다	【稀薄】xībó 시보	
□ 희비	【悲喜】bēixǐ 베이시	
□ 희생 (하다)	【牺牲】xīshēng 시성	
□ 희소식	【喜讯】xǐxùn 시쉰	
□ 희열	【喜悦】xǐyuè 시위에	
□ 희한하다	【希罕】xīhan 시한	
□ 흰머리	【白发】báifà 바이파	
□ 흰자위	【蛋白】dànbái 단빠이	

가
나
다
라
마
바
사
아
자
차
카
타
파
하

□ 힌트	【提示】 tíshì 티스
□ 힐끗 보다	【瞥】 piē 피에
□ 힘	【力气】 lìqi 리치
□ 힘겹다	【吃力】 chīlì 츠리
□ 힘껏	【大力】 dàlì 다리
□ 힘내다	【用力】 yònglì 용리
□ 힘들다	【吃力】 chīlì 츠리
□ 힘쓰다	【力争】 lìzhēng 리정
□ 힘줄	【筋】 jīn 진
□ 힘차다	【雄强】 xióngqiáng 시옹치앙

■ 숫자

- 영 / 0 　　　　【零】 líng 링
- 일 / 1 　　　　【一】 yī 이
- 이 / 2 　　　　【二】 èr 얼
- 삼 / 3 　　　　【三】 sān 싼
- 사 / 4 　　　　【四】 sì 쓰
- 오 / 5 　　　　【五】 wǔ 우
- 육 / 6 　　　　【六】 liù 리우
- 칠 / 7 　　　　【七】 qī 치
- 팔 / 8 　　　　【八】 bā 빠
- 구 / 9 　　　　【九】 jiǔ 지우
- 십 / 10 　　　　【十】 shí 스
- 이십 / 20 　　　　【二十】 èrshí 얼스
- 삼십 / 30 　　　　【三十】 sānshí 싼스
- 사십 / 40 　　　　【四十】 sìshí 쓰스
- 오십 / 50 　　　　【五十】 wǔshí 우스
- 육십 / 60 　　　　【六十】 liùshí 리우스
- 칠십 / 70 　　　　【七十】 qīshí 치스

□ 팔십 / 80	【八十】 bāshí	빠스
□ 구십 / 90	【九十】 jiǔshí	지우스
□ 백 / 100	【百】 bǎi	바이
□ 이백 / 200	【二百】 èrbǎi	얼바이
□ 삼백 / 300	【三百】 sānbǎi	싼바이
□ 사백 / 400	【四百】 sìbǎi	쓰바이
□ 오백 / 500	【五百】 wǔbǎi	우바이
□ 육백 / 600	【六百】 liùbǎi	리우바이
□ 칠백 / 700	【七百】 qībǎi	치바이
□ 팔백 / 800	【八百】 bābǎi	빠바이
□ 구백 / 900	【九百】 jiǔbǎi	지우바이
□ 천 / 1,000	【一千】 yīqiān	이치엔
□ 이천 / 2,000	【二千】 èrqiān	얼치엔
□ 삼천 / 3,000	【三千】 sānqiān	싼치엔
□ 사천 / 4,000	【四千】 sìqiān	쓰치엔
□ 오천 / 5,000	【五千】 wǔqiān	우치엔
□ 육천 / 6,000	【六千】 liùqiān	리우치엔
□ 칠천 / 7,000	【七千】 qīqiān	치치엔

□ **팔천** / 8,000　　【八千】bāqiān　빠치엔

□ **구천** / 9,000　　【九千】jiǔqiān　지우치엔

□ **일만** / 10,000　　【一万】yīwàn　이완

□ **이만** / 20,000　　【两万】liǎngwàn　리앙완

□ **삼만** / 30,000　　【三万】sānwàn　싼완

□ **사만** / 40,000　　【四万】sìwàn　쓰완

□ **오만** / 50,000　　【五万】wǔwàn　우완

□ **육만** / 60,000　　【六万】liùwàn　리우완

□ **칠만** / 70,000　　【七万】qīwàn　치완

□ **팔만** / 80,000　　【八万】bāwàn　빠완

□ **구만** / 90,000　　【九万】jiǔwàn　지우완

□ **십만** / 100,000　　【十万】shíwàn　스완

□ **백만** / 1,000,000　　【百万】bǎiwàn　바이완

□ **천만**　　【千万】qiānwàn　치엔완

□ **억**　　【亿】yì　이

□ **십억**　　【十亿】shíyì　스이

□ **백억**　　【百亿】bǎiyì　바이이

□ **천억**　　【千亿】qiānyì　치엔이

■ 시간

□ 한 시 / 1시 　　　　【一点】 yīdiǎn 이띠엔

□ 두 시 / 2시 　　　　【二点】 èrdiǎn 얼띠엔

□ 세 시 / 3시 　　　　【三点】 sāndiǎn 싼띠엔

□ 네 시 / 4시 　　　　【四点】 sìdiǎn 쓰띠엔

□ 다섯 시 / 5시 　　　【五点】 wǔdiǎn 우띠엔

□ 여섯 시 / 6시 　　　【六点】 liùdiǎn 리우띠엔

□ 일곱 시 / 7시 　　　【七点】 qīdiǎn 치띠엔

□ 여덟 시 / 8시 　　　【八点】 bādiǎn 빠띠엔

□ 아홉 시 / 9시 　　　【九点】 jiǔiǎn 지우띠엔

□ 열 시 / 10시 　　　【十点】 shídiǎn 스띠엔

□ 열한 시 / 11시 　　　【十一点】 shíyīdiǎn 스이띠엔

□ 열두 시 / 12시 　　　【十二点】 shí'èrdiǎn 스얼띠엔

□ 몇 시 　　　　　　　【几点】 jǐdiǎn 지띠엔

□ ~분 　　　　　　　 【~分】 fēn 펀

□ 몇 분 　　　　　　　【几分】 jǐfēn 지펀

□ ~초 　　　　　　　 【~秒】 miǎo 미아오

□ 몇 초 　　　　　　　【几秒】 jǐmiǎo 지미아오

■ 날짜

□ 1일　　　【一日(号)】 yīrì(hào)　이르(하오)

□ 2일　　　【二日(号)】 èrrì(hào)　얼르(하오)

□ 3일　　　【三日(号)】 sānrì(hào)　싼르(하오)

□ 4일　　　【四日(号)】 sìrì(hào)　쓰르(하오)

□ 5일　　　【五日(号)】 wǔrì(hào)　우르(하오)

□ 6육　　　【六日(号)】 liùrì(hào)　리우르(하오)

□ 7일　　　【七日(号)】 qīrì(hào)　치르(하오)

□ 8일　　　【八日(号)】 bārì(hào)　빠르(하오)

□ 9일　　　【九日(号)】 jiǔrì(hào)　지우르(하오)

□ 10일　　　【十日(号)】 shírì(hào)　스르(하오)

□ 11일　　　【十一日(号)】 shíyīrì(hào)
　　　　　　　　　　　　스이르(하오)

□ 20일　　　【二十日(号)】 èrshírì(hào)
　　　　　　　　　　　　얼스르(하오)

□ 21일　　　【二十一日(号)】 èrshíyīrì(hào)
　　　　　　　　　　　　얼스이르(하오)

□ 30일　　　【三十日(号)】 sānshírì(hào)
　　　　　　　　　　　　싼스르(하오)

□ 31일　　　【三十一日(号)】 sānshíyīrì(hào)
　　　　　　　　　　　　싼스이르(하오)

□ 며칠　　　【几号】 jǐhào　지하오

■ 요일

□ 월요일　　　【星期一】 xīngqīyī　싱치이

□ 화요일　　　【星期二】 xīngqīèr　싱치얼

□ 수요일　　　【星期三】 xīngqīsān　싱치싼

□ 목요일　　　【星期四】 xīngqīsì　싱치쓰

□ 금요일　　　【星期五】 xīngqīwǔ　싱치우

□ 토요일　　　【星期六】 xīngqīliù　싱치리우

□ 일요일　　　【星期日】 xīngqīrì　싱치르

　　　　　　　【星期天】 xīngqītiān　싱치티엔

□ 무슨 요일　　【星期几】 xīngqījǐ　싱치지

■ 월

□ 1월　　　　　【一月】 yīyuè　이위에

□ 2월　　　　　【二月】 èryuè　얼위에

□ 3월　　　　　【三月】 sānyuè　싼위에

□ 4월　　　　　【四月】 sìyuè　쓰위에

□ 5월　　　　　【五月】 wǔyuè　우위에

□ 6월　　　　　【六月】 liùyuè　리우위에

□ 7월　　　　　【七月】 qīyuè　치위에

□ 8월	【八月】 bāyuè	빠위에
□ 9월	【九月】 jiǔyuè	지우위에
□ 10월	【十月】 shíyuè	스위에
□ 11월	【十一月】 shíyīyuè	스이위에
□ 12월	【十二月】 shíèryuè	스얼위에
□ 몇 월	【几月】 jǐyuè	지위에
■ 때		
□ 시간	【时间】 shíjiān	스지엔
□ 때, 시	【时候】 shíhòu	스허우
□ 시각	【时刻】 shíkè	스커
□ 현재, 지금	【现在】 xiànzài	시엔짜이
□ 과거	【过去】 guòqù	꾸어취
□ 미래	【未来】 wèilái	웨이라이
□ 이전	【以前】 yǐqián	이치엔
□ 이후, 그후	【以后】 yǐhòu	이허우
□ 최근, 요즘	【最近】 zuìjìn	쮀이진
□ 최초, 처음	【最初】 zuìchū	쮀이추
□ 최후, 마지막	【最后】 zuìhòu	쮀이허우

□ 세기	【世纪】 shìjì 스지	
□ 연, 해	【年】 nián 니엔	
□ 재작년	【前年】 qiánnián 치엔니엔	
□ 작년	【去年】 qùnián 취니엔	
□ 금년, 올해	【今年】 jīnnián 진니엔	
□ 내년, 명년	【明年】 míngnián 밍니엔	
□ 내후년	【后年】 hòunián 허우니엔	
□ 매년	【每年】 měinián 메이니엔	
□ 신년, 새해	【新年】 xīnnián 씬니엔	
□ 월, 달	【月】 yuè 위에	
□ 지난달	【上个月】 shànggèyuè 샹거위에	
□ 이번달	【这个月】 zhègèyuè 저거위에	
□ 다음달	【下个月】 xiàgèyuè 시아거위에	
□ 매달, 매월	【每月】 měiyuè 메이위에	
□ 주, 주간	【星期】 xīngqī 싱치	
□ 주말	【周末】 zhōumò 저우모	
□ 지난주	【上个星期】 shànggèxīngqī 샹거싱치	
□ 이번주	【这个星期】 zhègèxīngqī 저거싱치	

□ 다음주	【下个星期】	xiàgèxīngqī	시아거싱치
□ 매주	【每星期】	měixīngqī	메이싱치
□ 일	【日】	rì	르
□ 날, 날짜	【日子】	rìzǐ	르쯔
□ 그제	【前天】	qiántiān	치엔티엔
□ 어제	【昨天】	zuótiān	쭈어티엔
□ 오늘	【今天】	jīntiān	진티엔
□ 내일	【明天】	míngtiān	밍티엔
□ 모레	【后天】	hòutiān	허우티엔
□ 매일	【天天】	tiāntiān	티엔티엔
□ 매일	【每天】	měitiān	메이티엔
□ 다음날	【第二天】	dìèrtiān	디얼티엔
□ 온종일	【整天】	zhěngtiān	정티엔
□ 반나절	【半天】	bàntiān	빤티엔
□ 새벽	【天亮】	tiānliàng	티엔리앙
□ 아침	【早上】	zǎoshàng	짜오샹
□ 낮	【白天】	báitiān	바이티엔
□ 오전	【上午】	shàngwǔ	샹우

□ 정오	【中午】 zhōngwǔ	종우
□ 오후	【下午】 xiàwǔ	시아우
□ 저녁	【晚上】 wǎnshàng	완샹
□ 밤	【夜】 yè	예
□ 한밤중	【半夜】 bànyè	빤예

■ 지시대명사

□ 이것, 그것	【这个】 zhègè	저거
□ 저것	【那个】 nàgè	나거
□ 어느 것	【哪个】 nǎgè	나거
□ 여기	【这里】 zhèlǐ	저리
□ 저기, 거기	【那里】 nàlǐ	나리
□ 어디	【哪里】 nǎlǐ	나리
□ 이쪽	【这边】 zhèbiān	저삐엔
□ 저쪽, 그쪽	【那边】 nàbiān	나삐엔
□ 어느 쪽	【哪边】 nǎbiān	나삐엔

■ 인칭대명사

□ 나	【我】 wǒ	워
□ 우리들	【我们】 wǒmén	워먼

□ 당신	【你】 nǐ 니
□ 당신(존경어)	【您】 nín 닌
□ 당신들	【你们】 nǐmėn 니먼
□ 씨	【先生】 xiānshēng 시엔셩
□ 양	【小姐】 xiǎojiě 시아오지에
□ 그, 그이	【他】 tā 타
□ 그녀	【她】 tā 타

■ 의문사

□ 언제	【什么时候】 shénmeshíhòu 션머스허우
□ 어디	【什么地方】 shénmedìfāng 션머띠팡
□ 누구	【谁】 shéi 쉐이
□ 무엇	【什么】 shénme 션머
□ 왜	【为什么】 wéishénme 웨이션머
□ 어떻게	【怎么】 zěnme 쩐머
□ 어떻게	【怎么样】 zěnmeyàng 쩐머양

■ 위치와 방향

□ 위	【上】 shàng 샹
□ 가운데	【中】 zhōng 종

□ 아래	【下】 xià 시아
□ 왼쪽	【左边】 zuǒbiān 쭈어삐엔
□ 오른쪽	【右边】 yòubiān 여우삐엔
□ 동쪽	【东边】 dōngbiān 동삐엔
□ 서쪽	【西边】 xībiān 시삐엔
□ 남쪽	【南边】 nánbiān 난삐엔
□ 북쪽	【北边】 běibiān 베이삐엔
□ 앞	【前边】 qiánbiān 치엔삐엔
□ 뒤	【后边】 hòubiān 허우삐엔
□ 옆, 가로	【旁边】 pángbiān 팡삐엔
□ ~부터	【~从】 cóng 총
□ ~까지	【~到】 dào 따오

■ 사계절

□ 계절	【季节】 jìjié 지지에
□ 봄	【春天】 chūntiān 춘티엔
□ 여름	【夏天】 xiàtiān 시아티엔
□ 가을	【秋天】 qiūtiān 치우티엔
□ 겨울	【冬天】 dōngtiān 동티엔

■ 가족과 사람

□ 남자 　　　　【男人】 nánrén 난런

□ 여자 　　　　【女人】 nǚrén 뉘런

□ 아기 　　　　【婴儿】 yīng'ér 잉얼

□ 어린이 　　　【小孩子】 xiǎoháizǐ 시아오하이즈

□ 어른 　　　　【大人】 dàrén 따런

□ 성인 　　　　【成人】 chéngrén 청런

□ 소년 　　　　【少年】 shǎonián 샤오니엔

□ 소녀 　　　　【少女】 shǎonǚ 샤오뉘

□ 아들 　　　　【儿子】 érzǐ 얼쯔

□ 딸 　　　　　【女儿】 nǚér 뉘얼

□ 형제 　　　　【兄弟】 xiōngdì 싱옹띠

□ 형 　　　　　【哥哥】 gēge 꺼거

□ 동생 　　　　【弟弟】 dìdi 띠디

□ 자매 　　　　【姐妹】 jiěmèi 지에메이

□ 누나, 언니 　【姐姐】 jiějie 지에지에

□ 누이동생 　　【妹妹】 mèimei 메이메이

□ 아버지 　　　【父亲】 fùqīn 푸친

□ 아빠	【爸爸】 bàba	빠바
□ 어머니	【母亲】 mǔqīn	무친
□ 엄마	【妈妈】 māma	마마
□ 남편	【丈夫】 zhàngfū	장푸
□ 아내	【妻子】 qīzǐ	치즈
□ 할아버지	【祖父】 zǔfù	쭈푸
□ 할머니	【祖母】 zǔmǔ	쭈무
□ 시아버지	【公公】 gōnggong	꽁공
□ 시어머니	【婆婆】 pópo	퍼퍼
□ 장인	【岳父】 yuèfù	위에푸
□ 장모	【岳母】 yuèmǔ	위에무
□ 사위	【女婿】 nǚxù	뉘쉬
□ 며느리	【媳妇】 xífù	시푸
□ 손자	【孙子】 sūnzǐ	쑨즈
□ 손녀	【孙女】 sūnnǚ	쑨뉘
□ 친구	【朋友】 péngyǒu	펑여우
□ 한국인	【韩国人】 hánguórén	한꾸어런
□ 중국인	【中国人】 zhōngguórén	종꾸어런

■ 신체

- □ 몸 　　　　　【身体】shēntǐ 션티
- □ 머리 　　　　【头】tóu 터우
- □ 이마 　　　　【额头】étóu 어터우
- □ 눈썹 　　　　【眉毛】méimáo 메이마오
- □ 눈 　　　　　【眼睛】yǎnjīng 얀징
- □ 코 　　　　　【鼻子】bízǐ 삐즈
- □ 귀 　　　　　【耳朵】ěrduǒ 얼뚜어
- □ 입 　　　　　【嘴】zuǐ 쮀이
- □ 목 　　　　　【脖子】bózǐ 뽀즈
- □ 목구멍 　　　【吼咙】hǒulóng 허우롱
- □ 배 　　　　　【肚子】dùzǐ 뚜즈
- □ 배꼽 　　　　【肚脐】dùqí 뚜치
- □ 아랫배 　　　【下腹部】xiàfùbù 시아푸뿌
- □ 허리 　　　　【腰】yāo 야오
- □ 어깨 　　　　【肩膀】jiānbǎng 지엔빵
- □ 팔꿈치 　　　【肘】zhǒu 저우
- □ 손목 　　　　【手腕】shǒuwàn 셔우완

- 손가락   【手指】 shǒuzhǐ 셔우즈

- 손   【手】 shǒu 셔우

- 다리   【脚】 jiǎo 지아오

- 무릎   【膝盖】 xīgài 시까이

- 엉덩이   【臀部】 túnbù 툰뿌

- 허벅다리   【大腿上部】 dàtuǐshàngbù 따퉤이샹뿌

- 발목   【脚腕】 jiǎowàn 지아오완

- 발끝   【脚尖】 jiǎojiān 지아오지엔